El elefante en la cuerda floja dijo que la ▮▮▮ es el balance. Eso es muy cierto en todo R. T. Kendall ha dado justamente en el ▮▮▮ ▮▮▮ camino para todos nosotros, directamente a un ministerio de capacitación y credibilidad. Kendall se destaca precisamente por la perspectiva, el balance y la legibilidad que aporta a esta obra tan necesaria sobre el Espíritu Santo.

—MARK RUTLAND
Presidente, Global Servants
Autor de *Valentía para sanar, 21 segundos para cambiar su mundo* y
David El Grande:

Aquí tenemos un libro que está escrito tanto para los carismáticos como para los conservadores evangélicos. Está pensado no sólo para provocar en usted hambre por Jesús y el ministerio del Espíritu Santo, sino también para darle una teología del Espíritu Santo equilibrada. En una época en que hay polarización entre los excesos del movimiento carismático (fuego extraño) y la pesimista perspectiva de quienes no creen que Dios manifiesta su poder (sin fuego), el libro de R. T. *Fuego santo* nos ayudará a mantener nuestras cabezas erguidas mientras aumenta una pasión por Dios. Él tiene un ministerio validado como brillante teólogo y hombre del Espíritu. Este libro es un regalo para el Cuerpo de Cristo.

—MIKE BICKLE
Fundador y director de la International House of Prayer
Autor de *Crezca en la oración, Creciendo en el ministerio profetico* y
Conforme al corazon de Dios

Fuego santo es a la vez oportuno y urgente. El autor R. T. Kendall escribe con sabiduría y pasión, mostrándonos cómo este podría ser el mejor momento de la Iglesia. Aunque muchos consideran que todo el fuego es *fuego extraño*, él habla con gran claridad, permitiéndonos reconocer la mano genuina y el corazón de Dios, moviéndose en su pueblo y por medio de él. Me encanta leer libros de grandes eruditos cuando están vestidos de pasión y experiencia. *Fuego santo* es uno de esos libros, ya que R. T. Kendall es verdaderamente un hombre brillante y plenamente según el corazón de Dios.

—BILL JOHNSON
Bethel Church, Redding, California
Autor de *La guía esencial para la sanidad* y *Cara a Cara con Dios*

La Iglesia de nuestra época necesita *Fuego santo*. El sentimiento religioso no equipará a los creyentes para la crisis de los últimos tiempo. R. T. ha proporcionado de manera muy osada y sistemática una verdad bíblica para prepararnos para ese desafío. Este libro le ayudará a derrotar la idea de que Dios le quitó a la Iglesia el poder del Espíritu Santo, pero dejó al diablo y su banda con el de ellos.

—Charles Carrin
www.CharlesCarrinMinistries.com

Este hombre tiene la increíble capacidad de tratar asuntos polémicos y controvertidos, pero hace que sus lectores reevalúen sus propias opiniones a la luz de las Escrituras. R. T. Kendall es peligroso para la complacencia personal. Este es un libro de lectura obligada. R. T. y yo hemos sido amigos desde hace treinta años, y estoy muy bien familiarizado con muchos de sus libros. Pero este es uno de los más importantes que ha escrito hasta ahora. Es informativo, claro y edificante. Oro para que circule extensamente. Estoy seguro de que será una bendición para todo aquel que lo lea.

—Dr. Clive Calver
Ministro principal, Walnut Hill Community Church,
Bethel, Connecticut

Al haber conocido a Cristo en la cárcel del condado y haber experimentado la plenitud del Espíritu en una prisión estatal de Texas, siento que mi experiencia fue completa. Casi cuarenta años después me doy cuenta de que el viaje tan sólo acaba de comenzar, y Dios me ha dado algunas voces increíbles para guiarme en el camino. R. T. Kendall ha escrito numerosos libros profundamente inspiradores sobre el Espíritu Santo, y los he leído todos con hambre renovada. Termino cada uno de ellos con más sed por la unción, el poder y su presencia. Al haber tenido el distinguido privilegio de leer este manuscrito, puedo decirle que este libro aporta una mirada nueva a la verdad perdida. Una vez más quedé cautivado por los preceptos, perspectivas y, en algunos casos para mí, revelaciones que no había visto antes. Le animo a leer este libro con una Biblia en una mano, un cuaderno sobre su escritorio y un espíritu que esté listo para un vino nuevo.

—Maury Davis
Pastor principal, Cornerstone Church, Madison, Tennessee

El Dr. Kendall es un teólogo increíble, un hombre con años de experiencia y del que constantemente me sorprendo debido a su equilibrio e integridad. Ha escrito muchos libros transformadores que enseñan, sí, pero que también nutren el espíritu y el alma. *Fuego santo* no es una excepción. Esta épica obra acerca del Espíritu Santo la tiene que leer y rumiar el Cuerpo de Cristo en todo el mundo. Contundente y transparente, le preparará para el mayor avivamiento que está casi sobre nosotros.

—JOHN ARNOTT
Ministerios Catch the Fire, Toronto

Teológicamente profundo, gentilmente equilibrado a la vez que bíblicamente persuasivo, estando bien desarrollado tanto para estudiantes como para eruditos, *Fuego santo* lleva de nuevo a la novia de Cristo a su lugar con algunas cosas muy importantes que estaban presentes en el comienzo de la Iglesia allá por Hechos 2. Es perfectamente oportuno para "un tiempo como este". Las palabras de R. T. tienen lo que el apóstol Santiago llama "amable sabiduría" en ellas, que puede hacer que este libro lo puedan saborear lectores de todas las denominaciones. Quienes cuestionan los dones del Espíritu DEBERÍAN LEER *Fuego santo*. Quienes tienen partidismos denominacionales DEBEN LEER *Fuego santo*. Y quienes simplemente tienen hambre de todo lo que Dios tenga para ellos LEERÁN *Fuego santo* de R. T. Kendall.

—TIM DILENA, The Brooklyn Tabernacle

Como pastor de una iglesia carismática, encuentro el libro de R. T. muy revelador, objetivo y sobre todo equilibrado. Un gran libro acera del "Amigo" de cada creyente: el Espíritu Santo.

—JEFF DOLLAR
Pastor principal, Grace Center, Franklin, Tennessee

Mi viejo amigo R. T. Kendall ha intentado seguir el consejo del Dr. R. T. Williams (el hombre de quien recibió el nombre) de "honra la sangre...honra al Espíritu Santo", tomándose muy en serio el testimonio bíblico completo. Se posiciona con un pie en la tradición carismática y otro en la reformada con algunos matices de su herencia wesleyana, intentando articular lo que John Wesley denominaba una vía media.

—H. RAY DUNNING
Profesor emérito de teología, Trevecca Nazarene University

En *Fuego santo*, R. T. Kendall brillantemente saca a la luz y corrige una peligrosa división que existe en el cristianismo contemporáneo. Afirmaciones concretas acerca del testimonio inmediato del Espíritu hoy día no deberían recibirse sin pensarlas críticamente ni rechazarlas automáticamente. Pero el objetivo principal de R. T. es promover el hambre por el Fuego Santo genuino que ha iluminado y capacitado a generaciones de creyentes desde el libro de los Hechos hasta hoy. Es un desafío tanto para los cesacionistas reformados como para los miembros carismáticos.

—Colin Dye
Ministro principal, Kensington Temple,
Londres, Inglaterra

Muchos siguen aún confundidos acerca del Espíritu Santo a pesar de medio siglo de bendición por todo el mundo. El libro de R. T. nos ayudará a abrir nuestra mente a las posibilidades, y podría rescatarnos de que limitemos a Dios.

—Dr. Michael Eaton
Nairobi, Kenia

Me encanta la forma tan encantadora en la que R. T. aborda asuntos difíciles y no teme lanzar advertencias contra los excesos. Este es un libro refrescante acerca del ministerio del Espíritu Santo. Que el Señor extienda su mensaje a lo largo y ancho. No importa quién sea usted o cuánto tiempo haya caminado con Jesús, ya que se verá retado a tener más de Él al leer a este reconocible y reputado teólogo reformado al cual tengo el honor de llamar mi amigo.

—Don Finto
Caleb Ministries, Nashville, Tennessee

Vivimos en un tiempo extraño en el que mucha gente, en el nombre de Cristo, ha engañado, abusado, diluido, manipulado, fabricado y vendido al Espíritu Santo. Y las ingenuas audiencias han sido mal dirigidas porque carecemos de una enseñanza sólida acerca de la naturaleza de la obra del Espíritu. Por eso estoy agradecido de que mi amigo R. T. Kendall haya hecho sonar la alarma y haya escrito este importante libro. En una época en que una gran parte de la Iglesia está en un estado apartado y de recaída, necesitamos recordar que el Espíritu Santo es sin duda alguna santo, y que desea despertarnos, purificarnos y renovarnos.

—J. Lee Grady
Autor de *10 Mentiras que los hombres creen*, *Enciende mi corazón en fuego* y *Las intrépidas hijas de la Biblia*

He estado años esperando un libro teológicamente profundo que abarque el actual encuentro del Espíritu Santo. Es un clásico moderno lo que usted sostiene en sus manos. R. T. Kendall es un hombre de una verdad firme y un maestro apostólico con un carácter inquebrantable. Sus enseñanzas se derivan de muchos años de honrar la Palabra de Dios, la historia de la Iglesia y amor por el avivamiento histórico. Estoy agradecido por este tratado. Que sea usado en las manos de nuestro Maestro para afirmar a muchos, desafiar a otros y animar a miles a tener más hambre por el Espíritu Santo.

—Dr. James W. Goll
Encounters Network, Prayer Storm, God Encounters Training
Autor de *Una guia esencial sobre los ángeles*, y
Cómo vivir una vida sobrenatural

El Dr. R. T. Kendall es el antiguo pastor de uno de los púlpitos más celebrados del mundo: Westminster Chapel de Londres, Inglaterra. Su último libro, *Fuego santo*, aporta una fresca unción y perspectivas brillantes para la aventura y la guerra espiritual de la vida cristiana. Tiene en sus manos un libro que inspirará y desafiará su vida. ¡Léalo!

—John C. Hagee
Pastor y autor de éxitos de ventas

El mayor desafío para los líderes de la Iglesia es mantener a nuestras congregaciones enfocadas en la premisa de la Escritura y no ser persuadidos por los extremos. R. T. ha hecho un gran trabajo ayudándonos a encontrar el "medio" radical de las Escrituras. No podemos permitirnos ignorar al Espíritu Santo, porque ha sido dado a la Iglesia para prepararnos para el pronto regreso de Cristo. Este libro es una herramienta útil tanto para santos como para líderes por igual.

—Marcus Herbert
Pastor de Cornerstone Church, Johannesburgo, Sudáfrica

Fuego santo pone un fuego en sus huesos por lo real, un fuego en su corazón para estar seguro de que usted es una verdad sagaz y un fuego santo. Para mí, *Fuego santo* dice que Jesús es la Palabra hecha carne, pero nosotros hemos tomado la palabra para intentar hacerla carne. ¡Me encanta el libro! Es un libro de sencillez, y muestra claramente el verdadero fuego de Dios, su propósito y su poder. *Fuego santo* no sólo es una llamada de atención, sino también un llamado para que caiga el fuego de Dios.

—Dra. Marilyn Hickey
Presidenta de Marilyn Hickey Ministries

¡Lo ha vuelto a hacer! R. T. Kendall ha proporcionado un mapa de ruta seguro que nos permite ir en pos de Dios con vigor sin destruir las antiguas marcas de nuestra fe. *Fuego santo* le sacará de su zona de confort con respecto al ministerio del Espíritu Santo sin apartarle de la zona de seguridad de la doctrina, sabiduría y carácter piadoso.

—David D. Ireland, PhD
Pastor principal, Christ Church,
Montclair y Rockaway, New Jersey
Autor de *Un guerrero de rodillas* y *Como criar niños que oran*

El propósito del Espíritu Santo en la vida de cada cristiano es capacitar a personas comunes para hacer obras extraordinarias bajo su influencia. Desgraciadamente, muchos individuos no pueden discernir la diferencia entre sus propios apetitos, preferencias y capacidades naturales y la operación divina de la infinita fuerza de Dios en nuestro espacio finito. R. T. Kendall nos ayuda a diseccionar la verdad acerca de las obras del Espíritu Santo. En *Fuego santo*, este erudito maestro nos ayuda a entender cómo cooperar con los propósitos de Dios. Esta es una palabra oportuna para una época tumultuosa.

—Harry R. Jackson Jr.
Pastor principal, Hope Christian Church, Beltsville, Maryland
Presidente, High Impact Leadership Coalition
Obispo presidente, International Communion of Evangelical Churches

R. T. ha escrito lo que se convertirá ¡en todo un clásico sobre el Espíritu Santo! *Fuego santo* es teológica e intelectualmente estimulante, bíblicamente profundo y equilibrado, emocionante y convincente. Debería ser un libro de texto obligatorio en el tema de la pneumatología en todos los institutos bíblicos y seminarios. ¡Un libro de lectura obligatoria!

—Dr. Dwain Kitchens
Pastor, The Tabernacle
Sarasota, Florida

Esta generación se está convirtiendo rápidamente en analfabeta de las Escrituras. La evidencia la vemos cuando casi cada "manifestación sobrenatural" imaginable se proclama como genuina independientemente de si la Biblia lo apoya o no. R. T. Kendall, uno de los escritores más prolíficos y equilibrados de nuestro tiempo, comparte la verdad acerca de muchos excesos que comúnmente vemos en circulación en la cristiandad. Su libro, *Fuego santo*, iluminará su entendimiento para discernir la verdad del error y aumentar su hambre por la verdad del Espíritu Santo.

—Hank y Brenda Kunneman
Lord of Hosts Church One Voice Ministries, Omaha, Nebraska
Autores de *La Ruta Divina* y *No Deje de Insistirle a Dios*

Fuego santo: una mirada bíblica y equilibrada a la obra del Espíritu Santo en nuestras vidas de R. T. Kendall es un gran libro…el mejor que he leído acerca del Espíritu Santo. Si estuviera aislado en un lugar y me dijeran que sólo me podía llevar conmigo un libro extrabíblico sobre el Espíritu Santo, el libro de R. T. Kendall acerca del Espíritu Santo sería el que escogería. Trata todas las preguntas y asuntos esenciales sobre este tema. Lo más importante es que el libro es bíblicamente preciso y equilibrado. La única agenda y preferencia que parece tener el libro es un amplio entendimiento basado en la Biblia del Espíritu Santo y una íntima relación con Él. Si este es su corazón y su hambre, este libro es para usted. Tengo la intención de recomendarlo a nuestra iglesia para todos los que quieran conocer al Espíritu Santo, no sólo como una doctrina sino también como una persona.

—Wm. Dwight McKissic, Sr.
Pastor principal, Cornerstone Baptist Church,
Arlington, Texas

Como conozco a R. T. Kendall, comencé a leer *Fuego santo* seguro de que sería un mensaje que la Iglesia necesitaba oír. Nunca me imaginé lo mucho que Dios lo usaría para mi propia vida. Nuevamente, R. T. ha hecho un trabajo increíble con un tema difícil y controvertido, siendo fiel a la enseñanza bíblica sobre el Espíritu Santo y llamándonos a hacer lo mismo. Este libro es un recurso muy necesario para toda la Iglesia evangélica, tanto carismáticos como no carismáticos.

—David McQueen
Pastor principal, Beltway Park Baptist Church, Abilene, Texas

Fuego santo, de R. T. Kendall, es un libro importante porque une a comunidades que con frecuencia se han hecho mutuamente a un lado; o quizá peor, han ignorado mutuamente su existencia. Si los dones del Espíritu son lo que edifica la Iglesia, ninguna parte de la Iglesia puede permitirse ignorar el modo en que cualquier otra parte de la Iglesia fomenta esos dones. Y como una persona que une, Kendall es también capaz de hablar la verdad en amor acerca del modo en que algunos de nosotros distorsionamos los dones. Fieles son las heridas de un amigo.

—DAVID NEFF
Exjefe de redacción, *Christianity Today*

En su reciente libro, *Fuego santo*, en el que bosqueja el ministerio del Espíritu Santo, el Dr. Kendall, aunque se posiciona sobre los elevados hombros de aquellos que corrieron delante de él, ha producido, con una gran fidelidad bíblica, un argumento atractivo para entender que los dones del Espíritu Santo siguen operativos hoy día. Evitando el peligro de la revelación continua, ha producido una obra que es pastoralmente sensible y teológicamente exacta. Al hacerlo, nos ha hecho a todos serle deudores.

—DR. ROB NORRIS
Pastor principal, Fourth Presbyterian Church,
Bethesda, Maryland

Siempre me ha gustado y he respetado la sinceridad de R. T. Kendall al tratar de manera veraz, pero a la vez con gracia el "fuego extraño" en el movimiento pentecostal carismático. A la vez, también he apreciado su singular perspectiva como carismático reformado que está bien familiarizado con ambos lados de la valla doctrinal cuando se trata de la obra activa del Espíritu Santo en nuestras vidas hoy. En *Fuego santo*, R. T. combina la Palabra y el Espíritu no sólo para poner las cosas en su sitio, sino más importante aún, para atraer a los lectores a una relación más profunda con el Espíritu Santo.

—MARCUS YOARS
Editor de la revista *Charisma*

R.T. KENDALL

FUEGO SANTO

UNA MIRADA EQUILIBRADA Y BÍBLICA A LA OBRA
DEL ESPÍRITU SANTO EN NUESTRAS VIDAS

CASA
CREACIÓN
Para vivir la Palabra

Para vivir la Palabra

MANTÉNGANSE ALERTA;
PERMANEZCAN FIRMES EN LA FE;
SEAN VALIENTES Y FUERTES.
—1 CORINTIOS 16:13 (NVI)

Fuego santo por R. T. Kendall
Publicado por Casa Creación
Miami, Florida
www.casacreacion.com
©2014, 2021 Derechos reservados

Library of Congress Control Number: 2013955961
ISBN: 978-1-62136-876-2
E-book: 978-1-62136-877-9

Desarrollo editorial: *Grupo Nivel Uno, Inc.*
Diseño interior: *Grupo Nivel Uno, Inc.*

Publicado originalmente en inglés bajo el título:
Holy Fire
Charisma House, a Charisma Media Company
Copyright © 2014 R. T. Kendall
Todos los derechos reservados.

Nota de la editorial: Aunque el autor hizo todo lo posible por proveer teléfonos y páginas de Internet correctas al momento de la publicación de este libro, ni la editorial ni el autor se responsabilizan por errores o cambios que puedan surgir luego de haberse publicado.

Impreso en Colombia

21 22 23 24 25 LBS 9 8 7 6 5 4 3 2 1

Para

Melissa y Rex

ÍNDICE

PREÁMBULO

TENGO EL PRIVILEGIO DE INVITARLE A ABRIR SU CORAZÓN y su mano para recibir un regalo. Incluso si pagó usted por este libro, créame: sigue siendo un regalo porque le presenta a usted, el lector, una perspectiva que puede ayudarle a recibir regalo tras regalo procedentes del amor de Dios a la espera de que los reciba con los brazos abiertos.

Fuego santo está dirigido a todos los sinceros creyentes en Jesús, especialmente realizado y envuelto en palabras que avivarán la llama de su deseo de seguir a Jesús, obedecer su llamado y crecer en su gracia y bondad mediante el poder del Espíritu Santo. Además, *Fuego santo* identifica los escalones que llevarán a cualquier *creyente* en Jesús a convertirse en un *receptor* de poder de lo alto, una vestidura literal con el afectuoso y perdurable abrazo del amor y el poder de Dios. Jesús mismo es quien nos llama a permitirle encender nuestros corazones con la belleza y constancia de una vida llena y desbordante del Espíritu Santo, encendida con el firme resplandor de su presencia, y ardiendo con la habilidad capacitadora de vivir como luces en el mundo, brillando con un fuego santo.

Para mi mente, no podría haber mejores palabras para poner título a este libro. El título *Fuego santo* no está ni superficialmente ni arrogantemente concebido. En cambio, como el *contenido* que descubrirá en este libro, el *concepto* del fuego santo está derivado de las Escrituras. Su propósito se representa en la columna de fuego que guió a Israel desde su posición posterior a la esclavitud a su tierra predestinada de la promesa. Su dominante protección y penetración se muestran aún más cuando Dios reveló su presencia y su poder en hechos concretos tanto en el Antiguo como en el Nuevo Testamento en la Biblia. Así, las palabras *fuego santo* representan ese tipo y calidad de la actividad manifiesta de Dios que no sólo describe su presencia con poder, sino que denota su santa naturaleza: su excelencia de persona y su pureza inmaculada. Así que es totalmente apropiado que *Fuego santo* sea el título de este libro oportuno e inmensamente práctico. Despliega una relación con Dios que abarca todo lo que la santa Trinidad nos ofrece: el regalo de amor del Padre, el regalo de vida del Hijo, ¡y el regalo de poder del Espíritu!

Quiero afirmar desde el principio que cada momento que pase en este libro merecerá la pena. Usted será guiado y alimentado por un camino de verdad enriquecedora de la mano de un amigo mío, el Dr. R. T. Kendall, un pastor y autor conocido y querido de una erudición considerable. Sin embargo, le aseguro que a pesar de lo estudioso que es R. T., su profundidad en "la Palabra y la doctrina" sólo servirán para ayudarle a ver, nunca para intimidarle. En el fondo, él es un pastor consumado, una palabra y un estilo de vida apropiadamente definidos en la descripción del Señor en el Salmo 23 y en la persona y naturaleza de Jesucristo, "el gran Pastor de las ovejas" (Hebreos 13:20). El Dr. Kendall escribe con el corazón de un hombre probado y contrastado como un pastor fiel, habiendo servido en congregaciones tanto en Inglaterra como en los Estados Unidos. Y de mayor importancia aún, él también es un siervo fiel y amoroso de perdurable fiabilidad y fidelidad tanto hacia su esposa Louise como hacia la novia de Cristo: la Iglesia.

CONTENTO POR TRES RAZONES

Tengo tres razones para estar contento de escribir este "preámbulo", esta breve "palabra al comienzo de todo" para usted. Mi deseo es ayudar a estimular su apetito con expectativa, a actuar como un amigo que le presenta a otro amigo creyendo que su encuentro será útil y productivo. Con ese objetivo en mente, me dispuse a leer este libro mientras estaba aún en forma de manuscrito. Como pastor y maestro durante casi sesenta años he leído innumerables libros con respecto a la vida y la verdad cristianas, y tengo la impresión de que este libro explica mi primera razón para estar contento por escribirle aquí.

1) Soy de la opinión de que *este es un libro que marca un hito*. Al hacer esta designación, estoy diciendo que creo que *Fuego*

santo se convertirá, con el tiempo, en algo más que un libro simplemente bueno, útil y provechoso (lo cual ciertamente es). Pero más allá de eso, mi estudiada opinión es que, como hito, *Fuego santo* se convertirá en un punto de referencia para muchos, y que con el paso de los años, encontrará un uso duradero para una generación o más. Como un punto de referencia se convierte en un lugar que proporciona una guía segura y cierta, ayudando a llevar a la gente a un destino seguro, así también el camino de la verdad basada en la Biblia que se enseña en estas páginas proporciona más que dirección; le guía a su destino.

Le insto a leer este libro y recibir el llamado de Jesús a recibir la llenura del Espíritu Santo. Ciertamente, entre con fe, abra su corazón con confianza y dé la bienvenida a todo lo que Él ofrece mientras le invita a bautizarle con el Espíritu Santo. Así como Él le perdonó cuando le invitó a ser su Salvador, también le llenará si se abre a su poder prometido para el servicio: el Espíritu Santo.

Pero escúcheme con atención, por favor. Este libro es un manual para releer y pensar bien más allá de una lectura rápida. El libro trasmite más lejos y más profundo: más allá de comenzar a crecer y brillar, ¡habitar y residir! Le llevará a establecer valores y puntos de vista para toda una vida. Los elementos del discipulado básico están aquí. Señalan el camino hacia un compromiso perdurable a vivir con una vida llena de poder para Jesucristo y a amar con una vida llena de pureza bajo el señorío de Cristo, obediente a su voluntad y a sus caminos, entregado como su siervo para todos aquellos a quienes Él le envíe y en todo aquello a lo que Él le guíe.

2) La segunda razón por la que me alegro por el privilegio de escribirle aquí es mi gratitud por el tono y el estilo del autor. Es tanto veraz en contenido como tierno en su expresión, una combinación rara cuando muchos escritores que tratan estos temas escogen el enfrentamiento en vez del encanto. De manera clara y amable, el Dr. Kendall ha llevado el precioso mensaje de la llenura del Espíritu Santo con un tono y estilo *conciliador*. Esto refleja la derivación de la palabra griega para paz, *irene*. Debido a la decisión del autor de escribir con este espíritu, *Fuego santo* refleja la intención de la Palabra de Dios en Santiago 3:17-18:

Pero la sabiduría que es de lo alto es primeramente pura, después pacífica, amable, benigna, llena de misericordia y de buenos frutos, sin incertidumbre ni hipocresía. Y el fruto de justicia se siembra en paz para aquellos que hacen la paz.

—RVR60

Este es sin duda el espíritu que uno desearía siempre evidenciar cuando se discute acerca del ministerio del Espíritu Santo. En consecuencia, incluso cuando el Dr. Kendall se dirige a quienes rechazan la verdad del ministerio presente de señales, maravillas y dones del Espíritu Santo, repetidamente afirma a los que se oponen que son "buenas personas que aman a Cristo", porque sin duda alguna lo son. Las diferencias de elección con respecto a estos asuntos, aunque es muy importante para ambas partes, y sin duda tiene mucha importancia para nuestra expectativa con respecto a la presencia del ministerio del Espíritu Santo en la vida del creyente y a través de la Iglesia globalmente, *no* es una razón apropiada para que haya un separatismo falto de amor de la comunión fraternal. Aunque algunos en ambos lados de este asunto *fallan* en este punto de vivir como pacificadores, hay un modelo para una buena generosidad de espíritu aquí en *Fuego santo*, y es el que manifiesta el autor.

Así, encontrará la verdad del bautismo del Espíritu Santo—la gracia desbordante y el poder del Espíritu Santo—claramente y bíblicamente distinguida como una experiencia separada y posterior al nuevo nacimiento del creyente. Sin embargo, no encontrará la belleza de esta verdad manchada con un tono o falta de respeto o mofa ni hacia los que niegan que esta gracia está disponible ni hacia los que "tienen hambre y sed" de esa llenura pero que aún no la han recibido.

La plenitud del Espíritu Santo que Jesús promete y cumple es el corazón del mensaje en este libro. Quizá es esta llenura lo que usted busca, y como muchos otros, ha deseado poder encontrar un manual minucioso que le guíe paso a paso para responder sus preguntas y abrir la puerta a su propia experiencia de la presencia y el poder del Espíritu Santo. Esa verdad se establece aquí, invitándole a conocer y experimentar la misma llenura, derramamiento y resultado de Hechos 2, cuando la promesa de nuestro Señor del "Consolador" se cumplió por vez primera en Pentecostés. Ese mismo día se produjo el derramamiento del Espíritu Santo con poder, y también fue categóricamente prometido el mismo día como una bendición y un recurso continuamente disponibles para todos los que en oración piden, buscan y llaman (Lucas 11:9-13; Hechos 2:38-39).

Este libro está pensado para enseñar, para alimentar al hambriento y para satisfacer al cansado, aportando esperanza y fe mientras se busca un equilibrio entre la verdad y el amor. Al hacerlo, el tono de *Fuego santo* invita de manera cálida pero a la vez apasionada a todo aquel que lea a esperar que el Espíritu Santo de Pentecostés haga lo mismo ahora que hizo entonces: "Porque para vosotros es la promesa" (Hechos 2:39, RVR60). Abra su Biblia y léalo en voz alta. Después ¡vuelva a leerlo en voz alta! Deje que la "promesa de la Promesa" llene su corazón con alabanza y cante en voz alta con gratitud, dando gracias al Señor Jesús por su cercanía, su gran valor y su disposición a llenarle.

3) La tercera razón de mi alegría al invitarle a seguir con este libro es por su minuciosidad y frescura teológica. El Dr. Kendall tiene un enfoque que da la atención que pone un maestro a los detalles sin hacerse tedioso. También presenta la Palabra con una conciencia teológica de la historia, y tiene cuidado a la hora de definir las líneas dentro de la relevación de la Palabra de Dios en este libro.

Sin embargo, al haber mencionado teología, permítame apresurarme a decir que nadie debe tener miedo a quedarse atrapado en una vana muestra de aprendizaje aburrida, académica o agotadora. No encontrará ningún laberinto confuso de jerga poco clara o teorías muy dificultosas aquí. Más bien, *Fuego santo* proporciona un ejemplo de cómo la teología nos sirve de manera apropiada. Cualquier cosa que pueda salir de su aplicación, se debe buscar la teología bíblica y siempre debiera llegar al objetivo de ayudar a las personas a conocer y entender a Dios y sus caminos. Esa es la definición que descubrirá que se cumple a medida que lea.

No hay nada que inunde a un buscador sediento, pero hay mucho en proporcionar una ventana a través de la cual su corazón y su mente pueden quedar inundados con la dulzura del Espíritu Santo y su obra para dar fruto en su vida. El propósito de la enseñanza de este libro es revelar cómo puede usted abrir esa ventana y recibir las lluvias de bendición y los ríos de gracia que el Señor Jesucristo está preparado para derramar en su vida mientras usted recibe la llenura de su bautismo en el Espíritu Santo.

Al haber mencionado teología, permítame también observar una refrescante sorpresa que será especialmente significativa para líderes, quienes, como yo mismo, puede que encuentren un tanto extraño tener un libro que promueve los mejores y vitales principios de la *charismata* del Nuevo Testamento escrito por alguien que abraza la teología reformada.[1] Sumemos a esto la improbabilidad de que un teólogo reformado escriba un libro entero dedicado a llevar a los creyentes a la experiencia de un bautismo de los Hechos de los Apóstoles en el Espíritu Santo, y la credulidad de la mayoría de los líderes eclesiales podría estirarse hasta el límite.

Sin embargo, Dios se está moviendo de formas notables en la Iglesia hoy día, y durante los últimos veinticinco años o más uno de mis compañeros de oración ha sido otro pastor-maestro de la tradición teológica reformada. Este alcance más allá de los límites de los marcos teológicos humanos y unión de los corazones y las manos alrededor de la persona de Cristo no es decisión de los transigentes, sino de líderes convencidos por la Palabra de Dios de que la sabiduría de Él sobrepasa a la tradición de ellos. Así que la razón número tres (la frescura teológica que encuentro en este libro) *no* es el resultado de una renuncia o *de*nuncia de la piadosa tradición teológica de un líder piadoso, sino una evidencia de la capacidad de un corazón sincero y una mente humilde que se postra en el altar del cielo y dice: "Venga tu reino, y hágase tu voluntad, ¡en mí!". Evidencia que no hay convicciones reducidas, sino algo hermoso de compromiso con lo obvio: "En parte conocemos y en parte profetizamos"; o lo que es lo mismo: "Padre Dios, someto mi mente con mis ojos en Jesús y mi corazón abierto a tu Espíritu Santo".

Sin duda, surgirán opositores que implorarán: "¡Pero la Palabra debe prevalecer!". A esa autoridad dispuestamente me someto. Sin embargo, cuando líderes piadosos difieren, aunque cada uno esté comprometido a la autoridad de la Palabra de Dios, puede que sea el momento en que nosotros dejemos de discutir puntos que se han vuelto irrelevantes por razones de "diferencias irreconciliables", y que nos abramos al Espíritu Santo de la reconciliación en torno al verdadero manantial de nuestra fe: la persona de Jesús, ¡nuestro Salvador y Señor! Aquel que ha producido nuestra perfecta justificación para aceptación del todopoderoso, omnisciente, sabio y justo Dios, quizá nos esté llamando a ser un poco más pacientes con las diferencias intelectuales que ha habido entre mentes que, aunque santificadas por la gracia, aún deben ser glorificadas y trasladadas al tribunal eterno del trono de Dios.

Por tanto, el refrigerio teológico que me gozo en afirmar es por el hecho de que *Fuego santo* está escrito por un pastor y maestro que fue formado y ordenado en un ambiente teológico que le enseñó a resistir a quienes reciben la enseñanza o la experiencia pentecostal o carismática. Esto, por supuesto, es terminología que rebaja la base bíblica y práctica de las Escrituras de recibir la promesa y el ministerio de Jesús como el que bautiza con el Espíritu Santo como una experiencia distintiva, disponible *después* del nuevo nacimiento de un creyente mediante la fe en Él como Salvador y Señor. Y a la vez, cuando abra *Fuego santo*, será guiado en el estudio por un destacado maestro y escritor. Cuando lea su testimonio, descubrirá una mente humillada por un Dios santo que recibió un bautismo en el fuego santo del Espíritu Santo, y será usted bendecido.

Me parece gratificante y digno de destacar cómo el autor dedica tiempo sistemáticamente a explicar con claridad bíblica y precisión teológica, no sólo a desplegar los versículos con un bolígrafo maduro y paciente, sino también con un candor personal tierno. Será tocado cuando él describe su propio descubrimiento de esa verdad liberadora que le fue revelada, casi del mismo modo que Priscila y Aquila hicieron con Apolos: "le tomaron aparte y le expusieron más exactamente el camino de Dios" (Hechos 18:24-26, RVR60).

Al dedicar tiempo a explicar su propio viaje, el Dr. Kendall demuestra a cada lector la necesidad de una teología profunda y bíblica, no para mantener un debate teológico, sino para ayudar a quienes buscan con sinceridad mediante la introducción del poder liberador de la verdad.[2] La Biblia nos dice: "y conoceréis la verdad, y la verdad os hará libres" (Juan 8:32, RVR60) y "donde está el Espíritu del Señor, allí hay libertad" (2 Corintios 3:17, RVR60). Un cuidado así por la exactitud y la fidelidad, para asegurarse de proveer un respaldo bíblico para cada tema discutido a lo largo de este libro, ha puesto unos buenos puntos de apoyo bajo el mensaje de *Fuego santo*. También dirige al lector más allá de la opinión humana a la Palabra de Dios, a la roca de revelación divina. Más escritores harían bien en imitar este aspecto de R. T. Kendall.

En conclusión

A medida que la Iglesia global en la actualidad avanza hacia el fin de la era, cada vez más anteriores críticos de la enseñanza carismática están reconociendo que cuando el estilo de vida bíblico y una apertura bíblica al Espíritu Santo van de la mano, la Iglesia prospera. Este hecho está acercando cada vez a más creyentes a abrirse a las obras, maravillas y dones carismáticos del Espíritu Santo actuales, reconociendo estas cosas como algo disponible continuamente y atemporalmente para toda la Iglesia desde Pentecostés hasta el rapto.[3] Aunque surgen descargos de responsabilidades y permanece la oposición entre muchos reticentes o resistentes, la evidencia de la verdad prevalece: el ministerio inmediato y directo del Espíritu Santo, dando testimonio de la promesa continua de Pentecostés, ¡está disponible para siempre hasta que Jesús regrese de nuevo!

Por tanto, aquí tiene un manual oportuno, una explicación e invitación bien detallada, cuidadosamente elaborada y bíblicamente respaldada. La promesa es para usted, y la llenura del Espíritu, su poder capacitador y la presencia que glorifica a Cristo, ¡están disponibles!

Aunque este libro se ha escrito principalmente para ayudar a los creyentes más nuevos, ofreciendo la "leche espiritual no adulterada", la cual el apóstol Pedro indicó a los nuevos creyentes para su crecimiento (1 Pedro 2:2, RVR60), creo que su sustancia merece la pena que también la estudien los creyentes maduros. Es *a la vez* carne y leche, la "carne de la Palabra de Dios" cortada de una forma que cualquiera la puede digerir. Creo que incluso los creyentes establecidos comprobarán que les enriquece y edifica. Mi oración es que *Fuego santo* lo lean multitudes. Se merece una lectura dispuesta, pausada y receptiva por parte del buscador ferviente de la verdad cuyo verdadero deseo de corazón es conocer, caminar y seguir a Jesús mismo, para recibir la promesa que Él dio del Espíritu Santo como Aquel cuya llenura en nuestra vida haría que más de la vida de Cristo ¡brillara con el resplandor del fuego santo bíblico! Y finalmente, merece convertirse en una fuente de respuestas aclarativas y basadas en la Biblia capaz, instructiva y socorrida, para toda persona con fervientes inquietudes con respecto a las bases bíblicas y la solidez espiritual de los ministerios que Juan el Bautista dijo que Jesús nos traería, al declarar: (1) "He aquí el Cordero de Dios, que quita el pecado del mundo" (Juan 1:29, RVR60), y (2) "Él los bautizará con el Espíritu Santo y con fuego" (Lucas 3:16).

Que la paz, el poder, el propósito y la presencia de Jesús, Señor de la Iglesia, abunden para esos propósitos en todos y a través de todos nosotros, según su Palabra, por el poder de su Espíritu Santo, ¡y para la gloria de Dios nuestro Padre y de su Hijo, nuestro Salvador y Mesías! ¡Amén!

—PASTOR JACK W. HAYFORD
Fundador-Rector, The King's University
Dallas/Los Ángeles

Nota del editor: Le recomendamos que lea las notas al final que tienen que ver con este prólogo porque contienen valiosa información adicional del pastor Jack Hayford.

RECOMENDACIÓN ESPECIAL DESDE EL REINO UNIDO

DESDE AL MENOS LA MITAD DE LA DÉCADA DE 1960, DIOS ha mostrado gentilmente un gran favor a incontables individuos e iglesias por todo el mundo, enviando visitaciones sostenidas de su Espíritu Santo para dar vitalidad personal, periodos de renovación, la restauración de congregaciones en declive e indiscutibles manifestaciones auténticas de su poder para capacitar a líderes cristianos y a personas en general para reproducir en nuestros días todo el fenómeno que vemos en los Evangelios y en el libro de los Hechos. Eso ha sucedido en todos los continentes y en innumerables países de todo el mundo.

Estos acontecimientos emocionantes siempre han incluido sanidades milagrosas genuinas, liberación de los poderes demoniacos, un ministerio profético preciso para proclamar y profetizar, así como una práctica avivada y sostenida de las disciplinas espirituales como la lectura de las Escrituras, la oración intercesora, el ayuno, el evangelismo personal, la comunión, el avance misionero y la plantación de iglesias, todo ello muy auxiliado por el surgimiento de unos maduros, antes ignorados, "ministerios de Efesios 4" de dones apostólicos, proféticos, evangelísticos, didácticos y pastorales, para ayudar a edificar y equipar al Cuerpo de Cristo para su ministerio en el servicio a Cristo y a su mundo.

Muchas épocas de genuina restauración de la Iglesia han producido una nueva salud vital, pasión avivada, adoración ferviente, vida centrada en Dios, junto a una guía vocacional extendida de Dios con respecto al destino personal de millones. Por lo general, lo que ha sucedido después ha sido una hermosa claridad y fruto ministerial. El resultado ha sido un avance sin precedentes en la misión mundial, crecimiento de la Iglesia, madurez personal, lealtad a las Escrituras en su totalidad, y la presencia manifiesta de Dios entre su pueblo de nuevo, algo que a menudo ha faltado en periodos de declive de la Iglesia, cuando la incredulidad y el liberalismo escéptico han dominado.

No obstante, muchos otros evangélicos fuertes y bíblicos han resistido todos esos desarrollos de formas prejuiciosas y no bíblicas. Ellos optan por alguna forma de "cesacionismo" que considera los dones de "señales" como redundantes y obsoletos, a menudo por razones muy poco bíblicas. Factores tales como alguna pequeña experiencia de primera mano de todo el rango del poder del Espíritu Santo, rechazo de la "periferia lunática" de movimientos de avivamiento, temor a correr riesgos en su propio ministerio, dañar su reputación o su posición, retrasan su participación. Actitudes prejuiciosas y no enseñables y la negativa a leer o considerar las grandes obras teológicas y relatos históricos narrativos que apoyan estos movimientos de Dios como algo auténtico, han dejado también a muchos líderes en un estado de distante indiferencia, u hostilidad inflexible, hacia el don más grande de Dios para su pueblo: su Espíritu Santo en toda su plenitud y poder carismático.

Mi querido amigo y predecesor en Westminster Chapel, el Dr. R. T. Kendall, nos ha hecho un gran servicio al escribir *Fuego santo*. Este destacado libro trata con claridad y accesibilidad muchas de las dudas, falsos argumentos, interpretaciones equívocas y peligros de ignorar los mandatos bíblicos diseñados sólo para nuestro bien.

R. T. se ha servido útilmente de toda una vida de ministerio y relatos personales de su propio viaje para finalmente distanciarse de todas las posiciones cesacionistas sobre este asunto, abriendo así posteriormente su corazón y su mente a todo lo que la Biblia enseña con respecto al legado de Cristo del Espíritu Santo como el sustituto de Jesús para continuar con su obra en creyentes y a través de creyentes llenos del Espíritu en todo lugar. El resultado es la pertinente unión de la Palabra y el Espíritu en una espiritualidad cristiana, a medida que R. T. toma cada asunto que concierne a los críticos del "cristianismo carismático" y les responde minuciosamente sobre la base de su experiencia personal, teología bíblica, perspectivas históricas y exégesis precisa de textos relevantes.

El resultado es un resumen valioso, accesible, interesante e informativo de la Persona y obra del Espíritu Santo, quien al igual que Cristo que envió el Espíritu, sigue siendo *"el mismo ayer, y hoy, y por los siglos"*. Me alegra decir que el resultado es que esta breve obra es verdaderamente *"¡Teología encendida!"*. Debería apresurar la muerte y el entierro de los intentos no bíblicos y que entristecen al Espíritu por extinguir el precioso regalo del *Fuego santo*.

—GREG HASLAM
Ministro, Westminster Chapel, Londres, RU

PRÓLOGO

S E HA PRODUCIDO UN DIVORCIO SILENCIOSO EN LA IGLESIA, hablando en términos generales, entre la Palabra y el Espíritu. *Cuando hay un divorcio, a veces los hijos se quedan con la madre, a veces con el padre. En este divorcio, tenemos a quienes están del lado de la Palabra y quienes están del lado del Espíritu.*

¿Cuál es la diferencia? Quienes están del lado de la Palabra enfatizan contender fervientemente por la fe que una vez fue entregada a los santos, la predicación expositiva, la teología profunda, el redescubrimiento de las doctrinas de la Reforma: justificación por fe, soberanía de Dios. Hasta que no regresemos a la Palabra, el honor del nombre de Dios no será restaurado.

¿Qué hay de malo en este énfasis? Nada. Es exactamente correcto, en mi opinión.

Quienes están del lado del Espíritu enfatizan regresar al libro de Hechos, señales, maravillas y milagros, dones del Espíritu Santo; con lugares siendo sacudidos en reuniones de oración, ponerse a la sombra de Pedro y ser sanado, mentir al Espíritu Santo y caer muerto. Hasta que recuperemos el poder del Espíritu, el honor del nombre de Dios no será restaurado.

¿Qué hay de malo en este énfasis? Nada. Es exactamente correcto, en mi opinión.

El problema es que ninguno aprenderá del otro. Pero si estos dos se unieran, la combinación simultánea significaría una combustión espontánea. Y si la profecía de Smith Wigglesworth fue cierta, el mundo volvería a ser trastornado.

PREFACIO

SIEMPRE HE QUERIDO ESCRIBIR UN LIBRO ACERCA DEL Espíritu Santo, pero nunca pensé que lo haría. La razón principal es esta. Mi primer editor y editorial, Edward England de Hodder & Stoughton en Londres, me dijo hace más de treinta años: "Tenemos cincuenta libros acerca del Espíritu Santo". ¡Yo me tomé eso como una indicación de que no eran necesarios libros acerca del Espíritu Santo! Pero quizá sí lo sean hoy día. Mis amigos Steve y Joy Strang de Charisma House me han honrado pidiéndome que escriba un libro acerca del Espíritu Santo. Así que aquí está. Joy tuvo un deseo especial: "Escribir un libro que haga que la gente tenga hambre del Espíritu Santo". Espero poder cumplir con ese elevado objetivo.

Aunque dediqué dos capítulos a mi relación con mi mentor, el Dr. Martyn Lloyd-Jones (1899-1981), en mi libro *In Pursuit of His Glory* [En busca de su gloria] (un relato de mis veinticinco años en Westminster Chapel), parece apropiado hacer referencia a su enseñanza en lo que respecta al tema de mi presente libro. Un doctor que abandonó la medicina para entrar en el ministerio, se convirtió en el predicador más grande del siglo XX y tuvo una de las mentes más brillantes de nuestro tiempo. Así que si Martín Lutero y Juan Calvino sintieron la necesidad de citar a S. Agustín y a S. Juan Crisóstomo para apoyar su enseñanza, yo tengo la obligación de presentar *al Doctor* (como era conocido por todos) a aquellos que quizá no le conozcan, y citarle cuando muchos no entienden qué era lo más apreciado en su corazón. Él fue el responsable de que yo estuviera en Westminster Chapel precisamente *debido* a las ideas que adopto en este libro.

Me siento muy honrado de que el Dr. Jack Hayford escribiera el preámbulo de mi libro. Él es, sin lugar a duda, el líder más estimado en el movimiento pentecostal-carismático. El Rev. Greg Haslam, mi sucesor en Westminster Chapel, también ha hecho gentilmente una recomendación especial desde el Reino Unido.

Pero debo mencionar a Rob Parsons y Lyndon Bowring, los amigos más íntimos y críticos más severos, que me han ayudado de manera inmensurable una vez más. Mi agradecimiento también a Mike Briggs, consultor de Charisma House. Este es mi primer libro con Debbie Marrie desde que ella se convirtió en la directora ejecutiva de Desarrollo de Productos en Charisma House. Su sabiduría en la preparación de este libro ha sido muy importante. También, tener a mi antigua editora con Charisma House, Barbara Dycus, de nuevo ayudándome con este libro ha sido una providencia encantadora. Mi agradecimiento también a Leigh DeVore que ha tenido el tedioso trabajo de copiar, editar y hacer el índice tan necesario para este libro.

Mi mayor agradecimiento es para mi esposa, Louise, especialmente por su paciencia durante el tiempo en que tuve que poner este libro por delante de pasar tiempo con ella. Su sabiduría ha sido muy valiosa. Además, fue idea suya titular este libro *Fuego santo*.

Este libro está cariñosamente dedicado a mi hija y mi yerno.

—R. T. KENDALL

Introducción

ÉL SOPLA POR DONDE QUIERE

El viento sopla por donde quiere, y lo oyes silbar, aunque
ignoras de dónde viene y a dónde va. Lo mismo pasa con
todo el que nace del Espíritu.

—JUAN 3:8

Cuando la iglesia se aviva, también sea aviva el diablo.

—JONATHAN EDWARDS
(1703-1758)

EL ESPÍRITU SANTO NO LE PERTENECE A USTED. ¿ES USTED
carismático? Él es mayor que sus eventos con señales y maravillas. ¿Es usted reformado? Él no estará limitado por su teología.
El Señor Jesús dijo del Espíritu Santo: "Él sopla por donde quiere". C. S. Lewis (1898-1963) describió al león Aslan, su personaje
principal en *Las crónicas de Narnia*, con las siguientes palabras:
"No es seguro, pero es bueno".[1] Como Aslan representa a Jesús en
la historia, por lo general se supone que esta descripción se refiere a Jesús. Personalmente pienso que esas palabras son aplicables
a todos los miembros de la Trinidad, y especialmente al Espíritu Santo. Él no es seguro, pero puede confiar en Él porque Él es
bueno.

Mi posición está clara. Me describo a mí mismo como un
teólogo reformado, no sólo en mis creencias sino también en la
práctica. Tengo que decir que por alguna razón a menudo me he
sentido el último de la fila en lo que concierne a señales y prodigios. Mientras que otros han *caído en el Espíritu* a mi alrededor,
mi cuerpo ha permanecido firmemente erguido, como la Estatua

de la Libertad. Aunque algunos miembros de mi familia han visto sanidad física personalmente, yo no. Es cierto que he hablado en lenguas, pero jamás me habrá oído hacerlo en público. En resumen: si soy carismático, soy el *menor de los hermanos*. Pero hay algo más. En mi medio siglo de ministerio he visto los peores excesos del movimiento carismático: profecías falsas, sanidades simuladas, hablar carnalmente en lenguas. Debería decirle que soy un reformado con una r pequeña. Yo no pongo todos los puntos de las i ni cruzo todas las t como quizá hagan algunos, aunque creo en la soberanía de Dios tanto como cualquiera que yo conozca. También creo que es posible que algunas de las personas que somos reformadas nos tomemos demasiado en serio a nosotros mismos, incluso que nos convirtamos en el nuevo Sanedrín, fantaseando con que solamente nosotros hablamos por boca del Dios Altísimo. Y también soy carismático, pero quizá con una c minúscula. No siempre adopto la línea del grupo, y sin embargo creo en los dones del Espíritu Santo tanto como cualquiera que conozca. Creo teológicamente que el Espíritu Santo está tan activo hoy día como siempre lo ha estado porque he visto notables evidencias del poder de su obra en este mundo actualmente. Pero por encima de todo creo en la inspiración infalible de las Santas Escrituras, y por mucho que lo intente no puedo por mi propia vida torcer el texto para demostrar que el poder de Dios en los dones sobrenaturales del Espíritu Santo estaba limitado a los tiempos de la Iglesia primitiva. Sin embargo, para mí no es sólo una cuestión de exégesis, sino de experiencia personal como mostraré más adelante en este libro. Y aquí para un teólogo reformado, podría llegar a ser un poco embarazoso.

Me crié en las colinas de Kentucky, aproximadamente a cien millas (150 kilómetros) del condado de Bourbon, el lugar del avivamiento de Cane Ridge que comenzó en 1801. Los historiadores de la iglesia de Estados Unidos lo llaman el Segundo Gran Despertar de América (siendo el primero el gran avivamiento que en gran medida presentó el ministerio de Jonathan Edwards desde aproximadamente los años 1735-1750). Mi propia iglesia en Ashland nació al *final* del ímpetu que se produjo por el Despertar de

Cane Ridge. Vi todo tipo de cosas en mi antigua iglesia: lo bueno, lo malo y lo feo. También vi los dos tipos de fuego: el fuego santo que viene de arriba y el fuego extraño que viene de abajo. Llámelo fuego extraño, salvaje o fuego incontrolado. Yo solía oír la expresión: "El fuego salvaje es mejor que no tener fuego". En otras palabras, si Dios no envía el fuego genuino del Espíritu Santo, es mejor tener algún incendio—que suceda algo—que la ortodoxia muerta o el formalismo. Error. No tener fuego es mejor que tener un incendio. No tener fuego es mejor que tener un fuego extraño. También solía oír a la gente decir: "La gente saldrá para ver un fuego", como si las multitudes demostraran algo. Las multitudes no demuestran nada. El fuego santo es lo que se necesita. El fuego santo no es lo principal; es lo único que importa.

Mis héroes son Juan Calvino (1509-1564), Jonathan Edwards (1703-1758) y el difunto Dr. Martyn Lloyd-Jones. Y si usted me dijera que el histórico movimiento pentecostal o el más reciente movimiento carismático ha sido importunado con fuego extraño, sé exactamente a lo que se refiere. Después de todo, como solía decir Jonathan Edwards: "Cuando la iglesia se aviva, también se aviva el diablo". Satanás levanta una falsificación para intimidar a los que buscan sinceramente a Dios, para apartarles haciéndoles que corran en dirección contraria. El fuego extraño casi siempre aparece en cualquier verdadero avivamiento o movimiento que Dios levante. Y sin embargo, también sé demasiado como para permitir que el movimiento pentecostal histórico y el movimiento carismático histórico se pinten con una gran brocha, dando a entender que se caracterizan principalmente por el fuego extraño, a fin de poder descartarlos fácilmente.

Si usted tiene un corazón conforme a Dios, Satanás no está contento con usted. Él trabajará más de la cuenta para apagar esa hambre. Es importante saber algo de sus caminos. Pablo dijo de Satanás: "pues no ignoramos sus artimañas" (2 Corintios 2:11). Pero más importante aún que discernir las falsificaciones es poder reconocer la presencia genuina del Espíritu Santo. Es mucho mejor poder discernir lo real que la falsificación. Y sin embargo, hasta el grado en que usted sea capaz de reconocer y aceptar lo que es real y verdadero, hasta ese grado será usted capaz de detectar y rechazar lo que es espurio y falso.

No estoy seguro de que alguien esté cualificado para hablar de lo que es falso a menos que esté bien familiarizado con lo que es real.

Si usted tiene hambre del Espíritu Santo, este libro es para usted. Si está hambriento de más del Espíritu Santo, este libro es para usted. Y si la idea estar hambriento del Espíritu Santo no es algo que le haya ocupado particularmente hasta ahora, oro para que mientras sigue leyendo emerja un corazón ardiente. Jesús dijo que los que tienen hambre y sed de justicia serán saciados (Mateo 5:6).

Camine conmigo ahora por este viaje que está pensado para satisfacer su apetito de profunda enseñanza y una mayor medida del Espíritu Santo. Probaremos tanto la leche de la Palabra como la comida sólida, una dieta que nos permitirá "distinguir entre lo bueno y lo malo" (Hebreos 5:14).

Capítulo 1

DISCERNIR LOS TIEMPOS

El Espíritu dice claramente que, en los últimos tiempos, algunos abandonarán la fe para seguir a inspiraciones engañosas y doctrinas diabólicas...Porque llegará el tiempo en que no van a tolerar la sana doctrina, sino que, llevados de sus propios deseos, se rodearán de maestros que les digan las novelerías que quieren oír. Dejarán de escuchar la verdad y se volverán a los mitos. Tú, por el contrario, sé prudente en todas las circunstancias.

—1 Timoteo 4:1; 2 Timoteo 4:3-5

Lo peor que le puede ocurrir a un hombre es tener éxito antes de estar preparado.

—D. Martyn Lloyd-Jones

Escribo este libro para el cristiano joven, el nuevo cristiano, el estudiante de teología, el nuevo pastor, pero también para el laico o ministro experimentado que aspira más que nunca a ser celoso del honor y la gloria de Dios. También escribo para el indeciso que está sinceramente confundido e inseguro de qué creer acerca del Espíritu Santo. Jonathan Edwards dijo que lo que Satanás no puede producir en nosotros es un amor por la gloria de Dios. Por tanto, si leer este libro provoca un mayor amor por el honor de Dios y una reverencia más profunda por el Espíritu Santo, puede estar seguro de que el diablo no puso ahí ese deseo y respeto. También por esto mismo dijo Edwards que cuando la iglesia se aviva, ¡también se aviva el diablo! Así que puede estar seguro de que el diablo pondrá todos los obstáculos posibles en su camino para robarle el gozo que viene de la intimidad con el Espíritu Santo. Sin duda, Satanás hará todo lo posible por tentarle para que no pruebe el poder genuino del Dios vivo. Quiero anticipar ciertas advertencias que puede que encuentre en su camino. Sea su trasfondo evangélico conservador, reformado, carismático o pentecostal, hay ciertos peligros que debe conocer. En cada uno de estos riachuelos tiene que estar armado para resistir las presiones que vienen de un vengativo Satanás que no quiere que usted crezca en gracia y conocimiento de nuestro Señor Jesucristo. "Pues por falta de conocimiento mi pueblo ha sido destruido" (Oseas 4:6). En esta conexión mencionaría: 1) falta de conocimiento de la Palabra de Dios, y 2) falta de conocimiento de los caminos de Dios.

Lo primero es la lectura de la Biblia. El diablo no quiere que usted lea su Biblia, y mucho menos que pase *mucho* tiempo leyendo la Biblia. ¿Conoce bien su Biblia? Para entender la Biblia debe tener una relación amigable con el Espíritu Santo. Él escribió la Biblia (2 Timoteo 3:15; 2 Pedro 1:21). Sólo Él puede abrir su mente para que entienda su propia Palabra. Cuando contristamos al Espíritu Santo mediante la amargura o le apagamos mediante el temor, el resultado inevitable es una incapacidad para enfocarnos en su Palabra. Y también, dicho al contrario, para tener una relación amigable con el Espíritu Santo tiene que conocer su Biblia, y conocerla bien. Me temo que hay ministros por ahí que nunca leen seriamente la Biblia sino que sólo la consultan cuando les toca preparar un sermón.

Usted necesita un plan de lectura de la Biblia. Durante años he recomendado el plan diseñado por Robert Murray M'Cheyne (1813-1843), el cual me presentó el Dr. Martyn Lloyd-Jones la primera semana que fui ministro de Westminster Chapel en 1977.[1] Le lleva a través de toda la Biblia en un año incluyendo el Nuevo Testamento dos veces y los salmos dos veces. Esto le mantiene en la Palabra de Dios. Se lo recomiendo sinceramente. Nunca lamentará haber comenzado esto y haberlo mantenido. Sea un cristiano que conoce su Biblia. Esto agrada mucho a Dios.

Segundo, la manera en que usted conoce los *caminos* de alguien es pasando tiempo con esa persona. Usted le muestra su estima a una persona por el tiempo que le dedica. Así que iré directo al grano: *¿Cuánto tiempo ora?* El diablo no quiere que usted ore, mucho menos que pase *mucho* tiempo orando.

Y Satanás tiembla, cuando ve
Al santo más débil de rodillas.[2]

—WILLIAM COWPER, (1731-1800)

Le insto a tener al menos treinta minutos al día en su tiempo a solas, incluyendo lectura de la Biblia y oración. Para la personas que está en el ministerio a tiempo completo, le sugiero un mínimo de una hora al día (dos es mejor), y esto debería ser para devocionales privados y tiempo a solas sin usar ninguna parte de este tiempo para preparación del sermón. Martín Lutero pasaba dos horas al día en oración. John Wesley pasaba dos horas al día en oración. Según una reciente encuesta realizada en ambos lados del Atlántico, el líder de iglesia promedio (pastor, sacerdote, evangelista, maestro) en la actualidad pasa *cuatro minutos al día en oración*.[3] ¿Y usted se pregunta por qué la Iglesia está falta de poder? ¿Dónde están los Lutero de hoy? ¿Dónde están los Wesley? ¿Quién está verdaderamente poniendo el mundo patas arriba? En cuanto al tiempo de oración, si usted no sabe cómo usar bien ese tiempo, hágase una lista de oración. Ore por personas que nunca sabrán que oró por ellas. Ore por sus amigos. Ore por sus enemigos. No habrá oración en el cielo. Yo le rogaría amorosamente: pase mucho tiempo en oración ahora. Conozca a Dios y sus caminos pasando tiempo con Él.

EL DIOS DE LA BIBLIA CONTRA LAS ENSEÑANZAS PELIGROSAS

No puedo predecir exactamente qué obstáculos encontrará usted, pero mencionaré brevemente algunos que son muy comunes.

Por ejemplo, si está en una iglesia carismática o pentecostal, hay algunas enseñanzas extrañas que probablemente oirá. Básicamente se reducen a una cosa: su perspectiva de Dios. El Dios de la Biblia es soberano, omnipotente, omnipresente, omnisciente y santo. En mis libros *The God of the Bible* [El Dios de la Biblia] (CrossBooks) y *Totally Forgiving God* [Dios totalmente perdonador] (Charisma House) comparto estos atributos de Dios con más detalle.

1. La soberanía de Dios se refiere a su derecho divino a hacer lo que Él quiera. "Y verás que tengo clemencia de quien quiero tenerla, y soy compasivo con quien quiero serlo" (Éxodo 33:19; Romanos 9:15). Él "hace todas las cosas conforme al designio de su voluntad" (Efesios 1:11).
2. El Dios de la Biblia es omnipotente, todopoderoso. No hay nada que Él no pueda hacer (Lucas 1:37).
3. El Dios de la Biblia es omnipresente. Él está en todas partes; no hay ni un sólo lugar en el que Él no esté presente. Busque siempre su presencia manifiesta. Pedro llamó a esto "tiempos de descanso" (Hechos 3:19).
4. Él es omnisciente: conoce todo, pasado, presente y futuro. Sí, Él conoce el futuro de forma tan perfecta como conoce el pasado, declarando el fin desde el principio (Isaías 46:10).
5. El Dios de la Biblia es un Dios santo. Él demanda santidad de nosotros en nuestra vida personal y privada (1 Pedro 1:16). Nunca olvide que usted y yo estaremos ante el trono del juicio de Cristo un día para recibir lo que nos es "debido" por las cosas que hayamos hecho "según lo bueno o malo que haya hecho mientras vivió en el cuerpo" (2 Corintios 5:10).

Una idea defectuosa del Dios de la Biblia ha dado como resultado enseñanzas peligrosas en años recientes en ciertos círculos carismáticos o pentecostales. Por pentecostal me refiero principalmente a una denominación, como puede ser Asambleas de Dios, Santidad Pentecostal, Iglesia Cuadrangular, Iglesia de Dios y Elim.

Por carismáticos me refiero a un movimiento que creció de manera espontánea en la década de 1960, haciendo énfasis en los dones del Espíritu Santo (especialmente el hablar en lenguas) y cruzó líneas denominacionales; por ejemplo, episcopales, reformados, bautistas, luteranos y presbiterianos. Me temo que hay muchas enseñanzas extrañas por ahí que se han colado en estas iglesias o movimientos. Una de ellas se llama la enseñanza de la *hipergracia*. Mencionaré esta herejía de nuevo en el capítulo 5: "Fuego extraño". La idea se resume en lo siguiente: como Jesús se ocupó de todo nuestro pecado en la cruz, no necesitamos confesarlo, pues ya ha sido tratado. No es necesario arrepentirse en la vida cristiana, dicen estas personas. Esto es equivalente al antinomianismo (anti-ley) y puede llevar muy fácilmente a vivir de manera nada piadosa. Las personas que defienden este tipo de pensamiento han tenido que eliminar, de hecho, ciertos libros de la Biblia, como por ejemplo Hebreos y 1 Juan. ¡Imagínese! ¡Para defender una enseñanza tienen que cortar parte del canon de las Santas Escrituras! Le advierto: esta enseñanza entristece al Espíritu Santo. Es una moda pasajera. No durará. Pero puede hacer un daño incalculable mientras tanto.

La segunda enseñanza que menciono aquí y de nuevo en el capítulo 5 se llama *teísmo abierto*. Esta perspectiva de Dios le rebaja al nivel de un hombre de tal forma que un Dios así no conoce su propia mente sin nuestra aportación. La idea es que nosotros ayudamos a Dios a saber qué hacer después; sin nosotros, Él no puede avanzar. Esta es una enseñanza subcristiana. Se ha introducido asombrosamente en ciertos círculos carismáticos. Cuando a un líder de esta enseñanza le preguntaron públicamente en Londres: "Con esta perspectiva de Dios, ¿no es posible que Dios pudiera terminar perdiendo al final?". La respuesta fue: Sí. Imagínese un Dios así. ¡El Dios de la Biblia gana! Una perspectiva tan débil de Dios es la consecuencia suprema de negar su soberanía eterna.

Pisándole los talones al teísmo abierto está la idea que de podemos prácticamente hacer que Dios haga cualquier cosa. Nosotros podemos *decretar* algo, y sucederá. Esto hace al hombre soberano. Es a veces una parte de las enseñanzas de la *sanidad* y *bienestar* y de la *prosperidad*. Aunque es totalmente cierto que Dios promete bendecir al que diezma (Malaquías 3:10), porque no podemos dar de más al Señor (2 Corintios 9:8), tenga cuidado con los que usan este punto de vista principalmente para avanzar sus ministerios personales. Algunos líderes llegan a decir que sus *palabras de conocimiento* son superiores a las Santas Escrituras. Algunos niegan la Biblia como la revelación completa y final de verdad eterna. Un líder dijo: "Si el apóstol Pablo hubiera tenido mi fe, no habría tenido un aguijón en la carne". Lo siento, pero este tipo de doctrina ha surgido en entornos carismáticos y pentecostales. Sea sabio ante enseñanzas que exalten al hombre o la mujer e incluso apelen al egoísmo de una persona. Ellas emergen de un fuego extraño, enseñanzas que son ajenas a las Santas Escrituras.

Sin embargo, no deje que su visión de la infalibilidad de las Santas Escrituras le impidan creer que Dios nos habla directamente hoy. Él lo hace. No crea ni por un instante que el Dios de la Biblia no hace milagros hoy. Sí los hace. Y no abandone su perspectiva de que la Biblia es la revelación final y completa de Dios de verdad eterna. Lo es. Mi oración es que usted defienda las Santas Escrituras como la Palabra infalible de Dios mientras cree simultáneamente que Dios no cambia en su disposición a manifestar su poder (Malaquías 3:6; Hebreos 13:8). Sería por tanto una gran pena, y una victoria para Satanás, que usted permitiera que enseñanzas extrañas le desilusionaran. Escribo este libro para animarle a esperar la presencia manifiesta y consciente de la tercera Persona de la Deidad: el Espíritu Santo.

TEOLOGÍA Y ADORACIÓN

Al haber tenido un pie en el campo reformado y el otro en el campo carismático-pentecostal, me ha ido alarmando cada vez más la tendencia en la adoración entre el segundo campo. Los primeros metodistas obtuvieron su teología en su mayor parte de sus himnos. Esto les hizo orientarse hacia la teología, un rasgo que usted y yo nunca debemos perder. ¿De quién eran los himnos que cantaban los primeros metodistas? Cantaban los himnos escritos por personas como Isaac Watts (1674-1748), Charles Wesley (1707-1788), William Cowper y John Newton (1725-1807). Léalos. Cántelos. ¿Ha echado un vistazo últimamente a las palabras de himnos como "¿Y podría ser que tuviera más interés en la sangre de mi Salvador?,[4] "Cuando miro la maravillosa cruz sobre la que murió el Príncipe de gloria",[5] "Dios se mueve de una manera misteriosa para llevar a cabo sus maravillas",[6] "Qué dulce suena el nombre de Jesús",[7] "Oh, tener un corazón para alabar a mi Dios, un corazón libre de pecado"[8]? Rogaría que la presente generación de todos los cristianos cantaran tanto lo nuevo como lo viejo. Jesús relató una parábola acerca del "propietario de una casa que saca de su almacén tanto tesoros nuevos como viejos" (Mateo 13:52), un principio que perfectamente podría aplicarse a himnos nuevos y viejos.

Lo que me preocupa más acerca de parte de la adoración contemporánea es su falta de buena teología. ¡Algunos parecen casi no tener ni un ápice de teología! Esto no es bueno. Temo que estemos produciendo una generación de personas vulnerables a movimientos heréticos en parte debido a una falta de buenos cimientos en la verdad. Dicho esto, doy gracias a Dios por himnos como el de Chris Bowater: "Jesús recibirá el honor más alto"; los de Graham Kendrick: "Restaura, oh Señor", "Conocerte, Jesús" y "Amor así"; los de Stuart Townend: "Qué profundo es el amor del Padre por nosotros" y "Sólo en Cristo"; los de Matt Redman: "Bendito sea tu nombre" y "10 000 razones"; el de Stephen Fry: "Oh, la gloria de su presencia"; el de Darlene Zschech: "Canta al Señor"; y otros.

Pero hay trampas en el evangelicalismo conservador también. Una enseñanza que es común en la teología reformada se llama *cesacionismo*. La idea es que lo milagroso *cesó* en algún momento después de que muriera el último apóstol o cuando se completó el canon de las Escrituras. Este concepto es tan importante que le dedicaré los capítulos 8 y 9. El cesacionismo no es una moda. Lleva con nosotros mucho tiempo. Los que defienden esto no son herejes; son buenas personas. Pero el cesacionismo apaga al Espíritu Santo tanto como las enseñanzas mencionadas previamente que le desagradan. Probablemente no convencerá a un cesacionista para que crea que el Dios viviente sana sobrenaturalmente hoy. Un hombre convencido en contra de su voluntad ¡sigue pensando igual! ¡Yo no quiero que algunas de estas personas le convenzan *a usted*! Así que no deje que quienes defienden sus ideas de que Dios no manifestará su poder hoy *le* impidan ver al Dios de gloria mostrarse a sí mismo en nuestra generación. Por eso escribo este libro.

Como dije, mi propio establo teológico es reformado. Pero no llegué a él leyendo teología reformada. Mi propósito al escribir este libro, sin embargo, no es cambiar su teología sino provocar en usted hambre por el Espíritu Santo. Si camina en el Espíritu, conoce su Biblia y pasa suficiente tiempo a solas con Dios, su teología se ocupará de sí misma. Mi mayor mentor fue el Dr. Martyn Lloyd-Jones. A lo largo de este libro quiero darle más a conocer y que sea una bendición para usted tanto como lo fue para mí. Lo más grande que él me dijo jamás fue esto: "Lo peor que le puede pasar a un hombre es tener éxito antes de estar preparado". Esta afirmación es lo que me ha ayudado a *mantener mi cabeza* cuando Dios no manifestó su poder en mi propio ministerio tan rápidamente como yo esperaba. Pero nunca tiré la toalla. ¡Y no quiero que usted la tire!

Capítulo 2

LO QUE TODO CRISTIANO DEBERÍA SABER ACERCA DEL ESPÍRITU SANTO

Y yo le pediré al Padre, y él les dará otro Consolador para que los acompañe siempre: el Espíritu de verdad...porque vive con ustedes y estará en ustedes.

—Juan 14:16-17

Si el Espíritu Santo se retirase de la Iglesia hoy, el noventa y cinco por ciento de lo que hacemos seguiría y nadie apreciaría la diferencia.

—A. W. Tozer
(1897-1963)

LOS DISCÍPULOS DE JESÚS NO DISFRUTARON OÍR ACERCA DEL Espíritu Santo. Les hizo sentirse incómodos, como veremos después. Hoy día, algunos cristianos se sienten como ellos. Hacer mención a Él les incomoda. Puede haber muchas razones para esto. En el caso de los evangélicos conservadores, a veces piensan que los carismáticos hablan más del Espíritu Santo que de Jesús o del evangelio. En mi propia experiencia, a menudo he observado que hay un número sorprendente de carismáticos que tienen muy poca o ninguna seguridad de por qué son salvos.

La prueba de ello es que cuando predico el evangelio en algunas de sus iglesias, a menudo hacen estas preguntas, tomando prestado de *Evangelismo explosivo*[1] del difunto James Kennedy (el mejor programa para ganar almas que he conocido):

1. ¿Tiene la seguridad de que si se muriese hoy iría al cielo?
2. Si estuviera delante de Dios (y un día lo estará) y Él le preguntara (y puede que lo haga): "¿Por qué debería dejarle entrara en mi cielo?", ¿qué le diría?

Me ha impactado cuántos de ellos (por todo el mundo) admiten que su esperanza de entrar en el cielo no está en la sangre de Jesús sino en sus propios méritos. Esto es preocupante. ¡Me hace sentir que muchos de ellos no han oído el evangelio de verdad! Y a la vez, esta falta de seguridad sería cierta también en algunas iglesias evangélicas conservadoras cuando les enseñan que no sólo hay que mirar a Cristo sino también a las buenas obras de cada uno como la única manera de poder estar seguro de que se ha convertido, como veremos más adelante en el capítulo 3.

Hay también evangélicos conservadores que a veces sienten que están siendo juzgados como poco espirituales por las personas que son extremadamente celosas, especialmente si no hablan en lenguas. Correcta o incorrectamente, a algunos les hacen sentir que ni tan siquiera son cristianos, o en el mejor de los casos, que son cristianos de segunda clase. Sea como fuere, cualquier referencia al Espíritu Santo en algunas situaciones puede ser casi contraproducente.

La razón por la que a los Doce no les gustó la idea del Espíritu Santo, al menos al principio, fue porque les enviaba una señal acerca de la partida de Jesús. Para los Doce, el Espíritu Santo significaba perder a Jesús. La referencia inicial al Espíritu Santo se produjo a la vez que la mención de que Jesús se iba. Eso fue entristecedor. Después de todo, los Doce sintieron que al fin estaban empezando a entender a Jesús mismo. Estaban lentamente empezando a conocer algunos de sus caminos. Le habían seguido durante tres años. Sabían cómo era Él. Sabían su altura, el color de sus ojos, de su cabello y de su piel. Conocían el sonido de su voz. Oyeron sus sermones, parábolas, los diálogos con fariseos y saduceos. Vieron los milagros, las sanidades. Le vieron caminar sobre el agua. Estaban convencidos de que Él era el ansiado Mesías que vendría. Anticipaban que establecería su Reino y derrocaría a Roma en cualquier momento. Pero Jesús comenzó a hablar de que se iba. La idea de que les dejara era desconcertante. Me pregunto si estaban escuchando con atención o no. La razón por la que digo esto es que aún después de resucitar de los muertos y estar con ellos cuarenta días, lo único que había en sus mentes era: ¿Cuándo restaurará Jesús el Reino? (Hechos 1:6) Si realmente hubieran entendido lo que Jesús les había enseñado, no habrían hecho esa pregunta. En cualquier caso, Jesús hizo todo lo posible para ponérselo en bandeja y hacerles entender lo más gentilmente posible que Él tenía que irse. La tarea de Jesús era ayudarles a realizar la transición del nivel de la naturaleza al ámbito del Espíritu. No sería fácil. Cualquier idea acerca de una transición sencillamente no estaba en sus pensamientos.

El Espíritu Santo ocuparía el lugar de Jesús

Jesús les presentó al Espíritu Santo diciéndoles cuidadosamente que les interesaba que Él se fuera. "Les conviene que me vaya" (Juan 16:7). Habló acerca de "otro" Consolador que les acompañaría (Juan 14:16). Pero sólo la idea de "otra" persona no les interesaba lo más mínimo. La palabra griega es *parakletos*, una palabra imposible de traducir en una sola palabra para que conserve todo su significado, ya sea que usemos consolador, abogado, ayudador o consejero. La palabra literalmente significa "alguien que se pone a nuestro lado", algo que Jesús sin duda hacía para los Doce en el plano de lo natural. No cabe duda de que Jesús había venido para estar a su lado durante esos tres años. Estaban muy contentos con Jesús; Jesús en la carne. El pensamiento de que les dejara era confuso, entristecedor y muy doloroso. Así que la idea de "otro" paracleto no les bendijo en ese momento. Todo el concepto del Espíritu Santo era amenazante para ellos.

¿Se siente usted amenazado por el Espíritu Santo? Los discípulos de Jesús estaban amenazados por la idea del Espíritu porque les gustaban las cosas tal y como estaban, salvo por tener que esperar a que Jesús derrotara a Roma. Se sentían cómodos con la idea de que Él estableciera su Reino. La palabra *reino* para ellos sonaba bien. Al final de los tres años con Jesús, estos discípulos estaban firmemente en su zona cómoda. Después de todo, estaban bastante convencidos de que estarían *dentro* del nuevo régimen. Santiago y Juan incluso esperaban sentarse a la derecha y a la izquierda de Jesús en ese Reino. En cualquier caso, ellos esperaban la llegada de su Reino. Pero sólo podían pensar en un plano natural, aunque Jesús les había dicho claramente que su Reino no era algo que se pueda ver con los ojos físicos (Lucas 17:20-21).

Por tanto, si usted se siente amenazado por el Espíritu Santo ¿es porque se encuentra felizmente en su zona cómoda? ¿Le da miedo lo que el Espíritu Santo pudiera hacerle? ¿Qué le pediría? ¿Qué podría decirle que hiciera? ¿Cree que perderá algo si se vuelve usted vulnerable y se abre totalmente a Él? ¿Le da miedo que le avergüence? ¿Cree que perderá su identidad? ¿Piensa que quizá tendría usted que cambiar?

Si los discípulos escucharon con atención a Jesús o no, sólo sabemos que Él siguió hablando. Una de las cosas que dijo Jesús fue que el Espíritu Santo les *recordaría* lo que Él les había enseñado. Fue sin duda el Espíritu Santo quien les capacitó para regresar a esos sermones y discursos, recordándolos todos con la ayuda del Espíritu. Y no sólo las palabras, sino también el significado.

VEINTIUNA COSAS

Hay veintiuna cosas que todo cristiano debería saber acerca del Espíritu Santo. Estos veintiún principios, construidos sobre lo que he dicho hasta ahora, resumen las cosas que la Biblia dice acerca del Espíritu Santo en general, y lo que Jesús dijo acerca del Espíritu Santo en particular.

1. El Espíritu Santo es Dios.

Cuando Ananías mintió al Espíritu, le mintió a Dios (Hechos 5:4). "El Señor es el Espíritu" (2 Corintios 3:17). Podemos hablar de la deidad de Jesucristo, de que Él es Dios, porque lo es. Y a la vez no sentimos la necesidad de hablar de la deidad del Padre, pues sería redundante. ¡A veces pienso que me gustaría predicar sobre la Deidad de Dios! El miembro más olvidado de la Trinidad en estos tiempos es Dios Padre. Dicho esto, me gustaría hablar acerca de la deidad del Espíritu Santo. El Espíritu Santo es Dios, exactamente igual que Jesús es Dios o el Padre es Dios.

A algunos cristianos no les importa cantar las primeras dos estrofas de este coro:

> Padre, te amamos
> Te alabamos y te adoramos,
> Glorifica tu nombre en toda la tierra…

> Jesús, te amamos
> Te alabamos y te adoramos,
> Glorifica tu nombre en toda la tierra…

Pero cuando llega la tercera estrofa, es otro asunto:

> Espíritu, te amamos,
> Te alabamos y te adoramos,
> Glorifica tu nombre en toda la tierra…[2]

Algunos se sienten incómodos al cantar esa estrofa. ¿Por qué? Porque alguna versión de la Biblia de Juan 16:13 (la versión autorizada de la Biblia en inglés King James), refiriéndose al Espíritu Santo, dice que Él no hablará de sí mismo, un versículo que debería traducirse así: "Él no hablará *por cuenta propia*", como muestro más adelante. La verdad es que les entiendo. Sé de dónde vienen. Yo solía tener el mismo problema hasta que vi lo que decía literalmente el griego. Y sin embargo, los himnos tradicionales de la Iglesia durante muchos años han incluido himnos como "Espíritu Santo, Verdad divina, desciende sobre este alma mía",[3] "Espíritu Santo, disipa nuestra tristeza",[4] "Señor Dios, el Espíritu Santo, en esta hora aceptada, como en el día de Pentecostés, desciende con todo tu poder",[5] o "Espíritu de Dios, desciende sobre mi corazón".[6] No podría usted dirigirse así al Espíritu Santo si Él no fuera Dios. No tenga miedo de hablar directamente con el Espíritu Santo. No existen celos ni rivalidad en la Trinidad. El Padre está feliz y el Hijo está feliz cuando usted se dirige al Espíritu Santo en oración. A fin de cuentas, el Espíritu de Dios es Dios Espíritu. Además, la Trinidad no la componen Dios Padre, Dios Hijo y ¡Dios la Santa Biblia! Tan sólo recuerde: el Espíritu Santo es Dios.

2. El Espíritu Santo es una persona.
Jesús se refirió al Espíritu Santo como "él" (Juan 14:16; 16:8) y le presentó como "otro" *paracletos* (que es lo que era Jesús). Nunca piense en el Espíritu Santo como algo "neutro", como una "actitud", o como una "influencia". Él es una *persona* y tiene maneras muy definidas. Llámelas peculiares, excéntricas o singulares si así lo desea; Él tiene sus *maneras*. Le pueden gustar o no sus maneras, pero ¡consiga sobreponerse a ello! ¡Él es el único Espíritu Santo que usted tiene! Él no se ajustará a usted; es usted quien debe ajustarse a Él.

El Espíritu Santo mismo habló del antiguo Israel como un pueblo que no conocía los "caminos" o maneras de Dios (Hebreos 3:7-10). Dios se entristeció porque su propio pueblo de pacto no conocía sus caminos. Deberían haberlos conocido, pero no lo hicieron. Dios tiene sus propios "caminos" y quiere que nosotros los conozcamos. Y así sucede también con la persona del Espíritu Santo. Él quiere que conozcamos sus caminos. Como veremos más abajo, podemos entristecer, apagar al Espíritu Santo y blasfemar contra Él.

El Espíritu Santo también puede tener *gozo*. En Romanos 14:17 Pablo habló sobre el "gozo *en* el Espíritu Santo" (énfasis añadido), mientras que Pablo hizo referencia al "gozo *del* Espíritu Santo" en 1 Tesalonicenses 1:6, (énfasis añadido). Es su propio gozo. Este gozo no es necesariamente lo que *nosotros* sentimos; es lo que *Él* siente. Y a la vez, ¡a veces Él nos invita a sentir lo que Él siente! Se llama "alegría" en Hechos 2:28. Eso es exactamente lo que experimenté hace años conduciendo mi automóvil, un acontecimiento al que acudiré después.

Por tanto, tenemos que aprender a diferenciar entre sentir alegría por las circunstancias y sentir el "gozo del Señor" (Nehemías 8:10). Ciertamente, no tiene nada de malo que sintamos felicidad por cosas que nos están yendo bien. Sin duda, había "gozo en esa ciudad" cuando muchos que habían sido paralíticos fueron sanados (Hechos 8:7-8). Buenas noticias de que los gentiles se habían convertido hizo que los discípulos "se llenaran de alegría" (Hechos 15:3). Pero el nivel más alto de gozo en este planeta es cuando se nos permite experimentar el verdadero gozo *del* Espíritu: sentir lo que Él siente. Porque cuando el Espíritu nos deja sentir su gozo, es algo verdaderamente "indescriptible" (1 Pedro 1:8).

3. El Espíritu Santo es eterno.

"¡Cuánto más la sangre de Cristo, quien por medio del *Espíritu eterno* se ofreció sin mancha a Dios, purificará nuestra conciencia de las obras que conducen a la muerte, a fin de que sirvamos al Dios viviente!" (Hebreos 9:14, énfasis añadido). El Padre, el Hijo y el Verbo existían en la eternidad antes de que Dios decidiera crear los cielos y la tierra (Génesis 1:1). "Desde antes que nacieran los montes y que crearas la tierra y el mundo, desde los tiempos antiguos y hasta los tiempos postreros, tú eres Dios" (Salmo 90:2). Dios Padre es eterno, y también lo es el Espíritu Santo. Cuando Pablo dijo que en el cumplimiento del tiempo Dios "envió a su Hijo" (Gálatas 4:4), es porque el Padre ya tenía un Hijo. Jesucristo es el Hijo eterno. Él era el Verbo hasta el momento en que se hizo "carne" (Juan 1:14). Eso no ocurrió en Belén sino en su concepción en Nazaret, cuando el Verbo entró en el vientre de la virgen María.

El Espíritu Santo es igualmente eterno con el Padre y el Verbo. Este es el mismo Espíritu Santo del que habló Jesús y que presentó a sus discípulos. También es fácil encontrar menciones al Espíritu Santo en el Antiguo Testamento. De hecho, Él estuvo presente todo el tiempo. Faraón discernió que el Espíritu de Dios estaba en José (Génesis 41:38). Bezalel fue lleno "del Espíritu

de Dios" (Éxodo 31:3). El "Espíritu del Señor" estaba sobre Oto-
niel (Jueces 3:9-10), Gedeón (Jueces 6:34), Jefté (Jueces 11:29), Saúl
(1 Samuel 10:10), y David (1 Samuel 16:13). El Espíritu Santo estuvo detrás del ministerio de Elías (1 Reyes 18:12; 2 Reyes 2:16). El
Espíritu de Dios vino sobre Azarías (2 Crónicas 15:1) y Zacarías
(2 Crónicas 24:20). Las referencias al Espíritu Santo continúan.
Una de las más grandes es esta: "No con ejército, ni con fuerza,
sino con mi Espíritu, ha dicho Jehová de los ejércitos" (Zacarías
4:6, RVR60).

Como volveremos a ver después más abajo, Jesús dijo que
el Espíritu Santo habló por medio de David en el Salmo 110:1
(Mateo 22:43). La Iglesia primitiva dio testimonio de que Dios
habló "por medio del Espíritu Santo, dijiste en labios de nuestro
padre David, tu siervo" (Hechos 4:25). Sin duda, como veremos
después, el Espíritu Santo tuvo un papel en la creación y fue el
autor de toda la Escritura.

4. El Espíritu Santo es el Espíritu de verdad (Juan 14:17; 16:13).
Jesús dijo de sí mismo que Él era el "camino y la *verdad* y
la vida" (Juan 14:6, énfasis añadido) y, por tanto, igualmente el
Espíritu Santo es verdad. Como es imposible que Dios mienta
(Hebreos 6:18), nunca olvide que el Espíritu Santo es *incapaz* de
mentirle. Él nunca le engañará.

Jesús mismo estaba lleno de gracia y "verdad" (Juan 1:14). Verdad significa un hecho. Significa lo que es fiable. Lo que Jesús
hace se puede demostrar y no le avergonzará. Cuando se hizo un
milagro, el enemigo de la verdad se vio forzado a decir: "no podemos negarlo" (Hechos 4:16). Jesús es integridad transparente. Hoy
día, a veces usamos la expresión "lo auténtico". Es lo que la gente
quiere ver en los líderes, lo que la gente anhela en las relaciones:
no el engaño y la infidelidad, sino honestidad y fiabilidad. Eso es
lo que queremos en un amigo: oro puro, lo auténtico.

Jesús es eso. El Dios de la Biblia es eso: sus palabras son "fieles"
(2 Samuel 7:28), "verdaderas; todas ellas son justas" (Salmo 19:9). Y
prácticamente lo primero que Jesús dijo acerca del Espíritu Santo fue que Él es "el Espíritu de verdad" (Juan 14:17). Esto significa

autenticidad, fiabilidad, fidelidad e integridad. También significa verdad teológica. El Espíritu Santo nunca le llevará al error. Lo que Él revela, usted puede creerlo y apostar su vida a ello. Para decirlo de otra forma, el Espíritu Santo es lo contrario al diablo. Jesús dijo de Satanás: "porque no hay verdad en él...porque es un mentiroso. ¡Es el padre de la mentira! " (Juan 8:44). Él es incapaz de decir la verdad. Vive para mentir. ¿Conoce la sensación de sentirse engañado? Lo que es abrazar a una persona, recomendarla, arriesgar su ministerio por ella, ¡y después descubrir que le engañó! Puede ser muy doloroso.

El Espíritu Santo, sin embargo, nunca le engañará. No tiene que tener miedo de Él. Puede que Él no sea "seguro", pero es "bueno".

5. El Espíritu Santo participó en la Creación.

"Y el Espíritu de Dios iba y venía sobre la superficie de las aguas" (Génesis 1:2). Sabemos que Jesús se describe como Creador. "Por medio de él todas las cosas fueron creadas; sin él, nada de lo creado llegó a existir" (Juan 1:3). "Porque por medio de él fueron creadas todas las cosas en el cielo y en la tierra, visibles e invisibles, sean tronos, poderes, principados o autoridades: todo ha sido creado por medio de él y para él. Él es anterior a todas las cosas, que por medio de él forman un todo coherente" (Colosenses 1:16-17). Algunas de estas líneas podrían describir al Espíritu Santo; por ejemplo, que Él es anterior a todas las cosas. El Espíritu Santo participó en la creación, al igual que Jesús.

6. El Espíritu Santo, usando a personas, escribió la Biblia.

"Toda la Escritura es inspirada por Dios y útil para enseñar, para reprender, para corregir y para instruir en la justicia" (2 Timoteo 3:16). "Porque la profecía no ha tenido su origen en la voluntad humana, sino que los profetas hablaron de parte de Dios, impulsados por el Espíritu Santo" (2 Pedro 1:21).

Jesús tuvo la misma perspectiva de las Escrituras que tuvieron Pablo y Pedro, es decir, que el Espíritu Santo escribió el Antiguo Testamento. Jesús preguntó a los fariseos (una pregunta que ellos no pudieron responder): "¿Entonces, ¿cómo es que David, *hablando por el Espíritu*, lo llama 'Señor'? Él afirma: 'Dijo el Señor a mi Señor: 'Siéntate a mi derecha, hasta que ponga a tus enemigos debajo de tus pies'". Si David lo llama 'Señor', ¿cómo puede entonces ser su hijo?" (Mateo 22:43-45, énfasis añadido). Mi punto es que Jesús dijo que David pudo escribir como lo hizo porque el *Espíritu Santo*, en el año 1000 a.C., le capacitó para hacerlo. Y como también vimos anteriormente, este fue el testimonio de la Iglesia primitiva. Cuando eran perseguidos, acudieron al Señor, y dijeron: "tú, *por medio del Espíritu Santo, dijiste* en labios de nuestro padre David, tu siervo: '¿Por qué se sublevan las naciones y en vano conspiran los pueblos?'" (Hechos 4:25, énfasis añadido).

Una cosa más acorde con esto. El canon de las Santas Escrituras está cerrado. Es definitivo. Absoluto. Incuestionable. Es la revelación final y completa de Dios. Ninguna palabra que venga en el futuro se equiparará a la Biblia en nivel de inspiración. Esto significa que cualquier *voz de mando, palabra profética, palabra de conocimiento* o *visión* que alguien pudiera tener hoy día *debe ser coherente con las Santas Escrituras*. Si no lo es, debe ser rechazada. La razón principal por la que el rey Saúl se convirtió en el hombre del ayer y rechazado por Dios fue porque pensó que estaba por encima de la Palabra de Dios. Cuando ofreció el sacrificio, sabía que estaba yendo en contra del mandato de Moisés de que sólo la persona llamada de Dios podía ofrecer sacrificios quemados. Y aun así, afirmó haberse sentido "obligado" a hacerlo (1 Samuel 13:12, NTV). Siempre que una persona afirma hablar en nombre de Dios, diciendo "el Señor me dijo", y lo que dice va en contra de las Escrituras, usted puede tranquila, cómoda y firmemente rechazar la palabra de esa persona, ¡sin importar lo creíble que parezca la persona!

El Espíritu Santo toma la responsabilidad de la autoría de la Biblia. Él usó a las personas, por supuesto, pero la *responsabilidad* se queda en el Espíritu Santo. El mismo Espíritu Santo puede hablar hoy en varios niveles, pero ningún nivel de inspiración será equiparable a la inspiración de la Biblia, jamás.

7. El Espíritu Santo es nuestro maestro.

"Les enseñará todas las cosas" (Juan 14:26). "No necesitan que nadie les enseñe. Esa unción es auténtica—no es falsa—y les enseña todas las cosas. Permanezcan en él" (1 Juan 2:27).

El Espíritu Santo es nuestro maestro básicamente de dos formas: directamente e indirectamente, un concepto muy importante que desarrollaré después en detalle. Si Él nos enseña directamente, entonces: "No necesitan que nadie les enseñe". El Espíritu Santo es muy capaz de enseñarnos de esta forma, y es algo maravilloso cuando sucede. Las cosas que me enseñó directamente habían sido cosas fuera de mi alcance, por ejemplo, que era eternamente salvo y escogido desde antes de la fundación del mundo. Yo no podría haber pensado eso con mi propia mente. Me habían enseñado lo contrario: que esa enseñanza había "nacido en el infierno" (y no estoy bromeando). Así que, ¿cómo llegué hasta ella? Por la enseñanza directa del Espíritu Santo.

La enseñanza indirecta se refiere a la manera en que el Espíritu Santo *aplica* lo que leemos u oímos. Es cuando el Espíritu aplica la Palabra de Dios cuando la leemos. Es cuando el Espíritu aplica la predicación, la enseñanza, un blog, un poema, una bonita palabra de ánimo de un amigo o cuando cantan un himno o un coro. Como ocurre, esta misma mañana en mi tiempo a solas canté el himno "Be Still, My Soul" con la melodía de "Finlandia". Sólo Dios (y Louise, que estaba conmigo) saben lo que esas palabras significaron para mí este día concreto. ¡Fue como si esas palabras se hubieran escrito para mí! El Espíritu Santo estaba obrando al aplicar este gran himno.

El Espíritu Santo es nuestro mejor y único maestro fiable. De hecho, Él es el único maestro que importa. Cualquier enseñanza que oiga o lea (incluyendo este libro), sin importar quién sea el predicador o el maestro, si el Espíritu no la aplica y da testimonio en su corazón (lo cual Él es perfectamente capaz de hacer), debería aprender a aplazar esa enseñanza, si no a desecharla.

Precaución: el Espíritu Santo sólo da testimonio de la *verdad*. Recuerde también que el mejor maestro comete errores; ellos no son infalibles. Usted debe ser como las personas de Berea que "examinaban las Escrituras [el Antiguo Testamento en este caso] para ver si era verdad lo que se les anunciaba" (Hechos 17:11). En esos tiempos, Pablo era un *don nadie*; no tenía la estatura entonces que tiene hoy. Cualquier que le diga: "Créalo porque yo lo digo" no le está haciendo ningún favor, y está probablemente inseguro de sí mismo.

8. El Espíritu Santo puede ser entristecido.

"No agravien al Espíritu Santo de Dios, con el cual fueron sellados para el día de la redención" (Efesios 4:30). Recordará que el Espíritu Santo es una persona. Le podemos *entristecer*. La palabra griega *lupeo* puede significar: "herir sus sentimientos". ¿Qué hiere los sentimientos del Espíritu Santo? Principalmente, la amargura. Lo siguiente que dice Pablo es: "Abandonen toda amargura, ira y enojo, gritos y calumnias, y toda forma de malicia. Más bien, sean bondadosos y compasivos unos con otros, y perdónense mutuamente, así como Dios los perdonó a ustedes en Cristo" (Efesios 4:31-32).

He escrito un libro entero sobre este tema, llamado *The Sensitivity of the Spirit* [La sensibilidad del Espíritu]. No la sensibilidad *hacia* el Espíritu, con todo lo importante que eso es; el asunto es lo sensible que es la *persona* misma del Espíritu Santo. Qué fácil es lastimarle, herir sus sentimientos. Cuando piense en esto: ira, perder los nervios, gritar cuando se frustre, hablar con impaciencia o de manera poco amable a otra persona, tener rencor o señalar con el dedo, ¡estas cosas entristecen al Espíritu Santo! ¡Pero no parece incomodarnos! Pues debería. Si somos conscientes de la sensibilidad *del* Espíritu Santo, desarrollaremos una aguda sensibilidad *hacia* Él, y seremos capaces (en una medida cada vez mayor) de oír su voz. Esto se produce viviendo en amor, no acordándonos de los errores (1 Corintios 13:5).

En 1974 mi familia y yo visitamos a Corrie ten Boom (1892-1983) en Holanda. Le pregunté: "¿Es cierto que usted es carismática?". Sin decir sí o no, respondió abiertamente: "Primera de Corintios 12 y 1 Corintios 14. Pero no se olvide de 1 Corintios 13".

Fue una manera astuta de decir que necesitamos tanto los dones como el fruto del Espíritu Santo.

9. El Espíritu Santo puede ser apagado.

"No apaguen al Espíritu" (1 Tesalonicenses 5:19). "No apaguen el fuego del Espíritu". ¿Cuál es la diferencia entre entristecer al Espíritu y apagar al Espíritu? Ciertamente, son dos cosas que casi se solapan. Pero si existe alguna diferencia, probablemente sea esta: entristecemos al Espíritu por nuestras relaciones unos con otros, como juzgar y no perdonar; apagamos al Espíritu cuando tenemos prejuicios hacia la forma en que el Espíritu se puede manifestar y al no respetar su presencia. Es normalmente el temor lo que está debajo de apagar al Espíritu Santo.

Ya sea que creamos que el Espíritu Santo no se manifiesta, que no se manifestará o que no se puede manifestar hoy a través de los dones del Espíritu o lo milagroso, si nos adherimos al cesacionismo, el Espíritu Santo queda apartado al margen antes de tener la oportunidad de demostrar su poder.

No se sienta amenazado por el Espíritu Santo. Algunos dirían que "el Espíritu Santo es un caballero". Yo no estoy seguro de estar de acuerdo con eso. Aunque estoy seguro de que no tiene usted que sentirse amenazado por Él, puede que Él no sea tan *agradable* como algunos podrían esperar. El Dr. Lloyd-Jones decía a menudo que el problema con el ministerio hoy día es que tiene "demasiados hombres agradables" en él. Puede que el Espíritu Santo le pida algo que no estuviera en su pantalla de radar. Allá por 1982 tomé la decisión de abandonar mi aspiración de convertirme en un gran teólogo—y en su lugar estar dispuesto a salir a las calles a repartir folletos—, ¡y no estoy sugiriendo que estas sean cosas mutuamente exclusivas! Comencé a hablar con personas totalmente desconocidas y viandantes acerca del Señor. ¡Era muy vergonzoso! Pero nunca miré atrás.

Así que no digo que Dios no le pedirá algo que le haga salir de su zona cómoda. Quizá tenga que dejar su zona cómoda, pero le puedo prometer esto: siga al Espíritu Santo estando totalmente abierto a Él; estará agradecido de por vida.

10. El Espíritu Santo será el que convenza. "Y cuando él venga, convencerá al mundo de su error en cuanto al pecado, a la justicia y al juicio" (Juan 16:8). Sólo el Espíritu Santo puede hacernos ver nuestro pecado, mostrarnos la necesidad de justicia y la urgencia del evangelio, de que hay un juicio. Una persona no puede sentir la convicción de estas cosas por sí misma. Es necesario el Espíritu para enderezarnos. Esto ese cierto antes y después de nuestra conversión. No podemos ver nuestro pecado ni la gravedad de la incredulidad antes de nuestra conversión, ya que todos somos demasiado santurrones. Es necesario que el Espíritu Santo nos haga ver la dolorosa verdad: que le hemos entristecido con nuestra santurronería e incredulidad y que vamos a tener que dar cuentas de nuestra vida ante el tribunal de Cristo. Incluso después de nuestra conversión debemos ser conscientes de la santurronería. Por eso Juan dijo, al escribir a los cristianos: "Si afirmamos que no tenemos pecado, nos engañamos a nosotros mismos y no tenemos la verdad" (1 Juan 1:8). Esta es también la razón por la que es bueno orar el Padrenuestro a diario, recordando la petición: "Perdónanos nuestros pecados, porque también nosotros perdonamos a todos los que nos ofenden" (Lucas 11:4).

El Espíritu nos muestra nuestro pecado, pero también nos lleva a ver la necesidad de justicia, de la cual existen dos tipos:

1. La justicia que se nos imputa cuando creemos el evangelio (llamada fe para salvación).
2. La justicia que se nos imparte cuando seguimos viviendo en Él (llamada fe para persistir; Colosenses 2:6).

La justicia está conectada a la ascensión de Jesús ("voy al Padre y ustedes ya no podrán verme", Juan 16:10) parcialmente porque la predicación del evangelio no comenzó hasta que Jesús murió, resucitó de la tumba y ascendió a la diestra del Padre.

Pero ¿cuál es el "juicio" del que el Espíritu promete convencernos? Es una referencia al día final, cuando el Juez de toda la tierra hará justicia (Génesis 18:25). Satanás es la causa de todo el mal y la injusticia en este mundo. La muerte de Jesús tomó a Satanás por sorpresa (1 Corintios 2:8) y reveló no sólo su caída, sino que pronosticó el día de su juicio. La muerte fue vencida mediante la muerte de Jesús (Hebreos 2:14), razón por la cual Jesús dijo: "el príncipe de este mundo ya ha sido juzgado" (Juan 16:11). La gente a menudo se pregunta: "¿Acaso no hay justicia en este mundo?". Respuesta: a veces sí. Pero no cuente con ella. "La vida no es justa", dijo John F. Kennedy. Pero un día Dios producirá abiertamente la desaparición de Satanás. Dios explicará la razón del mal y del sufrimiento. Todo se pondrá bajo los pies de Jesús. Satanás mismo será "arrojado al lago de fuego y azufre" (Apocalipsis 20:10). El Espíritu Santo convence de esta verdad, testificando que Satanás está condenado pero también que el juicio se acerca.

Por esta razón, "todos" debemos presentarnos ante el juico de Cristo y dar cuentas de lo que hicimos en el cuerpo, tanto de lo malo como de lo bueno (2 Corintios 5:10). El Espíritu Santo, por tanto, convence del juicio final. El efecto que esto debería tener sobre nosotros es un temor bueno. En cuanto Pablo mencionó comparecer ante el juicio, mencionó el "temor" del Señor ("Conociendo, pues, el temor del Señor", 2 Corintios 5:11, RVR60). La referencia al juicio también señala a la descuidada enseñanza del castigo eterno. Cuando Pablo dio testimonio ante Félix, habló del "juicio venidero" (Hechos 24:25). Félix tuvo temor. Tembló. En tiempos de gran avivamiento, a menudo se produce un despertar de la enseñanza del juicio y del castigo eterno. Y sin embargo, sólo el Espíritu Santo puede hacer que esta verdad sea aterradora. Si Él no se pone a su lado cuando se predica esto, las personas no resultarán afectadas.

11. El Espíritu Santo es nuestro guía.

"Él los guiará a toda la verdad" (Juan 16:13). A menos que sea usted guiado a la verdad por el Espíritu, nunca la verá. "El que no tiene el Espíritu no acepta lo que procede del Espíritu de Dios, pues para él es locura. No puede entenderlo, porque hay que discernirlo espiritualmente" (1 Corintios 2:14). Sin el Espíritu, probablemente pensaremos que es nuestro gran cerebro lo que nos impide ver lo que hay ahí. Sólo mediante la dirección del Espíritu Santo podemos entender la Biblia y luego experimentar el gozo del Espíritu.

Mi afición durante muchos años fue la pesca de peces ratón en los Cayos de Florida. Un pez ratón (llamado así porque está lleno de espinas y es prácticamente incomible) es un pez astuto, asustadizo, difícil de ver, rápido como el rayo, de aguas poco profundas que es muy divertido pescar. El tamaño promedio está en torno a unas seis a ocho libras (tres o cuatro kilos). Pero si nunca lo ha intentado, es muy poco recomendable hacerlo por primera vez sin un guía profesional. Cuando oí eso por primera vez, rehusé contratar un guía. Primero, no quería pagar su tarifa. Segundo, no quería admitir que *necesitaba* un guía. Pero tras repetidos fracasos a solas me rendí, y contraté un guía. Lo divertido fue que él me llevó exactamente a los mismos lugares de Largo Sound donde yo había pescado durante meses, ¡sin ver ninguno! En este tipo de pesca, la cual requiere acecharles y verles antes de que ellos le vean a usted, es imperativo verles antes de lanzarles. ¡Pero yo no había visto aún el primero! Pero con el guía ¡los vi enseguida! Nunca lo olvidaré. Finalmente fui capaz de verlos. Y sin embargo, nunca había logrado ver uno yo solo sin el guía.

El Espíritu nos "guía" a toda verdad, mostrándonos lo que *está* ahí pero que no podemos ver si Él no nos abre los ojos. Es humillante para las personas orgullosas admitir la necesidad del Espíritu Santo. ¿El costo? Hacer añicos nuestro orgullo. Pero una vez que somos quebrantados y podemos ver nuestra terquedad, el Espíritu nos mostrará cosas maravillosas: en la Escritura.

Como suelo hacer, estuve recientemente en Bimini, Bahamas, para hacer un poco de pesca. Contraté un guía maravilloso: "Bonefish Tommy". Al margen de saber cómo ver a los peces (en el pasado), me doy cuenta de lo mucho que se me había olvidado cómo divisarlos, incluso en aguas cristalinas de sólo treinta centímetros de profundidad aproximadamente. De hecho, la mayoría de los peces que pesqué no los había visto; Tommy por lo general me decía dónde lanzar, y yo luego los pescaba. ¡Me sentía tan torpe!

A veces los cristianos con experiencia, que conocemos la sana teología, tenemos que humillarnos y admitir nuestra necesidad de la mayor iluminación del Espíritu. Yo necesito al Espíritu Santo más que nunca. Llevo leyendo la Biblia unos setenta años. La he leído entera unas cuarenta veces. Pero a veces siento que apenas he comenzado a conocer a Dios y su Palabra. Nunca superamos nuestra necesidad de la guía celestial para dirigirnos a la verdad que no habíamos visto antes, pero que siempre ha estado ahí.

12. El Espíritu Santo habla sólo lo que el Padre le indica que diga.

"Porque no hablará por su propia cuenta sino que dirá sólo lo que oiga" (Juan 16:13). La versión autorizada de la Biblia en inglés King James es tristemente famosa por traducir este versículo como: "porque no hablará de sí mismo", lo cual es una de las traducciones más desafortunadas en la historia de la traducción bíblica. Como vimos arriba, ha llevado a buenas personas a deducir que deberían mencionar muy poco (o nada) al Espíritu Santo por si dicen algo que el Espíritu mismo nunca permitiría. Eso es un error. A fin de cuentas, ¡el Espíritu Santo escribió el Nuevo Testamento! ¡Así es como sabemos del Espíritu Santo! La traducción correcta *no* es que Él no hable de sí mismo sino que no hablará "por sí mismo" o "por su propia cuenta". Esto significa que se limita a transmitir lo que el Padre le dice que hable. Esto es lo que significa el versículo. Nunca tenga miedo a hablar acerca del Espíritu Santo. Es exactamente lo que el Padre y el Hijo quieren que usted haga.

El Espíritu Santo, de hecho, continuó el mismo patrón que siguió Jesús. Jesús dijo: "Ciertamente les aseguro que el hijo no puede hacer nada por su propia cuenta, sino solamente lo que ve que su padre hace, porque cualquier cosa que hace el padre, la hace también el hijo" (Juan 5:19). Esto significa que Jesús estuvo atento a la señal del Padre: qué decir, dónde ir, cuándo sanar, cuándo responder. Él no hizo *nada* sin recibir la luz verde del Padre. Todo lo que Jesús hizo lo había orquestado el Padre en el cielo. Todo. El Hijo no hizo nada por su cuenta. Jamás.

Eso es exactamente lo que el Espíritu Santo está diciendo acerca de sí mismo. El Espíritu no hace nada sin la luz verde del trono de la gracia: qué decir, dónde ir, cuándo sanar, cuándo responder. Con respecto a dónde ir, a los discípulos les prohibió en cierta ocasión el Espíritu Santo ir a Asia, o Bitinia (Hechos 16:7). El Espíritu estaba haciendo lo que el Padre había ordenado; era la voluntad del Padre que no fueran. Dios Padre orquestó desde el cielo todo lo que el Espíritu Santo diría o haría aquí en el planeta tierra. Ese es el significado de estas palabras. Jesús nunca dijo que el Espíritu Santo no hablaría de sí mismo. De hecho, Él *sí* habla de sí mismo.

13. El Espíritu Santo predecirá el futuro.

"Les anunciará las cosas por venir" (Juan 16:13, énfasis añadido). Esta es la base de la profecía. Vimos anteriormente algunas referencias al Espíritu Santo en el Antiguo Testamento. *Todas* las profecías en el Antiguo Testamento, desde Moisés a Elías, desde Samuel a Malaquías, nacieron del Espíritu Santo. Escribí un libro basado en Isaías 53 titulado *Why Jesus Died* [Por qué murió Jesús].[7] Isaías 53 está escrito de tal manera que uno se sorprende de que los judíos hoy puedan leer ese capítulo y no ver cómo Jesús y su muerte fueron perfectamente profetizados y cumplidos. "Yo anuncio el fin desde el principio; desde los tiempos antiguos, lo que está por venir. Yo digo: Mi propósito se cumplirá, y haré todo lo que deseo" (Isaías 46:10).

Así es como Ágabo supo que vendría una gran hambre (Hechos 11:28). Así es como Pablo supo que el barco en el que iba naufragaría (Hechos 27:23-26).

Nunca lo olvide: Dios conoce el fin desde el principio. Él conoce el futuro tan bien como conoce el pasado.

14. El Espíritu Santo glorificará a Jesucristo.

"Él me glorificará porque tomará de lo mío y se lo dará a conocer a ustedes" (Juan 16:14). Una de las características interesantes de la Trinidad es que las personas de la Deidad se alaban el uno al otro. Como dije, no hay celos ni rivalidad en la Deidad. Esto es difícil de entender para algunos. Al Padre no le importa si usted ora a Jesús o al Espíritu Santo. El Padre honra al Espíritu y al Hijo. El Hijo honra al Padre y al Espíritu. El Espíritu glorifica a Cristo y habla sólo lo que oye del Padre. Glorificar a Cristo es honrarle por:

1. Quién es Él
2. Lo que dijo
3. Lo que hizo por nosotros
4. Lo que sigue haciendo por nosotros
5. Lo que hará.

Es darle *ahora* el honor que Él recibirá abiertamente en el último día: cuando toda rodilla se postre y toda lengua confiese que Jesucristo es Señor para la gloria de Dios Padre (Filipenses 2:9-11). *Usted no puede alabar demasiado a Jesús. Es imposible dar demasiada alabanza al Señor Jesucristo.* El Espíritu Santo nos lleva a alabar al Señor Jesús como se merece, aunque todos desearíamos poder hacerlo mejor. Esto es lo que escribió Charles Wesley: "Oh, que mil lenguas canten alabanzas a mi gran Redentor".[8]

Jesús dijo que el Espíritu Santo tomaría "de lo mío". ¿Qué es *suyo* y qué se nos ha dado a conocer? Respuesta: 1) su obra como Redentor, y 2) la gloria y alabanza que merece Jesucristo: lo que le pertenece. Jesús es el enfoque. Él es quien tenía que ser glorificado, y quien *fue* glorificado. Jesús oró: "Padre, ha llegado la hora. Glorifica a tu Hijo, para que tu Hijo te glorifique a ti...glorifícame en tu presencia con la gloria que tuve contigo antes de que el mundo existiera" (Juan 17:1-5). La gloria de Cristo es el enfoque. Él es nuestro Redentor. Él es el Dios-hombre. El Espíritu no es donde debemos poner el enfoque cuando se trata de la gloria. Quizá se pregunte: ¿Acaso el Espíritu Santo no es Dios? Sí. Pero no fue el Espíritu Santo el que murió. No es el Espíritu Santo ante quien toda rodilla se doblará un día. Así que cuando Jesús dijo que el Espíritu Santo tomaría de lo "mío", estaba diciendo que el enfoque debería estar en el Redentor y Salvador del mundo que sería glorificado y nos sería dado a conocer.

FUEGO SANTO

15. El Espíritu Santo puede ser blasfemado.

"La blasfemia contra el Espíritu no se le perdonará a nadie" (Mateo 12:31). Este es posiblemente el versículo más escalofriante del Nuevo Testamento. Se llama el pecado imperdonable porque no hay perdón si alguien blasfema contra el Espíritu Santo. Muchos pastores tienen a alguno en su iglesia que teme haber cometido este pecado. ¿Cuál es? En primer lugar, no es ningún pecado contra la ley moral (los Diez Mandamientos). No es cometer asesinato o adulterio. El rey David cometió tanto asesinato como adulterio, y fue perdonado. El pecado imperdonable se comete cuando el *veredicto final* de alguien con respecto al evangelio es mostrar desprecio por el testimonio del Espíritu—que es glorificar a Cristo—al revelar su deidad. Uno blasfema contra el Espíritu Santo negando finalmente que Jesús es Dios en carne, o diciendo que Jesús tiene un espíritu diabólico (Marcos 3:29-30). ¿Cómo puede saber que usted no ha cometido el pecado imperdonable? Si puede testificar de corazón que Jesús es Dios, no se preocupe más.

En mi antigua iglesia en Ashland, Kentucky, teníamos evangelistas que llegaban dos o tres veces al año para tener *avivamientos*: misiones que, por lo general, duraban dos semanas cada una. Era común que el ministro predicara sobre la blasfemia contra el Espíritu Santo al menos una vez, normalmente la última noche, asustando de muerte a casi todos. Sin embargo, no recuerdo jamás haber oído a un ministro explicar exactamente qué era el pecado imperdonable, o cómo se podía cometer. Se usaba a veces como una estratagema para hacer que la gente corriera al altar, por si habían cometido este pecado e inevitablemente irían al infierno.

Y también han acudido a verme muchas personas en Londres, preocupadas de haber blasfemado contra el Espíritu. Un hombre muy querido, que estaba firme en su fe, recuerda una vez antes de convertirse que dijo: "Maldito tú, Espíritu Santo". Cuando se convirtió, escuchó la enseñanza acerca de la blasfemia del Espíritu. Aunque estaba sirviendo al Señor fielmente, este incidente le perseguía. Cuando le mostré que blasfemar contra el Espíritu

64

es mostrar menosprecio por el testimonio del Espíritu, que señalaba a la persona de Jesús, fue liberado y nunca volvió a preocuparse. Repito: si usted puede decir de *corazón* que Jesucristo es Dios, no ha cometido este pecado. Pablo dijo que ninguna persona puede decir "Jesús es el Señor" si no es por el Espíritu Santo (1 Corintios 12:3).

16. El Espíritu Santo es nuestro recordatorio.

Él "les hará recordar todo lo que les he dicho" (Juan 14:26). Él "les recordará cada cosa que les he dicho" (NTV). Si teme haber olvidado lo que oyó, ¡no se preocupe! El Espíritu Santo le recordará lo que aprendió.

Visualice esto. Los discípulos acababan de oír las Bienaventuranzas. Quizá se decían entre sí: "¡Si pudiéramos recordar todo esto!". O cuando oían las parábolas de Jesús. O su confrontación con los saduceos y fariseos. En Juan 14:26 Jesús está prácticamente diciendo: "No se preocupen si no se acuerdan de lo que dije. El Espíritu Santo les recordará lo que yo les he enseñado".

Esto es muy importante hoy día. La gente pregunta: "¿Por qué tengo que leer la Biblia? No la entiendo. ¿Por qué memorizar versículos? ¿Por qué debo escuchar una enseñanza? Suelen ser muy aburridas".

Yo respondo: aunque no lo entienda y crea que no lo recordará, usted está recibiendo más de lo que se da cuenta conscientemente en ese momento. En el momento oportuno, posiblemente en el momento más inesperado, el Espíritu le recordará lo que oyó.

Quizá diga: "Necesito que el Espíritu Santo caiga sobre mí. Necesito el poder de Dios para caer postrado".

Yo respondo: si tiene la cabeza vacía cuando se caiga, ¡tendrá la cabeza vacía cuando se levante! El Espíritu Santo promete recordarle *lo que haya ahí*. Si no hay nada ahí que recordar, ¿qué espera que haga el Espíritu Santo?

17. El Espíritu Santo da poder.

"Pero recibirán poder cuando el Espíritu Santo descienda sobre ustedes; y serán mis testigos, y le hablarán a la gente acerca de mí en todas partes: en Jerusalén, por toda Judea, en Samaria y hasta los lugares más lejanos de la tierra" (Hechos 1:8). No creo que esta promesa acerca del Espíritu les interesase tanto a los discípulos como debería haberlo hecho. Ellos tenían otra cosa en sus mentes. Realmente querían saber si Jesús finalmente restauraría el reino a Israel (Hechos 1:6). Jesús evadió la pregunta y les prometió que recibirían poder cuando el Espíritu Santo viniera sobre ellos. Esta promesa se cumplió el día de Pentecostés.

El poder del Espíritu Santo se experimentó básicamente en tres áreas. En primer lugar, hubo una demostración de poder sobrenatural, la cual desafiaba cualquier explicación natural. Recordarle que no fue necesario un alto nivel de fe para lo que oyeron, vieron y sintieron. Lo oyeron sus oídos, los vieron sus ojos y lo sintieron en su cuerpo. Aunque Jesús dijo que el Reino de Dios no sería visible (refiriéndose a un gobierno terrenal), irónicamente las evidencias iniciales del Espíritu Santo ¡fueron físicas! La primera sensación fue oír. De repente, descendió del cielo un *ruido* como de una "violenta ráfaga de viento". Los ciento veinte discípulos sentados (no de pie, no de rodillas) dentro de la casa recibieron poder para oír, ver y sentir algo sin precedentes en la historia de Israel. Se miraron el uno al otro y vieron "lenguas como de fuego" ¡que se posaron sobre sus cabezas! Fue una demostración visible de fuego santo. Esto llegó y "todos fueron llenos del Espíritu Santo". Comenzaron a hablar "en diferentes lenguas, según el Espíritu les concedía expresarse" (Hechos 2:1-4). Aunque Marcos 16:17 [un versículo en disputa entre algunos eruditos ya que no aparece aparentemente en los primeros manuscritos que tenemos] indicaba que los seguidores de Jesús hablarían "en nuevas lenguas", no creo que estuvieran preparados para eso. Ellos fueron capacitados para hacer eso según el Espíritu les concedía "expresarse". Ellos no se esforzaron por hacerlo. Las lenguas del día de Pentecostés eran lenguajes reconocibles. La multitud que se había reunido les oía hablar cada uno "en su propio idioma" (Hechos 2:6).

En segundo lugar, recibieron un poder interior para entender lo que previamente había sido algo oscuro o misterioso. No fue hasta que el vino el Espíritu Santo sobre ellos cuando los discípulos comenzaron a ver el verdadero propósito de que Jesús viniera a la tierra. Ahora entendieron que (1) la caída del Espíritu fue un cumplimiento de Joel 2:28-32; (2) la muerte de Jesús en la cruz no fue un accidente sino con propósito para nuestra salvación; (3) su resurrección demostraba quién era Jesús: que era el Hijo de Dios; (4) Jesús ahora estaba a la diestra de Dios; (5) la ascensión se produjo para preparar el camino para el Espíritu Santo; (6) la gente necesitaba el perdón de sus pecados; y (7) todos los que oyeron el sermón de Pedro podían ser perdonados y recibir al Espíritu Santo si se arrepentían y eran bautizados (Hechos 2:14-39). Todo encajaba ahora para Pedro.

En tercer lugar, este poder significaba poder para ser testigo. Hechos 1:8 conecta dos cosas, haciéndolas prácticamente inseparables: poder y testimonio. El poder no era meramente para disfrute de ellos, aunque debió de haber sido algo emocionante para todos ellos. Es lo que le permitió a Pedro confrontar a miles de judíos con una profunda valentía. El mismo Pedro que cobardemente negó conocer a Jesús ante una sirvienta galilea sólo siete semanas antes, ahora estaba diciéndoles a los poderosos judíos de su tiempo lo que *ellos* tenían que hacer. De hecho, la predicación de Pedro fue tan eficaz que los oyentes se sintieron "profundamente conmovidos", algo que sólo el Espíritu Santo puede hacer, y preguntaron: "¿qué debemos hacer?" (Hechos 2:37). Al principio se burlaron, menospreciando a los ciento veinte que fueron llenos del Espíritu diciendo: "están borrachos" (Hechos 2:13). Yo personalmente dudo que se estuvieran burlando de ellos por las lenguas, pues oír lo que decían y entenderlo en su propio idioma les habría hecho ponerse serios. Cuando lleguemos al cielo y veamos el DVD de todo el episodio, yo creo que veremos que muchos de estos discípulos llenos del Espíritu se estarían riendo exageradamente con un gozo extremo. Pero después de oír a Pedro, los que antes se burlaban ¡ahora les rogaban que les dijeran lo que tenían que hacer a continuación! La explicación: poder, una energía sobrenatural que desafía cualquier explicación natural.

Pablo dijo que el Reino de Dios no consiste en hablar sino en "poder" (1 Corintios 4:20). No me cabe duda de que el poder del Espíritu Santo es relevante y está disponible no sólo para entender y dar testimonio, sino también para vivir de manera santa y otras demostraciones de lo sobrenatural.

18. El Espíritu Santo se manifiesta a través de varios dones espirituales.

"A cada uno se le da una manifestación especial del Espíritu para el bien de los demás", lo cual incluye: sabiduría, palabra de conocimiento, fe, sanidad, poderes milagrosos, profecía, discernimiento de espíritus, diversos tipos de lenguas e interpretación de lenguas (1 Corintios 12:7-10). Un tema recóndito entre algunos cristianos, incluyendo a los pentecostales y carismáticos, es si la evidencia del bautismo del Espíritu Santo es siempre y necesariamente hablar en lenguas. ¿Es el don de lenguas u orar en lenguas (1 Corintios 14:2, 14) el mismo fenómeno que el que recibieron los ciento veinte el día de Pentecostés (Hechos 2:4)? Posiblemente no. Puede que haya sido algo diferente. Los mejores eruditos entre los pentecostales y carismáticos difieren en esto, y no veo necesidad alguna de hacer una montaña de un granito de arena.

19. El Espíritu Santo dirige a la gente a Jesús y le hace real.

"Él testificará acerca de mí" (Juan 15:26). ¿Qué es lo que hace que la gente quiera acudir a Jesús? El Espíritu Santo. ¿Qué hace que Jesús sea real? El Espíritu Santo. ¿Qué hace que lo que Él hizo por nosotros—morir en la cruz y resucitar de la muerte— sea real? El Espíritu Santo.

Por eso dijo Jesús: "Nadie puede venir a mí si no lo atrae el Padre que me envió" (Juan 6:44). Todos nacemos "muertos": "muertos en sus transgresiones y pecados" (Efesios 2:1). ¿Puede acaso hablar un hombre muerto? ¿Puede un hombre muerto oír? ¿Puede moverse un hombre muerto? ¿Puede un muerto tomar una decisión? La frase de Jesús en Juan 6:44 llegó en medio de lo que los maestros de la Biblia llaman *las enseñanzas difíciles de Jesús*. Al comienzo de este discurso, Jesús tenía una multitud de cinco mil personas (Juan 6:10). Al final, "muchos de sus discípulos le volvieron la espalda y ya no andaban con él" (Juan 6:66). Jesús explicó varios de sus dichos *difíciles*: "El Espíritu da vida; la carne no vale para nada... —Por esto les dije que nadie puede venir a mí, a menos que se lo haya concedido el Padre" (Juan 6:63, 65). ¿Cuál es el objetivo del testimonio del Espíritu Santo? Jesucristo. El Espíritu Santo dirige a la gente hacia Jesús. "Él dará testimonio de mí". Es el Espíritu quien hace que la gente vea *por qué* Jesús murió y después resucitó. Recuerde que los once [ahora que Judas Iscariote está fuera de juego] no sabían *por qué* Jesús murió o resucitó de la muerte incluso después de ver su cuerpo resucitado. No fue hasta que el Espíritu Santo cayó sobre ellos el día de Pentecostés cuando comenzaron a entenderlo todo.

20. El Espíritu Santo se manifiesta a través de varios frutos.

"En cambio, el fruto del Espíritu es amor, alegría, paz, paciencia, amabilidad, bondad, fidelidad, humildad y dominio propio" (Gálatas 5:22-23). Creo que es posible que alguien tenga los dones del Espíritu sin tener el fruto del Espíritu. Creo también que alguien puede tener el fruto del Espíritu sin tener los dones del Espíritu. Carismáticos y pentecostales tienden a enfatizar los dones; los evangélicos conservadores y los cristianos reformados tienden a enfatizar el fruto.

No pretendo ser injusto, pero llevo mucho tiempo sospechando que, si no fuera por el don de lenguas, muchos evangélicos (muchos de los cuales *no* son cesacionistas) no tendrían objeción alguna a los dones del Espíritu. El estigma (ofensa) no es con respecto a la sabiduría; ¿quién no quiere o necesita sabiduría? No es con respecto a tener palabras de conocimiento, el don de fe, profecía, discernimiento de espíritus, lo milagroso o sanidad. La ofensa es invariablemente el hablar en lenguas. ¿Por qué? Como dice mi amigo Charles Carrin, las lenguas es el único don del Espíritu que desafía nuestro *orgullo*. No hay estigma apegado a *ninguno* de los demás dones, sólo a las lenguas.

Dicho esto, cuando se trata de los dones y el fruto del Espíritu Santo, pregunto: ¿Por qué no ambos?

21. El Espíritu Santo da un poder renovado.

"Después de haber orado, tembló el lugar en que estaban reunidos; todos fueron llenos del Espíritu Santo, y proclamaban la palabra de Dios sin temor alguno" (Hechos 4:31). Este acontecimiento sucedió un tiempo después de Pentecostés, posiblemente semanas después. Muestra que las mismas personas que fueron llenas el día de Pentecostés volvieron a ser llenas, y por tanto capacitadas para hablar con un poder renovado.

Lo que ocurrió fue esto. Un hombre de cuarenta años que nunca había podido caminar fue sanado repentina y milagrosamente mediante Pedro y Juan. Todo el mundo en Jerusalén sabía quién era ese hombre paralítico. Después de que miles le vieran "saltando y alabando a Dios", Pedro (otra vez) aprovechó la oportunidad para predicar el evangelio. Al menos dos mil personas se convirtieron como consecuencia (Hechos 3:1-4:4). Lejos de ser algo que emocionara a los ancianos y maestros de la Ley, lo ocurrido les indignó. Amenazaron a Pedro y a los demás discípulos "para que no vuelvan a hablar de ese nombre a nadie" (Hechos 4:17). Pedro y Juan informaron de esto a los discípulos, quienes comenzaron a orar. Es una oración sorprendente (véase Hechos 4:24-30). Fue entonces cuando el lugar tembló y todos fueron llenos del Espíritu Santo.

Mi punto es este. Lo que ocurrió una vez puede ocurrir dos. O tres. Muchas veces. Por eso Pablo escribió: "sean llenos del Espíritu" (Efesios 5:18). Necesitamos ser llenos: una y otra vez.

Capítulo 3

EL TESTIMONIO DIRECTO E INMEDIATO DEL ESPÍRITU SANTO

Nosotros somos testigos de estos acontecimientos, y también lo es el Espíritu Santo que Dios ha dado a quienes le obedecen.

—HECHOS 5:32

La Trinidad de algunos evangélicos hoy es Dios Padre, Dios Hijo y Dios la Santa Biblia.[1]

—JACK TAYLOR

UNO DE LOS ÚLTIMOS SERMONES QUE DIO EL DR. MARTYN Lloyd-Jones antes de enfermarse y tener que dejar de predicar fue sobre el barco *Doulos* de Operación Movilización (OM) cuando atracó durante varios días al este de Londres. El Dr. Lloyd-Jones fue invitado a hablar a esos jóvenes (principalmente de unos veinte años) que sentían el llamado a unirse a OM. Usó el texto de Hechos 5:32: "Y nosotros somos testigos suyos de estas cosas, y también el Espíritu Santo, el cual ha dado Dios a los que le obedecen" (RVR60). El Doctor se enfocó en las palabras "*y también el Espíritu Santo*", usando la Versión Autorizada (King James) como siempre hacía. La cinta de ese sermón está disponible hoy día. Él había estado cargado durante algún tiempo con el hecho de que la siguiente generación debía no sólo entender sino también experimentar al Espíritu Santo directamente por sí mismos. En este sermón enfatizó que el testimonio del Espíritu en Hechos 5:32 fue *el propio testimonio directo* del Espíritu Santo, no solamente de forma indirecta a través de la Palabra, sino

71

llegando de manera *inmediata y directa* a los discípulos. La persona del Espíritu Santo estaba, por tanto, *en* ellos y haciendo que la resurrección y ascensión de Jesús fueran reales mientras Pedro hablaba. El Dr. Lloyd-Jones creía que eso era tanto el entendimiento teológico de los discípulos como también su experiencia. La frase "y también el Espíritu Santo", podría parecerles a algunos como algo incidental o un comentario sin trascendencia. Pero no para el Doctor.

Lo que también significaba Hechos 5:32 para él era esto. Los discípulos no sólo habían visto la crucifixión y al Señor resucitado, sino *también al Espíritu Santo* dando testimonio de ello. Puede que usted diga: "Claro que el Espíritu Santo vio eso. ¿Y qué? Además, eso no significó absolutamente nada para los judíos". Pero significó todo para Pedro. El Espíritu Santo estaba dando testimonio a Pedro, ¡en ese momento mientras hablaba! El testimonio del Espíritu era tan real que los discípulos habrían creído en la resurrección de Jesús ¡aunque no le hubieran visto vivo!

Además, Pedro y Juan afirmaron que Jesús estaba a la diestra de Dios (Hechos 5:31), algo que nadie podía haber visto. Cuando el Espíritu Santo les dijo que Cristo ascendió a la diestra de Dios, ¡ellos supieron que literalmente había ocurrido!

Pero si usted pregunta: "¿Por qué malgastar esta información con los judíos que no creían el testimonio de los discípulos o el del Espíritu Santo?". En primer lugar, Pedro sabía que el Espíritu Santo podía convencer a esos judíos allí mismo: diciéndoles que podían recibir arrepentimiento y perdón de pecados. Pero hay más: Dios dará el Espíritu Santo ¡a todos aquellos que le obedezcan! Ellos también podían tener el Espíritu. Esto fue parte del sermón de Pedro el día de Pentecostés. Sus oyentes ese día querían lo que tenían Pedro y los 120 discípulos. Así que Pedro les dijo: "Arrepiéntase y bautícese…y [*ustedes*] recibirán el don del Espíritu Santo" (Hechos 2:38, énfasis añadido).

Todo judío sabía que Pedro tenía algo que ellos no tenían, ¡y lo querían! Ahora Pedro les habla de nuevo a los judíos, afirmando: el Espíritu Santo será dado a los que le obedezcan. Lo que hizo que las palabras de Pedro fueran atractivas fue la idea de tener lo que Pedro tenía, tener al Espíritu que hace que las cosas sean tan reales como lo eran para los discípulos; darles poder, valentía y autoridad como Pedro tuvo ante todos esos judíos de alto rango. ¿Cómo pudo Pedro hablar como lo hizo? La respuesta es: tenía al Espíritu Santo mismo dentro de él, de manera inmediata y directa. Regresaré a esto más adelante, pero ahora tengo que relatar el incidente que debería hacer que este capítulo sea fácil de entender.

Durante los tres años que estudié en la Universidad de Oxford, me convertí en pastor de la iglesia Calvary Southern Baptist Church en Lower Heyford, Oxfordshire. Estaba compuesta principalmente por militares estadounidenses y sus familias, aunque también asistía algunas personas inglesas locales. Louise y yo y nuestros hijos vivíamos en Headington, Oxford. El Dr. y la Sra. Lloyd-Jones nos visitaban frecuentemente, y acudió a predicar varias veces. También estaba muy interesado en la tesis que yo estaba escribiendo para obtener el doctorado en filosofía,[2] estando al corriente de mi progreso desde el principio hasta el fin. En una de esas visitas, compartí con él un catecismo que escribí para nuestra iglesia. Una jovencita de unos catorce años había memorizado las respuestas. En una de las ocasiones en que el Doctor iba a predicar, le hice todas las preguntas de mi catecismo delante de la congregación de unos cien asistentes. Una de las preguntas era: ¿Cómo sabes que la Biblia es la Palabra de Dios? Respuesta: por el testimonio interno del Espíritu Santo. Mi respuesta era la respuesta exacta, palabra por palabra, que dio Calvino; la saqué de sus *Institutes of the Christian Religion* [Institución de la religión cristiana].[3] Fue un gran honor para esa niña poder responder las preguntas de mi catecismo delante del Dr. y la Sra. Lloyd-Jones. Ellos escuchaban con atención.

Después del servicio, cuando íbamos de camino de regreso a Headington, el Doctor dijo: "Ese catecismo tuyo, tengo que hablar contigo al respecto. Deberías añadir las palabras *inmediato y directo* a tu respuesta de cómo sabemos que la Biblia es la Palabra de Dios". Fue un momento clave en mi tiempo en Oxford. "Inmediato y directo", palabras que nunca olvidaré mientras viva.

Esto me ayudó mucho a entender a los puritanos ingleses que había estado estudiando y con los que luchaba. Él lo volvió a decir: "No basta meramente con decir 'testimonio del Espíritu Santo'. Debes poner también las palabras 'inmediato y directo'", haciendo entender el punto. Yo sabía exactamente a lo que se refería con ello. Fue lo que me había ocurrido en octubre de 1955, un acontecimiento al que regresaré luego. Fue algo que, tristemente, aparentemente *no* les había ocurrido a la mayoría de los puritanos.

En la sección resaltada de texto inmediatamente después de este párrafo, aporto algún material extra que examina con más detalle la posición teológica de una mayoría de los puritanos ingleses que creían que una persona podía estar segura de su predestinación para la salvación *sólo meditando en su conciencia*. Esto llegó a conocerse como *el silogismo práctico del Espíritu Santo* o el *acto reflejo*. Como resultado de esta creencia, y las enseñanzas que siguieron cuando intentaron definir más su posición, casi todos esos puritanos murieron sin tener la seguridad de su salvación. Si decide ahondar en esta enseñanza más profunda, merece la pena hacer el esfuerzo de entender su concepto de seguridad de salvación. Como veremos en más detalle, el Dr. Lloyd-Jones usaba frecuentemente la palabra "sello" para referirse a la seguridad.

Los puritanos ingleses y el "acto reflejo" o "silogismo práctico"

Casi sin excepción, los puritanos ingleses que estudié no podían concebir la seguridad de salvación salvo a través de la *conciencia*, y eso mediante la "reflexión". No sabían nada acerca de un testimonio inmediato y directo del Espíritu, sino sólo de lo que se podía *razonar*. Desde William Perkins (1558-1602) a la formación de la Confesión de fe de Westminster (1648), estos hombres creían que una persona podía estar segura de su predestinación a ser salvo *pero sólo reflexionando en su conciencia*. Su seguridad era, por tanto, "indirecta". Usando la lógica aristotélica, elaboraron un silogismo: un tipo de razonamiento que condujo a una conclusión. De hecho, Perkins lo llamó "el silogismo práctico del Espíritu Santo", el cual aplicó de dos maneras: (1) seguridad mediante el razonamiento, y (2) seguridad mediante buenas obras. Se reducía a lo siguiente: una premisa mayor seguida por una premisa menor conducía a una conclusión. Así que la premisa mayor era esta: *Todo aquel que cree en Jesucristo es salvo.* La premisa menor es: *Yo creo en Jesucristo.* Conclusión: *Por tanto, yo soy salvo.* Esto era. Esta fue la forma principal mediante la cual podían saber si se habían convertido genuinamente.

Ahora bien, eso no tiene nada de malo. Es una forma perfectamente válida de saber si se es salvo. Tan sólo estoy diciendo que "reflexionar" era la *única* manera en la que ellos podían concebir tener seguridad de salvación. Perkins y sus seguidores lo llamaron el "acto reflejo": un ejercicio mental mediante el cual usted reflexionaba sobre saber si había creído. Para ellos *no existía la seguridad en la fe misma.* Usted llegaba a la seguridad reflexionando en el hecho de que *había* creído. De esto usted podía deducir que había sido salvo.

También lo llamaron el acto "indirecto" de fe. Usted, por tanto, llega a la seguridad de forma *indirecta*, y no directa. Se logra, o aplica, a usted mediante la Palabra. Ellos no hablaban de una llegada inmediata del Espíritu Santo. En otras palabras, usted "reflexiona" en el hecho de que ha confiado en Jesucristo. Uno podía decir: *Sé que soy salvo porque he creído.* Era un ejercicio cerebral, intelectual pero subjetivo. Perkins incluso llamó a esto "seguridad completa". Para él, era el nivel más alto de fe que una persona podía alcanzar. La razón por la que se llamó "el silogismo práctico del Espíritu Santo" fue por que esa era la forma de Dios de llevar a su pueblo elegido a la seguridad de salvación.

Lo repito: no hay nada de malo en que una persona llegue al conocimiento de que él o ella es salva mediante este acto indirecto de fe. El problema estaba en que era la única manera que ellos concebían. Por eso el Dr. Lloyd-Jones quería que yo insertara las palabras testimonio "inmediato y directo" del Espíritu Santo cuando se trataba de cómo saber que la Biblia es verdad.

UN TRISTE GIRO

Aunque el silogismo práctico según acabo de describirlo es una forma válida de saber si se es salvo, Perkins no lo dejó así. Es en este punto donde vemos (en mi opinión) uno de los aspectos más melancólicos del pensamiento puritano. No fue suficiente con saber que uno es salvo porque *cree*. Después preguntaron: ¿Cómo *sabe usted que ha creído de verdad?* Los puritanos estaban siempre preocupados con la posibilidad de tener una fe falsa. Es aquí donde su doctrina de la seguridad quedó socavada por el puro legalismo. Esto es por lo que prácticamente ninguno de ellos (incluyendo sus oyentes) tuvieron la seguridad que ellos mismos enseñaban. Enseñaron que usted sólo sabe que es salvo realmente y verdaderamente si vive piadosamente. Santificación. Buenas obras. Así que Perkins y sus seguidores mostraron otra forma de aplicar este silogismo. Usted sabe que es uno de los elegidos de Dios por su santidad personal. Esto también significaba reflexión mediante la conciencia. Mientras que el anteriormente mencionado silogismo era reflexionar en si había creído en verdad o no, la forma definitiva de *saber* que verdaderamente había creído es mediante sus buenas obras, o santificación. Lo llamaban "obediencia universal" (guardar todos los Diez Mandamientos, no sólo algunos de ellos). La santificación, el proceso de ser hecho santo, u "obediencia universal", significaba esforzarse para guardar los Diez Mandamientos, *todos* ellos, haciendo su mejor esfuerzo para cumplir *toda* la ley moral de Dios. Por tanto, si usted cumplía los Diez Mandamientos, si amaba a los ministros de Dios, si amaba la sana enseñanza y era fiel en la adoración el día de reposo, podía concluir que era salvo.

En pocas palabras: *Todos los que viven de manera piadosa son salvos. Yo vivo una vida piadosa. Por tanto, soy salvo.*

Esta, entonces, era otra forma de aplicar el "acto reflejo", es decir, este "acto indirecto" de fe. La seguridad sólo se alcanzaba de manera indirecta, mediante el conocimiento experimental de que usted verdaderamente había creído. En la tesis de mi doctorado en filosofía, "La naturaleza de la fe salvadora desde William

Perkins (1558-1602) hasta la Asamblea de Westminster (1648)", le puse el nombre a los puritanos de "predestinados experimentales". Ellos sabían que eran salvos mediante estos experimentos, es decir, reflexionar en si verdaderamente habían creído o no. Si llegaban a la conclusión de que *verdaderamente* habían creído, estaban seguros de que no eran reprobados sino elegidos de Dios. Lo más triste de todo esto es que casi todos estos puritanos murieron sin la seguridad de salvación. Perkins mismo se fue a la tumba con gran agonía, sin saber si era salvo o no. Para todos aquellos que quieran estudiar esto con más detalle, vea mi *Calvin and English Calvinism to 1648* [Calvino y el calvinismo inglés hasta 1648].

JOHN COTTON Y THOMAS GOODWIN

Dije antes que aquellos puritanos estaban casi totalmente de acuerdo en la forma de llegar a la seguridad de salvación. Pero había dos excepciones: John Cotton (1584-1652) y Thomas Goodwin (1600-1680). El Dr. Lloyd-Jones no conocía las ideas de Cotton, pero conocía la perspectiva de Goodwin del derecho y del revés. Cuando al principio le expliqué lo que creía Cotton, él pensó que era demasiado bueno para ser cierto. Nunca lo olvidaré. Mientras Louise y la Sra. Lloyd-Jones pasaban tiempo juntas, el Doctor y yo nos íbamos al salón comedor de nuestra casa en Headington. Fue cuando leí que Cotton *rechazaba* la perspectiva: "No tenemos otra revelación que la Palabra", cuando el Dr. Lloyd-Jones quedó intrigado. Era como si Cotton se hubiera encontrado con un cesacionista del siglo XXI, como si un cesacionista le hubiera dicho a Cotton: "No tenemos otra revelación que la Biblia". A comienzos del siglo XVII, Cotton estaba con ello rechazando la idea de que Dios no habla directamente hoy. El Doctor entonces me dijo: "Vuelve a leer eso. ¿Realmente Cotton dijo eso?". Le entregué mi copia de *A Treatise of the Covenant of Grace* [Un tratado del pacto de la gracia].[4] ¡Tuvo que leerlo por sí mismo! "Esto es maravilloso", me dijo, y me preguntó cómo podíamos dar a conocer esta palabra. Poco después de eso me pidió que le llevase un escrito sobre John Cotton en la Conferencia de Westminster en diciembre de 1976.

En pocas palabras: Cotton creía que una persona llegaba a su seguridad de salvación *no* mediante la ruta indirecta (como creía antes de salir de Boston en Inglaterra para fundar Boston en Massachusetts), sino mediante un testimonio directo del Espíritu Santo. Cotton argumentaba que alcanzar la seguridad mediante buenas obras es una posición "papista". Usted sabe que es justificado *solamente por fe*, insistía Cotton; la santificación no es prueba de la justificación. Había seguridad *sólo en* la fe. Uno no necesitaba añadir nada a eso. Consideraba un gran error conseguir la seguridad de salvación mediante la conciencia. Incluso menospreciaba la idea de que "no tenemos otra revelación que la Palabra", diciendo con ello que el testimonio del Espíritu es *inmediato*: la frase en el libro de Cotton que emocionó más al Dr. Lloyd-Jones. Cotton rechazó la idea del acto reflejo y creía que el testimonio inmediato del Espíritu Santo le asegura a uno su salvación. Además, esto es para "todos los cristianos de a pie" no solamente para "hombres de renombre". Es más, nadie debería temer a la palabra *revelación*, la cual viene mediante el testimonio "inmediato" del Espíritu Santo. Cuando el Espíritu viene, habla "paz al alma". Mediante el testimonio inmediato del Espíritu tenemos la "plena seguridad" de nuestra condición espiritual. Cuando John Cotton yacía moribundo en 1652, su pastor, John Wilson (c. 1591-1667), oraba para que Dios levantara su rostro sobre Cotton y derramara amor en su alma. Las últimas palabras de Cotton fueron: "Él ya lo ha hecho, hermano".[5]

La verdad es que llegar a la seguridad de fe mediante las buenas obras de una persona, o santificación, es un fundamento inestable cuando se trata de morir. Pero la obra inmediata del Espíritu quita toda duda.

Debo añadir una palabra acerca de que Cotton no aceptara la perspectiva de que "no tenemos otra revelación que la Palabra". Ciertamente *no* estaba apoyando la idea de la revelación continua: que Dios sigue revelando nueva verdad aparte de la Biblia. Eso hubiera sido algo totalmente extraño para su mente. El Dr.

Lloyd-Jones además abominaría tal pensamiento, el cual, tristemente, algunos carismáticos aparentemente parecen apoyar. Lo que John Cotton estaba rechazando era la perspectiva común de que el Espíritu Santo *sólo* puede hablar a través de la Palabra. Él creía que el Espíritu podía revelarse *como si* lo hiciera aparte de la Palabra. Cuando el Espíritu Santo habló a Felipe, fue algo inmediato y directo (Hechos 8:29). Fue aparte de la Palabra. Pero eso no fue en contra de la Escritura, ya que Felipe se dirigía ¡a conducir a un hombre a Cristo!

El sello del Espíritu

La palabra *sello*, o *sellar*, tiene básicamente cinco significados. Primero, se refiere a lo que autentifica o comunica autoridad. Establece la validez o autenticidad de un documento o declaración. Un sello indicará si un documento, o una firma, es real o falso. Segundo, es una marca de propiedad. Indica que algo le pertenece a otro, que es propiedad de alguien. El sello tiene una imagen particular en él, demostrando que pertenece sólo a esa persona. En el antiguo Oeste, los rancheros marcaban su ganado con su sello para demostrar que eran de su propiedad. Tercero, un sello también se usa para propósitos de seguridad. Un sello se puede poner en un paquete, por ejemplo. Pero si ese sello se rompe, usted sabrá que ha sido alterado. Cuarto, un sello puede indicar aprobación. Hablamos del "sello de aprobación". Esto significa que aprobamos a una persona en la que ponemos nuestro sello. Quinto, a veces hablamos de que el destino de alguien está sellado. Quizá decimos que una persona "selló su destino" mediante un comentario que hizo. Se refiere a la posibilidad de un destino inmutable, una vez que se ha puesto en ello el sello.

Todos los hijos de Dios tienen el sello de Dios en ellos. En pocas palabras: *Todos los que tienen fe salvadora están sellados con el Espíritu Santo*. "El fundamento de Dios es sólido y se mantiene firme, pues está sellado con esta inscripción: «El Señor conoce a los suyos»" (2 Timoteo 2:19). Primero, Él nos autentifica. Hemos recibido autoridad para convertirnos en hijos de Dios (Juan 1:12).

Segundo, Él nos posee. No somos nuestros; hemos sido comprados por precio (1 Corintios 6:20). Sin duda, Dios "nos selló como propiedad suya" (2 Corintios 1:22). Tercero, el sello de Dios sobre nosotros garantiza nuestra seguridad. "Porque él ordenará que sus ángeles te cuiden en todos tus caminos" (Salmo 91:11). Cuarto, no hay nada más grande que tener la aprobación de uno cuyo poder, autoridad e integridad importan. Timoteo tenía la aprobación de Pablo. "No cuento con nadie como Timoteo"...él "ha dado muestras de lo que es" (Filipenses 2:20, 22). Finalmente, nuestro destino eterno está sellado. Pablo dijo: "No agravien al Espíritu Santo de Dios, con el cual fueron sellados para el día de la redención" (Efesios 4:30).

UNA DISTINCIÓN CRUCIAL

Sin embargo, hay una distinción crucial en juego aquí. No se pierda esto: aunque todos los que son salvos están objetivamente sellados con el Espíritu Santo, no todos los que son salvos han experimentado el *sello consciente* del Espíritu Santo. Esta distinción es igualmente relevante cuando se trata del bautismo del Espíritu Santo.

Un versículo muy relevante en conexión con esto es Efesios 1:13: "En él también ustedes, cuando oyeron el mensaje de la verdad, el evangelio que les trajo la salvación, y lo creyeron, fueron marcados con el sello que es el Espíritu Santo prometido". Aunque la versión autorizada King James, como veremos debajo, dice que el sello del Espíritu vino a ellos "después" de creer, indicando que el sello es posterior a la fe, la mayoría de las versiones dicen que todos los cristianos tienen el sello del Espíritu Santo *cuando* creen.

Hay, por tanto, dos maneras de ver este sello: objetivamente y subjetivamente. Objetivamente, todos los cristianos son sellados con el Espíritu. Pero no todos los cristianos son subjetivamente, conscientemente, sellados con el Espíritu Santo. La misma pregunta se podría hacer: ¿Son todos los cristianos bautizados con el Espíritu Santo? Objetivamente, sí (véase 1 Corintios 12:13). Pero

¿todos los cristianos automáticamente experimentan el bautismo del Espíritu como lo describe Lucas en Hechos?

Inmediatamente después de convertirme en el ministro de Westminster Chapel, el Doctor y yo acordamos que iría a verle cada jueves entre las 11:00 de la mañana y la 1:00 de la tarde. Lo escribimos en nuestras agendas. La Sra. Lloyd-Jones servía café y nos daba KitKats. Ella hablaba con nosotros unos cinco minutos, y después nos dejaba solos. Un jueves, el Dr. Lloyd-Jones me pidió que leyera cincuenta páginas del comentario del Dr. Thomas Goodwin de Efesios 1:13 para la siguiente semana. Le dije que ya lo había leído y que conocía muy bien la postura de Thomas Goodwin. "¿Podrías volverlo a leer?", me preguntó. Por supuesto. Resulta que yo tenía las obras completas de Thomas Goodwin. Pasé una hora o más leyendo el comentario de Goodwin de Efesios 1:13: "En él también vosotros, habiendo oído la palabra de verdad, el evangelio de vuestra salvación, y habiendo creído en él, fuisteis sellados con el Espíritu Santo de la promesa" (RVR60). Thomas Goodwin y su contemporáneo el Dr. John Owen (1616-1683) no estaban del todo de acuerdo sobre cómo debería interpretarse ese pasaje, como ocurre con muchos intérpretes en la actualidad. John Owen estaba en la tradición de William Perkins y quienes formaron la Confesión de fe de Westminster, defendiendo la idea de que el Espíritu aplica *indirectamente* la Palabra a la conciencia de cada uno. Las ideas de Thomas Goodwin eran muy similares a las de John Cotton. El punto de Goodwin es que el sello del Espíritu Santo es el *propio* testimonio del Espíritu, y que llegaba *después* de la conversión de la persona. Era real, es decir, consciente e inmediato. No requería ningún acompañamiento (como las buenas obras) para asegurarle a una persona su salvación.

Cuando fui a ver al Dr. Lloyd-Jones la semana siguiente, él, por alguna razón, parecía muy animado a discutir esto en cuanto llegué. Quería saber lo que pensaba yo de la visión de Thomas Goodwin de Efesios 1:3 incluso cuando aún estábamos tomando café, antes de que le hablase de la preparación de mi sermón para el siguiente fin de semana. "Bueno, ¿qué has pensado?".

Le respondí: "Es exactamente lo que yo creo, Doctor".

Las lágrimas llenaron sus ojos. Nunca olvidaré su respuesta mientras viva: "Esa es la cosa más grande que jamás te he oído decir". Mi punto al introducir al Dr. Lloyd-Jones en este libro es obvio y directo. Sé lo mucho que los conservadores evangélicos respetan al Dr. Lloyd-Jones. Si usted es reformado o se considera un evangélico conservador, estoy seguro de que admirará al Dr. Martyn Lloyd-Jones. Pero ¿es usted consciente de su perspectiva sobre el Espíritu Santo? Espero que saber exactamente lo que él creía le ayude a estar más abierto al testimonio inmediato y directo del Espíritu Santo. Sé que muchas personas reformadas no están contentas con esta visión del Espíritu Santo. ¡Algunos preferirían que usted no supiera esto! Quiero expresar lo mejor y más honestamente que sé lo que el Doctor creía verdaderamente acerca del Espíritu Santo. No estoy diciendo que él era carismático, pero sin duda alguna sé que lo era con "c" minúscula. Él creía que los dones del Espíritu están disponibles en la actualidad, y estaba categóricamente del lado de quienes estaban abiertos al testimonio inmediato y directo del Espíritu Santo. Esta es la razón por la que su editorial habitual no publicaba sus libros sobre el Espíritu Santo, un hecho que es bien conocido entre quienes viven en Gran Bretaña.

Innumerables líderes pentecostales y carismáticos en Inglaterra han sido testigos de la forma en que el Doctor salía de su camino para animarles y afirmarles. Le dolía mucho en su corazón que tantas personas reformadas, que creían en su teología en general, no recibieran lo que él creía acerca del Espíritu Santo. Dijo de manera pública y privada vez tras vez: "Soy un hombre del siglo XVIII [el siglo de Whitefield y Wesley], no un hombre del siglo XVII [el siglo de los puritanos]". Si le preguntase qué etiqueta se pondría a sí mismo, sería la de "calvinista metodista" (que es lo que era Whitefield). Si el Doctor pudiera hablar desde el cielo hoy, no sólo testificaría que he sido totalmente preciso y fiel a su enseñanza, sino que también estaría contento de que yo igualmente sostenga sus ideas acerca del Espíritu.

Muchos evangélicos conservadores defienden sólo una doctrina soteriológica (que significa salvación) del Espíritu Santo. Esto significa que el Espíritu Santo solamente puede hablar a través de la Biblia y *aplicarla* cuando se predica el evangelio. Y sin embargo, creen correctamente que el Espíritu Santo hace que la Biblia cobre vida y hace que Jesucristo sea real. ¡Esto es lo que todos creemos! Pero según ellos, el Espíritu Santo no habla directamente hoy como lo hizo con Felipe: "Acércate y júntate a ese carro" (Hechos 8:29). En otras palabras, la mayoría de los evangélicos conservadores sólo tienen en su pantalla de radar la idea de que el Espíritu Santo *aplicará* la Palabra cuando se predique. No tienen el concepto de un testimonio inmediato y directo del Espíritu Santo mismo. El Espíritu "aplica" el evangelio a la mente y al corazón cuando se predica. ¿Qué tiene esto de malo? ¡Nada! Este es el testimonio normal, necesario y requerido del Espíritu Santo cuando se predica la Biblia. El Espíritu Santo llegando a los corazones de los hombres y las mujeres *a través* de la Palabra es absolutamente esencial para la preservación de la verdad histórica. Es en lo que me apoyo cuando yo mismo predico.

Pero hay más cosas que solamente eso. O bien creemos que Dios Espíritu Santo está vivo hoy, o nuestra Trinidad es meramente Dios Padre, Dios Hijo y Dios la Santa Biblia. Es esta indudable unción del Espíritu Santo, ¡obrando de manera inmediata y directa lo que necesitamos hoy! Es lo que estaba sucediendo cuando Pedro predicó el día de Pentecostés (Hechos 2:37). Es lo que les ocurrió a los discípulos en Hechos 4:31. Es lo que Pedro predicó y experimentó como vimos en Hechos 5:31. Es lo que ocurrió cuando Pedro predicó en casa de Cornelio. Mientras él hablaba, el Espíritu Santo "descendió" sobre todos los que oían el mensaje (Hechos 10:44). Fue el testimonio inmediato y directo del Espíritu Santo lo que "descendió" sobre ellos. Casualmente, este evento de Hechos 10 llevó al Dr. Lloyd-Jones a aceptar que el testimonio inmediato y directo puede llegar a una persona en la conversión, sugiriendo que fue una excepción. Él, sin embargo, creía que Efesios 1:13, el sello del Espíritu que se produce *después* de que una persona cree, era la regla.

Si yo supiera que cada lector iba a leer la perspectiva del Dr. Lloyd-Jones de Efesios 1:13 en su exposición *God's Ultimate Purpose: an Exposition of Ephesians 1* [El propósito supremo de

Dios: una exposición de Efesios 1], no les contaría bastante de lo que sigue.[6] Pero quizá usted no pueda conseguir este volumen. Exactamente de la misma forma que el Dr. Lloyd-Jones sintió que estaba prácticamente solo en el mundo reformado cuando predicó sobre Efesios 1:13 en Westminster Chapel, poco ha cambiado. Las personas reformadas aman la doctrina de la elección. Les encanta su enseñanza de la soberanía de Dios. Aman su oratoria y manera de exposición del Nuevo Testamento. Pero cuando se trata de las enseñanzas del Doctor del testimonio directo e inmediato del Espíritu, todos parecen callarse. A veces pienso que el mundo reformado no quiere conocer sus ideas, o conocer su *corazón*. ¿Se sienten avergonzados por ello? Él mismo citó a Thomas Goodwin, Charles Hodge, Charles Simeon, John Wesley y George Whitefield porque quería que la gente supiera lo que había registrado en la historia de la Iglesia respecto a su visión acerca del Espíritu.[7] Por esto cito al Doctor en mi libro, esta vez para tener una ligera idea de su exposición de Efesios 1:13. Muchas personas quizá no se den cuenta de que realmente empleó tres mañanas de domingo en este versículo. Comienzo con una mención que hizo a John Wesley:

> Ahora escuchen a John Wesley: "Es algo inmediato y directo, no el resultado de la reflexión o la argumentación". Observe que Wesley enfatiza los mismos elementos de inmediatez y derechura que Goodwin. La bendición no es el resultado de la reflexión o la argumentación...Según la enseñanza de Wesley, usted puede ser un buen cristiano, y puede haber experimentado las operaciones del Espíritu de muchas formas, hasta inclusive una muestra o anticipo del gozo, la paz y del amor de Dios mismo, mucho antes de tener este testimonio directo del Espíritu, esta experiencia irresistible.[8]

El Dr. Lloyd-Jones dedicó varias páginas a rechazar la idea de que el sello o bautismo del Espíritu es inconsciente. Él dice una y otra vez que el sello del Espíritu es una "experiencia consciente". Enfatiza esto porque "la mayoría de los libros que se han escrito acerca del Espíritu Santo durante el presente siglo [XX] se salen del asunto para enfatizar que el sello del Espíritu Santo no es experiencial, y que no tiene nada que ver con la experiencia como tal".[9] Y sin embargo, "si es correcto decir que este sello del Espíritu es algo fuera del ámbito de nuestra consciencia, y que es totalmente no experiencial, entones en un sentido es algo por lo que no deberíamos preocuparnos mucho".[10]

El Doctor no sólo acentuó que el sello del Espíritu Santo (cosa que usaba de manera indistinta con el bautismo del Espíritu) es una experiencia consciente pero que *sigue* a la conversión. "El sello del Espíritu y el bautismo del Espíritu es lo mismo", siendo posterior a la regeneración.[11] Él siempre acentuaba, sin embargo, que el bautismo del Espíritu Santo no es una experiencia de santificación ni está conectado necesariamente a hablar en lenguas. Aunque prefirió la etiqueta de "calvinista metodista" para sí, añadía que esta experiencia se refería principalmente a gozo, seguridad e intimidad con Dios. Él sentía que era un error de la tradición Wesleyana adjuntar esta experiencia a la doctrina de la santificación. El sello del Espíritu "no es santificación, pero tiene un efecto inevitable sobre ella". La santificación no es "un experimento que se recibe", y a la vez el sello del Espíritu Santo produce santificación.

En cualquier caso, esta experiencia no se daba normalmente cuando una persona recibe la fe salvadora. Viene "después" de que una persona haya creído. Cito de nuevo la traducción Reina-Valera de Efesios 1:13 (énfasis añadido):

> En él también vosotros, habiendo [*después de haber*] oído la palabra de verdad, el evangelio de vuestra salvación, y habiendo [*después de haber*] creído en él, fuisteis sellados con el Espíritu Santo de la promesa.

La palabra *habiendo* se encuentra dos veces. El Doctor se enfocaba en la segunda aparición de *habiendo* en la versión autorizada de la Biblia en inglés King James en Efesios 1:13. El sello del Espíritu es "algo que sigue al creer", insistía el Dr. Lloyd-Jones. Es, "diferente de, separado de, distinto de creer, y no una parte de creer". No sólo eso, sino que él también rechazaba categóricamente la común enseñanza entre los evangélicos conservadores de que el sello del Espíritu, "es algo que ocurre inevitablemente, inexorablemente a todo el que cree".[12] No es cierto.

Tales hombres tienen "tanto miedo a los excesos", seguía diciendo, tanto miedo a que les etiqueten de alguna manera que afirman que el bautismo del Espíritu es "algo inconsciente, no experiencial, un suceso que no afecta a los sentimientos del hombre. Tal argumento no es nada bíblico. ¡Inconsciente!... [Los apóstoles estaban, de hecho] en un estado de euforia", destacaba él.[13] Fueron acusados de estar bebiendo "vino nuevo". Además, "en nuestro temor a los excesos de los que algunos de los que afirman esta experiencia pudieran ser culpables, a menudo nosotros somos culpables de 'apagar al Espíritu', y robarnos a nosotros mismos las bendiciones más abundantes".[14]

Él creía que los gálatas habían experimentado esta venida del Espíritu posteriormente a su conversión. Él interpreta Gálatas 3:2 de esta forma. Pablo dijo: "Esto solo quiero saber de vosotros: ¿Recibisteis el Espíritu por las obras de la ley, o por el oír con fe?". El Doctor hacía esta observación: "¿Cómo puede alguien responder esta pregunta si esto es algo fuera del ámbito de la experiencia? ¿Cómo puedo saber si he recibido o no al Espíritu si no es algo experiencial?".[15]

Para concluir: el Dr. Lloyd-Jones consideraba el "sello" o "bautismo del Espíritu" como "la forma más alta de seguridad". Era una experiencia consciente y algo que sigue a la fe salvadora. Él sería *infeliz* al llamarlo una segunda obra de gracia, es decir, conectarlo a la santificación. Este testimonio inmediato y directo del Espíritu Santo era el nivel de seguridad de salvación óptimo. En cuanto a los que no han experimentado esto, pero lo quieren fervientemente, el Dr. Lloyd-Jones tenía esto que decir (citando a Thomas Goodwin): "Demándelos". Esta palabra en el siglo XVII significaba: *No se rindan. Crean la Palabra de Dios.* Uno debería recordarle a Dios su propia promesa: no se rinda "hasta que sepa que tiene la vida de Dios en su alma", diría el Dr. Lloyd-Jones. O, para decirlo como lo explicaré en el siguiente capítulo: no se rinda hasta que Dios se lo prometa.

Capítulo 4

EL JURAMENTO Y EL ESTIGMA

Por eso Dios, queriendo demostrar claramente a los herederos de la promesa que su propósito es inmutable, la confirmó con un juramento. Lo hizo así para que, mediante la promesa y el juramento, que son dos realidades inmutables en las cuales es imposible que Dios mienta, tengamos un estímulo poderoso los que, buscando refugio, nos aferramos a la esperanza que está delante de nosotros.
—HEBREOS 6:17-18

Las adversidades a menudo preparan a personas ordinarias para un destino extraordinario.
—C. S. LEWIS

Hay otra manera de describir el efecto del testimonio inmediato y directo del Espíritu Santo y el modo en que llega a nosotros. Es cuando Dios le hace un juramento. Que Dios misericordiosamente nos haga un juramento es una derivación de la obra inmediata y directa del Espíritu Santo. El juramento es un testimonio consciente del Espíritu Santo que le deja prácticamente sin duda. Aunque nada de lo que Dios pueda hacer por nosotros en esta vida reemplazará a la fe, ¡el juramento se acerca mucho!

El hecho de que Dios nos haga un juramento a menudo se produce después de un periodo de adversidad y sufrimiento. Nos guste o no, un estigma de algún tipo casi siempre estará unido al hecho de que Dios nos hable de esta manera extraordinaria. Muy probablemente significará salir de su zona de comodidad. Abraham tuvo que salir de su zona de comodidad para poder experimentar el juramento de Dios hacia él:

> Como has hecho esto, y no me has negado a tu único hijo, juro por mí mismo—afirma el SEÑOR—que te bendeciré en gran manera, y que multiplicaré tu descendencia como las estrellas del cielo y como la arena del mar.
>
> —GÉNESIS 22:16-17

Dios le había pedido a Abraham que hiciera algo que parecía totalmente irracional: ofrecer a su hijo Isaac como un sacrificio (Génesis 22:2). Hay un patrón predecible a lo largo de la historia del trato de Dios con los suyos: Él a menudo *nos pide hacer algo que en ese momento no tiene sentido.*

En este capítulo explico una de las experiencias más maravillosas del Espíritu Santo que puede recibir una persona. Si el sello del Espíritu Santo es la forma más alta de seguridad, que Dios le haga un juramento es la forma más alta de *saber que está en lo correcto* en cuanto a oír de parte de Dios. Pero el juramento normalmente está unido al sufrimiento, posiblemente la persecución, y casi seguramente a un estigma.

¿Alguna vez la ha hecho Dios un juramento?

¿Cómo es cuando Dios le hace un juramento? Mi respuesta: ¿Alguna vez se ha preguntado cómo pudo Pedro tener tanto poder y autoridad el día de Pentecostés cuando, sólo seis semanas antes, era miserablemente débil y cobarde por negar que conocía a Jesús de Nazaret ante una sierva galilea (Lucas 22:54-62)? ¿Alguna vez se ha preguntado cómo pudo Elías decirle al rey Acab: "No habrá lluvia hasta que yo lo ordene" (véase 1 Reyes 17:1)? ¿Pasó Elías los tres años siguientes mordiéndose las uñas, preocupándose día y noche por si fuera a llover? ¿Alguna vez se ha preguntado cómo pudo Elías estar tan tranquilo e incluso ser cómico al burlarse de los profetas de Baal en el monte Carmelo? "¡Griten más fuerte!…¡A lo mejor se ha quedado dormido y hay que despertarlo!" (1 Reyes 18:27). Poco después de que Elías orase calmadamente "cayó el fuego del Señor" (1 Reyes 18:38). Elías sabía que el fuego caería.

¿Cómo lo sabía? Dios le había hecho un juramento. Explico esto con más detalle en mi libro *These Are the Days of Elijah* [Estos son los tiempos de Elías].[1] ¿Cómo supo Moisés para ordenar a los que rehusaron seguir a Coré? "¡Aléjense de las tiendas de estos impíos!... —Ahora van a saber si el Señor me ha enviado a hacer todas estas cosas... Si estos hombres mueren de muerte natural, como es el destino de todos los hombres, eso querrá decir que el Señor no me ha enviado". Inmediatamente después, "la tierra se abrió debajo de ellos; se abrió y se los tragó, a ellos y a sus familias, junto con la gente y las posesiones de Coré. Bajaron vivos al sepulcro, junto con todo lo que tenían" (Números 16:26, 28-33). *¿Cómo pudo Moisés haber estado tan seguro de que eso ocurriría inmediatamente?* Respuesta: Dios le había hecho un juramento.

Esta, entonces, es la explicación de lo real que fue la resurrección de Jesús para la Iglesia primitiva. Fue algo tan claro para ellos como si estuvieran físicamente presentes en la tumba de Jesús la mañana de la resurrección y hubieran visto todo el acontecimiento con sus propios ojos.

Estoy diciendo en este capítulo que el Espíritu Santo es capaz de hacer que la verdad sea tan clara para la mente, que no necesite que algo sea demostrado. Así es como Moisés, Elías y Pedro pudieron estar tan seguros de lo que creían y decían.

DOS NIVELES

Hay, por tanto, dos niveles mediante los cuales generalmente Dios se comunica con nosotros: el nivel promesa y el nivel juramento. Ambos son igualmente ciertos. Pero una promesa a veces implica una condición; implica un *si*. Por ejemplo, tomemos Juan 3:16: la Biblia en pocas palabras. Es una promesa. Dice: "Porque tanto amó Dios al mundo, que dio a su Hijo unigénito, para que todo el que cree en él no se pierda, sino que tenga vida eterna". Hay un si implicado en Juan 3:16: *si cree, tendrá vida eterna*. Pero si no cree, se perderá.

Sin embargo, en el nivel juramento no hay ningún *si*; cuando Dios hace un juramento, es algo que ya está hecho.

Del mismo modo, hay básicamente dos manera de convencer a otra persona de que está diciendo la verdad: (1) usted simplemente promete, (2) usted hace un juramento. Normalmente usted no hace un juramento a menos que sea necesario. Pero si alguien se molestara en decir: "Juro que haré esto", usted tendría incluso *más certeza* de que la persona cumpliría su palabra. Al final, sin embargo, cuando se trata de las relaciones humanas, "No son los juramentos los que garantizan su propia fe, sino que son los hombres los garantes de los juramentos", dijo Esquilo (456 a.C.).

Pero cuando es *Dios mismo quien hace un juramento*, ¡puede estar seguro de ello mil veces! En cuanto a una promesa de Dios, puede creerla porque es imposible que Dios mienta. Pero si Dios nos hace un juramento ¡es mucho más fácil creerlo!

Dios trató con Abraham en ambos niveles. Inicialmente comenzó a comunicarse con Abraham mediante una promesa: "Haré de ti una nación grande, y te bendeciré; haré famoso tu nombre" (Génesis 12:1). Después llegó otra promesa: "Mira hacia el cielo y cuenta las estrellas...¡Así de numerosa será tu descendencia!" (Génesis 15:5). Después otra, diciendo prácticamente lo mismo: "Te haré tan fecundo que de ti saldrán reyes y naciones." (Génesis 17:6).

Pero un día Dios hizo un *juramento* a Abraham: "juro por mí mismo...que te bendeciré en gran manera, y que multiplicaré tu descendencia como las estrellas del cielo y como la arena del mar" (Génesis 22:16-17). ¡La promesa y el juramento contenían la misma verdad! Pero el juramento se dio para que Abraham nunca más volviera a dudar.

El escritor de Hebreos hace referencia a "dos realidades inmutables": la promesa y el juramento. Pero el juramento es "más convincente" y, por tanto, más fácil de creer. ¿Por qué? Porque a Dios le agrada derramar *una medida mayor de su Espíritu* en nosotros cuando nos hace un juramento. Él condesciende a nuestro nivel. Es el nivel más alto de ánimo que se nos puede dar mediante el Espíritu Santo.

EL JURAMENTO DE DIOS EN IRA

Lo serio es que Dios puede hacer un juramento en ira, y cuando lo ha hecho, nada ha podido detenerle. Una vez juró que su pueblo no entraría en su reposo, y no entraron, por mucho que lo intentaron (véase Números 14:21-45; Hebreos 3:10-11). *Antes de que Dios haga un juramento, entonces, usted podría, quizá debiera (mediante su arrepentimiento e intercesiones) retorcer el brazo de Dios y hacerle cambiar de idea. El rey de Nínive descubrió que esto es cierto. Aunque Jonás el profeta dijo: "¡Dentro de cuarenta días Nínive será destruida!" (Jonás 3:4), el rey dijo: "¡Quién sabe! Tal vez Dios cambie de parecer, y aplaque el ardor de su ira, y no perezcamos". ¿Y qué ocurrió? "Al ver Dios lo que hicieron, es decir, que se habían convertido de su mal camino, cambió de parecer y no llevó a cabo la destrucción que les había anunciado" (Jonás 3:9-10).

Esto demuestra que la profecía y la predicación de Jonás se habían comunicado a nivel de promesa. Pero el rey actuó y Dios cambió de idea. Pero cuando Dios hace un juramento, nada, jamás, le hará cambiar de opinión. Puede usted intentar retorcer su brazo, pero si Él hace un juramento, no hay nada que hacer. Yogi Berra solía decir: "No se ha terminado hasta que se ha terminado". Pero si Dios hace un juramento, ya sea en misericordia o en ira, se ha terminado.

El juramento puede llegar con respecto a varias cosas, por ejemplo:

* Seguridad de salvación (Hebreos 4:10; 10:22).
* Observación de una oración respondida (Marcos 11:24; 1 Juan 5:15).
* Saber que lo ha entendido teológicamente (Colosenses 2:2).
* La "oración de fe" para sanidad (Santiago 5:15)
* Una palabra profética

SOPORTAR EL ESTIGMA

Un día, Josef Tson me preguntó sin venir a cuento: "R. T., ¿hasta dónde está dispuesto a llegar en su compromiso con Jesucristo?". Buena pregunta. Pensé en esa pregunta durante días... y meses. Me preguntaba: "¿Hasta dónde estoy verdaderamente preparado para ir en mi compromiso con Cristo? ¿No he hecho aún lo suficiente?".

Así que yo le pregunto a usted: ¿Hasta dónde está *usted* preparado para ir en su compromiso con Jesucristo? ¿Está dispuesto a sufrir? ¿Podría soportar un estigma que Él le pidiera que llevara? El juramento y el estigma de algún tipo van normalmente ligados. Pablo y Bernabé concluyeron que: "fortaleciendo a los discípulos y animándolos a perseverar en la fe. «Es necesario pasar por muchas *dificultades* para entrar en el reino de Dios» (Hechos 13:22, énfasis añadido; "muchas tribulaciones", RVR60). Pablo no está diciendo que nacemos de nuevo mediante dificultades. No está diciendo que somos justificados mediante la tribulación o salvados soportando un estigma. Se está refiriendo a llegar a conocer a Cristo en un nivel muy íntimo. Algunos lo hacen, otros no. Es llegar a conocer a Cristo de una forma que, tristemente, pocos experimentan. Era la mayor ambición del apóstol Pablo: "A fin de conocer a Cristo" (Filipenses 3:10). ¿Está diciendo Pablo que no conoce al Señor? Claro que no. Está diciendo que *anhela* conocer a Cristo y el poder de su resurrección y la participación de sus sufrimientos de una forma que no había experimentado aún. Los que persiguen una relación así con Jesucristo, invariablemente descubren que experimentan dificultades. En parte es la manera de Dios de probarnos para ver cuánto nos importa verdaderamente. De esto es entonces de lo que Pablo y Bernabé estaban hablando en Hechos 14:22. Tribulación. Dificultad. Estigma. Salir de nuestra zona cómoda. Como lo expresa C. S. Lewis: "Las dificultades a menudo preparan a personas ordinarias para un destino extraordinario". Usted dirá: "Pero Pablo era extraordinario". Sin lugar a dudas. También lo eran Moisés y Elías. Pero el tipo de relación que él quería tener con Cristo es una oferta para *todos* los cristianos. Eso significa usted y yo. Pero si hemos de tener una relación similar con Dios a la que tuvieron las personas famosas de la Escritura, debemos estar dispuestos a sufrir como ellos sufrieron. Dios, por tanto, extiende esta experiencia extraordinaria a las personas comunes, pero debemos estar dispuestos a soportar el estigma.

La palabra *estigma* significa: "ofensa, angustia, vergüenza, humillación". *Stigma* es una palabra puramente griega. En la literatura helénica se refería a una marca en el cuerpo (como un tatuaje) normalmente sobre un esclavo que había huido. Pablo dijo que él llevaba en su cuerpo las "marcas" (*stigmata*) de Jesús. Él no se avergonzaba del estigma.

En cierta ocasión, Pedro huyó de un estigma: cuando negó conocer al Señor. Pero llegó el día en el que lo *recibió*. Poco después, Pedro y Juan apenas si podían creer lo bendecidos que eran de tener el *privilegio* de soportar el estigma de Jesús. Habiendo sido advertidos y azotados por el Sanedrín, salieron del Sanedrín "llenos de gozo por haber sido considerados dignos de sufrir afrentas ("deshonra", NTV) por causa del Nombre" (Hechos 5:41). Vergüenza. Deshonra. "Dificultades" (Hechos 14:22).

¿Se considera usted alguien ordinario? ¿Qué tal si Dios está usando las dificultades para darle un destino extraordinario?

¿Ha huido de un estigma? ¿Ha evitado persecución? ¿Vergüenza?

Pablo dijo que estamos "destinados" para las aflicciones (1 Tesalonicenses 3:3). "Porque a ustedes se les ha concedido no sólo creer en Cristo, sino también sufrir por él" (Filipenses 1:29). En otras palabras, esto es parte de nuestro llamado. Es parte de nuestro destino como creyentes. Lo que es más, cuando nos sentimos "muy dichosos", como nos exhorta Santiago (Santiago 1:2), dignificamos la prueba que Dios nos envía. Dignificar la prueba demuestra que se nos puede confiar una unción mayor. Cuanto mayor sea el sufrimiento, mayor será la unción.

Parte del sufrimiento es aceptar de Dios lo que a veces no vemos nada razonable. Medite en lo que tuvo que vivir Abraham

cuando Dios le dijo que sacrificara a su hijo Isaac: el único vínculo con la misma promesa de que su descendencia sería tan innu-
merable como las estrellas del cielo. No tenía sentido. Pero, como
dije, a veces Dios nos llama a hacer cosas que en ese momento
no tienen sentido. ¡Qué estigma tuvo que aceptar Abraham! Fue
de mucho agrado para Dios. "Ahora sé que temes a Dios", le dijo
el Señor a Abraham (Génesis 22:12).

Luego llegó el juramento.

¿Podría ser que Dios le está llamando a soportar un estigma,
todo por darle una mayor medida del Espíritu Santo? ¿Hasta dónde está dispuesto a llegar en su compromiso con Jesucristo? Sí,
Dios a menudo usa las dificultades para preparar a cristianos
ordinarios para un destino extraordinario.

Quizá recuerde del capítulo anterior que el puritano John Cotton dijo que el testimonio del Espíritu Santo no es meramente
para la gente de "renombre" en las Escrituras y la historia de la
Iglesia, refiriéndose a la gente de un alto perfil; era también para
cristianos comunes, ordinarios. Esto se debe a que Dios ha ofrecido el testimonio inmediato y directo del Espíritu Santo a todos
los creyentes. No es tan sólo lo que le persuade de que la Biblia
es la Palabra infalible de Dios, ¡sino también que Dios está en su
trono! Dios está dispuesto a ser tan real hoy como lo fue para los
patriarcas, para Moisés, para David y los profetas. Él es tan real
hoy como lo fue para la Iglesia primitiva. Jesucristo es el mismo
ayer y hoy y por los siglos (Hebreos 13:8). No se quede corto a la
hora de descubrir lo real que es Dios porque alguna persona bien
intencionada diga que ese tipo de relación con Dios no es posible
alcanzarla hoy; porque sí es posible.

Randy Wall, un íntimo amigo mío, cuenta cómo su propio
padre en su lecho de muerte lamentaba la manera en que la
enseñanza cesacionista había gobernado su vida y le había roba-
do algo que podía haber tenido todo el tiempo. Pero en los días
de su enfermedad, derramó su corazón ante Dios. Y he aquí, el
Espíritu Santo le llenó desde la cabeza hasta las plantas de sus
pies. Dios fue totalmente real para él. Le dijo a su hijo Randy:
"Nos han enseñado mal". Randy nunca olvidó eso, y después

experimentó exactamente la misma relación con Dios que había tenido su padre justamente antes de morir. Algunos solían llamarlo "gracia moribunda". Pensaban que no se podía buscar eso o experimentarlo hasta justo antes de morir. El único problema era que algunos de ellos vivían. Y vivían para contar lo real que Dios podía llegar a ser. Llámelo el descanso de Dios. Llámelo el juramento. Llámelo el testimonio directo e inmediato del Espíritu. Llámelo el "sello del Espíritu Santo". Sea como quiera que lo llame, consígalo. Espere ante el Señor. No se rinda. No tendrá que esforzarse por ello. Tan sólo espere.

Capítulo 5

FUEGO EXTRAÑO

Los nombres de los hijos de Aarón son los siguientes: Nadab el primogénito, Abiú, Eleazar e Itamar. Ellos fueron los aaronitas ungidos, ordenados al sacerdocio. Nadab y Abiú murieron en presencia del Señor cuando, en el desierto de Sinaí, le ofrecieron sacrificios con fuego profano. Como Nadab y Abiú no tuvieron hijos, sólo Eleazar e Itamar ejercieron el sacerdocio en vida de su padre Aarón.

—Números 3:2-4

El significado sencillo es que ellos "hicieron lo que quisieron".

—Rabino Sir David Rosen

HACE UNOS CUANTOS AÑOS FUI A UNA REUNIÓN EN UNA carpa en Fort Lauderdale. Muchos de mis amigos afirmaban haber visto hacer sanidades milagrosas a un ostentosos sanador de fe que también decía a las personas detalles increíbles de sus vidas. Un viejo amigo mío se había deshecho de su sonotone, al haber sido *totalmente sanado* de su sordera. Así que decidí asistir. Según entrábamos en la tienda, observé un libro que estaba en venta que negaba la deidad eterna de Jesucristo. Eso me dijo todo lo que necesitaba saber. Nos sentamos al final de la carpa. Después de los cantos, el predicador comenzó a hablar. Enseguida abandonó la plataforma para dirigirse a la audiencia, acercándose a la gente.

"¿Nos hemos visto antes usted y yo?".

"No".

"¿Cree usted que yo soy un profeta de Dios?".

"Sí", respondían siempre.

"¿Cree que Dios me ha dicho algo acerca de usted?".

"Sí".

Y luego les decía algo que (supuestamente) nadie sabía salvo las propias personas. Tras media hora le susurré a Louise: "Se va a acercar a mí". ¿Cómo lo sabía? Sencillamente lo sabía. Segundos después, hizo todo el recorrido hasta el final de la carpa y me señaló. Me pidió que me pusiera en pie. Así lo hice. Poniendo el micrófono en mis labios, me preguntó:

"¿Nos hemos visto antes usted y yo?".

"No".

"¿Cree usted que yo soy un profeta de Dios?".

"No".

"¿Cree que Dios me ha mostrado algo acerca de usted?".

"No, señor".

"¿Nos hemos visto antes usted y yo?".

"No, señor".

"¿Cree usted que yo soy un profeta de Dios?".

"No, señor".

"¿Cree que Dios me ha mostrado algo acerca de usted?".

"No, señor". Intenté tomar su micrófono para decir algo más. Él se retiró y gritó a la multitud: "Señoras y señores, aquí tenemos a un hombre que se dirige al infierno". Las personas siseaban de nosotros cuando nos fuimos al acabar la reunión.

Este hombre sigue teniendo reuniones por todo el país. Puede verle en televisión. Ha estado en los juzgados varias veces durante estos años por fraude económico. Tiene gente que le sigue. Y por cierto, tras batallar con su sordera, mi amigo volvió a ponerse el sonotone dos semanas después. No había sido sanado en absoluto.

Un evento más reciente se produjo en una de nuestra conferencias Palabra, Espíritu, Poder en un estado del oeste. El gentil caballero que nos llevó en automóvil a Louise y a mí hasta nuestro hotel desde el aeropuerto comenzó a hablarnos del polvo de oro que caía en su iglesia; parte de este estaba incrustado en la moqueta, dijo. Sin duda, después de retirar la moqueta cuando remodelaron la iglesia, tomaron muestras del oro y las pusieron en un marco que colgaba en la pared del auditorio. Me lo enseñaron como una prueba cuando llegamos más tarde a la iglesia. El pastor y las personas estaban obsesionadas con el oro. Oro, oro, oro. Dominaba la reunión. Sin embargo, hacía mucho tiempo que no veían oro. Supuestamente, sucedió hacía años. Pero aún estaban anclados en ello y esperaban que regresara cualquier día, incluso tenían la esperanza de que sucediera mientras nosotros estábamos allí.

La segunda noche, momentos antes de que llegase mi momento de hablar, observé un pedazo de oro delante de mí en la moqueta. Lo recogí. Era una pieza de una pulsera de oro. Mi espíritu se removió en mí como hacía años que no me había ocurrido. *No* diré que oí una voz audible. No. Pudo ser mi propia voz. Pero esa voz me dijo: "R. T., si tienes algo de integridad y realmente crees en lo que haces con respecto al evangelio y la Palabra de Dios, hablarás a esta iglesia de lo que sabes que es cierto". Acudí a mis dos colegas, Jack Taylor y Charles Carrin, y les dije que estaba cambiando mi sermón de lo que previamente habíamos acordado que daría. "Adelante", me dijeron.

Subí al púlpito, después les mostré a todos la pieza de oro que acababa de recoger de la moqueta. Pregunté: "¿Cuántos de ustedes creen que esto es oro que Dios puso ahí sobrenaturalmente?". Muchas manos se levantaron. Señalé que era sólo una pieza de oro de una pulsera. Después procedí a derramar mi alma. No tengo la cinta grabada de mi sermón de dieciocho minutos, así que sólo puedo dar de memoria la esencia de lo que dije. Tomé mi texto de Salmos 138:2, que en el original hebreo dice que has engrandecido tu palabra incluso por encima de tu nombre. Y procedí:

A Dios le importa más su Palabra que incluso su propio nombre. La Palabra es su integridad en juego. Él estima su integridad más que su reputación o incluso su poder. Las personas no se salvan viendo milagros. Se salvan escuchando el evangelio. Permítame decirle por qué, en mi opinión, ustedes queridos amigos no están viendo lo milagroso en su iglesia. Lo sobrenatural y lo extraordinario es lo único en lo que parecen pensar. Están consumidos con el oro y lo sobrenatural. Mi consejo para ustedes es este: comiencen a enfatizar el evangelio y la Palabra, y quizá, Dios manifestará su presencia. El gran Charles Spurgeon dijo: "Miré a Cristo, y la Paloma vino volando; miré a la Paloma, y Él desapareció".

Me senté. La reacción a mi sermón fue una mezcla, pero supe que no nos volverían a invitar a esa iglesia.

NADAB Y ABIÚ

La única pero inolvidable ocasión de fuego extraño está descrita como sigue: "Pero Nadab y Abiú, hijos de Aarón, tomaron cada uno su incensario y, poniendo en ellos fuego e incienso, ofrecieron ante el Señor un fuego que no tenían por qué ofrecer, pues él no se lo había mandado. Entonces salió de la presencia del Señor un fuego que los consumió, y murieron ante él" (Levítico 10:1-2). Ellos no estaban siguiendo unas instrucciones divinamente ordenadas. Estaban "haciendo lo que querían", como lo dice el rabino David Rosen. Dios le dijo a Israel explícitamente en la ley ceremonial cómo quería que le adorasen. Dios escribió la ceremonia; prescribió el orden de la adoración. Él sabía lo que quería. Intentar mejorar su Palabra no le agradó. No hay recompensa para una obra que Él no ha ordenado; hacer sólo lo que Dios ordena es lo que le agrada.

Dios es Espíritu; los que le adoran, deben hacerlo en "espíritu y en verdad" (Juan 4:24). Algunos piensan rápidamente sólo en adorarle *en espíritu*, y se olvidan de la verdad. Dios es Espíritu; Él también es verdad (Salmo 31:5).

"Fuego extraño" es la versión de la Reina Valera 1960 de lo que la NVI traduce como "fuego que no tenían por qué ofrecer". La palabra hebrea significa fuego "ajeno" o "profano". El fuego no sólo no lo había pedido, sino que era algo contrario a su mandamiento.

A algunos podría parecernos que la ley moral (los Diez Mandamientos) era todo lo que importaba en esos tiempos. Pero Dios escribió la ley moral, la ley civil y también la ley ceremonial (aunque estas distinciones son lo que los teólogos han hecho para aclarar su aplicación). Era la ley ceremonial lo que estaba siendo violado en este relato.

EL REY SAÚL

El rey Saúl más adelante se convirtió en el "hombre del ayer" porque no respetó el mandato explícito con respecto a quién estaba autorizado para ofrecer el sacrificio (parte de la ley ceremonial). Él tenía que esperar a Samuel, pero no lo hizo. "Tráiganme el holocausto", ordenó Saúl. Alguien debería haberle detenido o al menos haberle advertido. Nadie lo hizo. Él entonces ofreció el sacrificio. Cuando llegó Samuel, Saúl le explicó que se vio "obligado" a hacerlo (1 Samuel 13:8-12, NTV).

Imagínese esto. Ir contra la clara enseñanza de la Palabra, ¡porque se sintió "obligado" a hacerlo! ¿No es algo parecido a los que dicen: "Sé que no está en la Biblia, pero Dios me dijo que lo hiciera", o "Me sentí guiado a hacerlo", yendo en contra de las Santas Escrituras? Una de las manera más rápidas de llegar a ser irrelevancia, y pasar a ser el hombre o la mujer del ayer, es ponerse a uno mismo por encima de las Escrituras. Saúl hizo eso. Samuel le dijo que había sido un "necio" y que abandonaría su reino y su legado (1 Samuel 13:13-14). Eso es exactamente lo que ocurrió, todo porque se tomó a la ligera el mandamiento del Señor con respecto a cómo quería Dios que le adorasen. Aunque él se convirtió en "el hombre del ayer" en ese momento, llevó la corona durante otros veinte años. Veinte años sin el favor de Dios, pero el pueblo no tenía ni idea de esto. Solamente Samuel (1 Samuel 16:1).

Fue algo muy triste que los mismos hijos de Aarón, Nadab y Abiú, hicieran eso. El acontecimiento de este incidente del fuego extraño sin duda se habría narrado en las Santas Escrituras aunque estos dos hombres no hubieran tenido un perfil tan alto. Pero al ser nada más y nada menos que los hijos Aarón, el número dos de Dios en esos días, elevó su pecado. Nadab de hecho era el hijo *primogénito* de Aarón, un lugar de mucho prestigio y respeto en la antigua Israel. El primogénito tenía el doble de derechos en lo tocante a la herencia. Recordará quizá que Esaú era el primogénito de Isaac pero renunció a ella entregándosela a Jacobo por su necedad (Génesis 25:31-34).

A veces, quienes se han criado en un entorno santo desarrollan un exceso de familiaridad con Dios y las cosas santas, y dan por hecho el privilegio. Es un privilegio inestimable crecer en un buen hogar. Yo tuve buenos padres. Mi padre fue laico pero tenía un compromiso con el Señor que (en mi opinión) superaba al que tienen muchos hoy en el ministerio. Yo recibí, por tanto, una ventaja. No tendría excusa alguna si yo mostrase la más mínima ingratitud por mi trasfondo. Los niños que crecen en el hogar de un ministro también son a veces culpables de tomarse las cosas santas a la ligera. A veces existe la propensión a que los *hijos de los pastores* se vuelvan engreídos y actúen como si fueran excepcionales. A veces los mismos pastores son culpables de esto. Comienzan a sentir que tienen algún tipo de *concesión* con Dios por su herencia o su llamado. Grave error.

Aprendemos de este antiguo episodio que Dios no hace acepción de personas. Por tanto, Nadab y Abiú no fueron la excepción por ser los hijos de Aarón. Y sin embargo, estos dos hermanos habrían conocido la idolatría de su padre cuando Aarón participó de forma activa en la construcción del becerro de oro (Éxodo 32:2-35). Los hijos imitan a sus padres. Es posible que estos dos hijos nunca vieran verdaderamente la seriedad del grave pecado de su padre. Quizá incluso habían desarrollado una ausencia de reverencia mediante la rebelión de Aarón.

EL TIPO DE PECADOS QUE HAY DETRÁS DEL FUEGO EXTRAÑO

¿Qué debemos aprender de este incidente del fuego no autorizado? En primer lugar, debemos recordar que el uso del fuego en sí

en el antiguo sistema sacrificial fue idea de Dios. Así que ya fuese fuego natural usado en el sistema sacrificial o fuego sobrenatural cuando Dios manifestaba su gloria, Dios tenía una razón para ese fuego. El uso del fuego, por tanto, nunca fue idea de los hombres. Es más, todo lo que había en la ley mosaica era una sombra de cosas buenas que vendrían (Hebreos 10:1). El fuego del Antiguo Testamento señalaba a las lenguas divididas de fuego en Pentecostés. Señalaba al bautismo del Espíritu Santo y fuego. Dios mismo sería siempre un fuego consumidor. El fuego mismo, por tanto, era sagrado cuando se trataba de la prescripción de Dios de cómo se le debía adorar. Sólo era aceptable el fuego santo. Y sin embargo, el hombre tiene una manera de imitar el ideal de Dios. Lo que Nadab y Abiú hicieron al ofrecer un fuego extraño establece un patrón para que lo sigan las siguientes generaciones. Demasiados se convierten bien en rebeldes, orgullosos, impacientes o faltos de fe, y se toman la Palabra de Dios a la ligera.

Rebelión

Si el legado de Aarón fue plantar parcialmente la semilla de la rebelión en sus dos hijos, entonces el ejemplo de Nadab y Abiú prepara el terreno para la rebelión en posteriores generaciones. Refiriéndose al incidente del becerro de oro, Moisés les dijo a los israelitas: "Desde el día en que saliste de Egipto hasta tu llegada aquí, has sido rebelde contra el Señor" (Deuteronomio 9:7). La rebelión se convirtió en uno de los principales pecados en el antiguo Israel. "Si fueron rebeldes contra el Señor mientras viví con ustedes, ¡cuánto más lo serán después de mi muerte!" (Deuteronomio 31:27). "La rebeldía es tan grave como la adivinación" (1 Samuel 15:23). El falso profeta Ananías dijo que Jeremías había "incitado a la rebelión contra el Señor" (Jeremías 28:16). El Señor le dijo a Ezequiel: "Hijo de hombre, te voy a enviar a los israelitas. Es una nación rebelde que se ha sublevado contra mí. Ellos y sus antepasados se han rebelado contra mí hasta el día de hoy" (Ezequiel 2:3). Lo que Nadab y Abiú habían hecho al ofrecer su fuego no autorizado fue rebelarse contar la manera de adoración que Dios estableció.

La ofrenda de fuego extraño, por tanto, no fue meramente un pecado de debilidad o ignorancia; fue un pecado con una mano alta. No ceñirse a las Escrituras es rebelión.

Rivalidad

Otra manera de entrar en las mentes de los dos hombres que yacen detrás de este fuego no autorizado fue que un espíritu de rivalidad se encendió en sus corazones. Un espíritu competitivo. Era su fuego contra el fuego de Dios.

Pero había más cosas que sucedían aquí. Ellos no mostraron respeto alguno por sus ancianos y aquellos a quienes Dios nombraba. Nadab y Abiú eran insubordinados. En el Nuevo Testamento se nos ordena que nunca reprendamos a un anciano, sino que le tratemos como a un padre (1 Timoteo 5:1). Ya sea que anciano signifique una persona mayor o una posición oficial, debemos mostrar respeto a ambos. A veces los jóvenes, o los que son nuevos en el ministerio, se impacientan porque llegue su día, y por consiguiente se convierten en su propia autoridad. Como solía decir el Dr. Lloyd-Jones: "Lo peor que le puede ocurrir a un hombre es tener éxito antes de estar preparado". Nadab y Abiú no pudieron esperar a que llegara su momento; querían mostrarse iguales a sus ancianos.

Un espíritu de rivalidad es también lo que motiva a la gente a rechazar la manera de Dios de ofrecer la salvación. Dios dice: la salvación es por gracia mediante la fe, no por obras (Efesios 2:8-9). Un espíritu de rivalidad dice: yo me puedo salvar por medio de lo que hago. En otras palabras, las personas por naturaleza quieren competir con lo que Jesucristo ha hecho en la cruz. No pueden concebir la idea de darle toda la gloria a Dios por su salvación; quieren sentir que tienen parte en ello. Así que con el fuego extraño de Nadab y Abiú, ellos querían hacer lo que quisieran.

Orgullo

Este es un sentimiento de placer por los logros propios. Estaba igualmente en la base de este fuego no autorizado. Ellos querían mostrar lo que podían hacer sin seguir la manera que Dios había prescrito. Sus egos se involucraron. Querían hacer una declaración. Sabían exactamente lo que estaban haciendo. No estaban haciendo esto en un rincón para que nadie se enterase, sino más bien todo lo contrario, al querer asegurarse de que *todos* vieran lo que hicieron. Querían ser los primeros en hacer esto. Quizá la gente con menos perfil no hubiera pensado algo así, pero ellos querían sentar un precedente, para entrar en la historia. Ciertamente se les conocería en la historia, pero no como lo habían previsto. Estaban muy seguros de que les saldría bien.

EL MOVIMIENTO DE LA SANIDAD DE FE

Comencé a seguir el movimiento de sanidad de fe cuando era un adolescente. Pero incluso entonces me sorprendía, y también me decepcionaba mucho, cuando presentaban al evangelista de sanidad como si estuviera en el mundo del espectáculo: "Y ahora, señoras y caballeros, ¡demos la bienvenida al gran hombre de Dios de poder y fe!". La gente aplaudía con entusiasmo. Eso debía de tener la aprobación del evangelista, o de lo contrario no continuaría. No me puedo imaginar a los apóstoles de la Iglesia primitiva permitiendo este tipo de cosas. "¿Por qué nos miran", preguntó Pedro cuando el paralítico de cuarenta años de repente fue sanado, "como si, por nuestro propio poder o virtud, hubiéramos hecho caminar a este hombre?" (Hechos 3:12). Pocos parecen darse cuenta de cuántos sanadores y evangelistas de hoy animan tan abiertamente a que se ponga el enfoque en ellos. Ellos son las estrellas. Y sin embargo, la más extraña de las coincidencias que jamás he visto en relación con esto fue cuando, en un gran auditorio de una gran ciudad, tras un largo rato de cantar, el famoso predicador vestido de blanco salió mientras cantaban "Cuán grande es Él". Si no fue una coincidencia, debió de haber hecho sonrojarse a los ángeles.

SEÑALES Y MARAVILLAS REEMPLAZADAS POR LA ENSEÑANZA DE LA PROSPERIDAD

Se puede decir que el peor desarrollo en nuestra generación, no obstante, es la forma en que ha dominado el mensaje de la prosperidad. Apelando tanto al rico como al pobre, el mensaje de "nómbralo y consígalo", "créalo y recíbalo", ha sido la razón principal de la bendición económica de muchos ministerios. En vez de enseñar a la gente a orar y descubrir por ellos mismos cómo Dios responde a la oración, ellos dicen: "Envíen sus peticiones, y yo oraré por ustedes", como si las oraciones del predicador fueran más eficaces que las de la gente común. Pero es el dinero lo que ellos persiguen.

El antiguo movimiento pentecostal nació en la creencia del poder y la presencia manifiesta de Dios. Vieron cosas maravillosas. Aquellos primeros pentecostales, estando principalmente en la base del nivel socioeconómico, recibieron las burlas de los cristianos tradicionales, fueron menospreciados, si no rechazados, por la clase media del cristianismo estadounidense. ¡Estaban realmente y verdaderamente fuera del campamento! Y a la vez, ¿acaso no se espera que los cristianos "salgan fuera del campamento", llevando el reproche de Cristo (Hebreos 13:13)? Sí. Algunos incluso dirán: "Cuanto más lejos mejor". No estoy seguro de estar de acuerdo con esta última afirmación, pero sé que los pentecostales más mayores estaban *bastante* fuera del campamento. Continuaron a medida que Dios les iba bendiciendo cada vez más. Comenzaron a crecer: más deprisa que los demás. Vieron sanidades. Señales y maravillas. Dones del Espíritu en operación.

En la década de 1960 los pentecostales recibieron la compañía de personas de otras denominaciones: episcopalianos, católicos, luteranos, reformados y bautistas. Como sabemos, a los últimos se les llamó carismáticos. Ellos también vieron lo milagroso y también tuvieron que ir "fuera del campamento" de sus denominaciones. Aún los evangélicos conservadores los siguen viendo como los "fanáticos" del cristianismo estadounidense. Pero ellos también han crecido. Las bendiciones de la presencia manifiesta del Espíritu Santo fueron indudablemente el denominador común, el hilo que unió a todos estos movimientos.

Pero ya no. Según una encuesta reciente, el hilo común ha cambiado. ¿Fue porque hubo una disminución repentina de verdaderos milagros? ¿Fue porque mejoró la economía estadounidense? ¿Fue porque las personas querían seguir en su zona de comodidad? ¿Fue el surgimiento de la televisión cristiana? Sólo sé que el común denominador de estos movimientos hoy día ya no es el poder manifiesto de Dios, sino la clara promesa de la bendición económica si usted da generosamente a un ministerio: al ministerio de él o ella. Sinceramente cuestiono si algunas redes de televisión cristiana sobrevivirían si la apelación al dinero con la promesa de la bendición de Dios de repente cesase. Me pregunto si algunos de ellos cerrarían de la noche a la mañana.

TODO SE TRATA DE DINERO

Un destacado líder del movimiento carismático en Inglaterra me dijo francamente que cuando ve la televisión cristiana actualmente, como si escuchara con los oídos de los no creyentes, indudablemente tendría la impresión de que en el cristianismo "todo se trata de dinero". Si Jesús apareciera hoy, ¿se sorprendería usted de que se dirigiera inmediatamente al equivalente actual de los cambistas del templo y les expulsara? Nuestra propia familia anhelaba *mucho* asistir a una iglesia en concreto cuando llegamos a Estados Unidos, hasta que descubrimos que era imposible soportar que el pastor dedicara una hora o más cada domingo a pedir la ofrenda.

Y al mismo tiempo, la vergüenza definitiva es cómo algunos predicadores de televisión se las arreglan para hacer que ciertos pasajes de la Escritura expliquen supuestamente el significado *real* y la razón de que Dios enviara a su Hijo al mundo para derramar su preciosa sangre: la bendición económica y la sanidad de usted. Algunos realmente hacen de la enseñanza de la prosperidad la esencia del evangelio mismo de Jesucristo. No hay, por tanto, necesidad de enfermedad o sufrimiento. Nada. Pablo quizá tuvo su "aguijón en mi carne" (2 Corintios 12:7, RVR60), pero ¡él no era tan espiritual como lo somos hoy! Si tuviéramos que creer a algunas de estas personas, la razón por la que Jesús murió en la cruz fue principalmente para que nosotros tuviéramos una vida próspera y saludable aquí en la tierra. Algunas de estas personas nunca mencionan que Jesús realmente murió en la cruz para que pudiéramos ir al cielo y no al infierno cuando muramos. Ese mensaje no vende mucho. Así que todo se trata del aquí y ahora. Existencialismo. Dinero. Fuego extraño.

No todos los pentecostales y carismáticos están contentos con estas cosas. El predominio son las personas buenas y sensatas que aman sus Biblias y quieren que ésta se predique. Reciben bien el liderazgo que se centra en la Biblia, la enseñanza sólida y la adoración que exalta a Cristo. Escribo este libro para preservar eso, y si es posible, para ayudar a detener la actual tendencia. Ha llegado el día en el que abunda la falsa enseñanza, es cierto. ¡Pero usted no tiene por qué recibirla!

Arrogancia

Esta podría definirse como un orgullo dominante indicado por una conducta superior hacia los inferiores. Nadab y Abiú, sabiendo que eran los hijos de Aarón, sintieron que estaban "por encima" del resto de los sacerdotes de su época. Querían demostrar que podían continuar con su revuelta contra la manera establecida.

El rey David concibió la noble idea de llevar el arca del pacto a Jerusalén. Pensó que eral algo justo que debía hacer. Y lo era. Y que Dios le recompensaría. Quizá. Pero también David, tristemente, tuvo una arrogancia inconsciente, un sentimiento de que estaba haciendo la cosa más maravillosa para Dios, algo que nunca antes se había hecho. Aparentemente, no se le pasó por la mente consultar las Escrituras o a los sacerdotes primero. Así que cuando hizo los preparativos para llevar el arca a Jerusalén, Uza estiró su brazo para impedir que el arca se cayera porque el buey que la transportaba tropezó. La ira del Señor se encendió contra Uza "por su atrevimiento" y cayó muerto. Esto provocó el "enojo" de David por la ira del Señor; le parecía algo muy injusto (2 Samuel 6:6-8). Después se humilló, y luego reconoció que Dios fue perfectamente justo al hacer lo que hizo. "Ni nosotros consultamos al Señor nuestro Dios, como está establecido"; es decir, el arca debían transportarla los levitas con palos sobre sus hombros, "tal como el Señor lo había ordenado por medio de Moisés" (1 Crónicas 15:13-15). Esto demuestra lo seriamente que Dios se toma su Palabra y no torcerá sus leyes por nadie, ¡incluso por el hombre conforme al corazón de Dios!

Impaciencia

Destacamos ya que Nadab y Abiú no pudieron esperar a que llegara su tiempo. Los hijos de Aarón fueron, así, impacientes con el Señor. En vez de esperar ante Dios y esperar en Dios, dándole la oportunidad de derramar fuego santo como Él había hecho, los dos hombres se adelantaron al Señor y ofrecieron su propio fuego. Nunca olvide el contexto de este horrible pecado en Levítico. Inmediatamente antes de este fatal evento, cuando Moisés y Aarón entraron en el tabernáculo de reunión, la gloria del Señor apareció ante todas las personas. "De la presencia del Señor salió un fuego, que consumió el holocausto". Cuando todo el pueblo vio eso, "prorrumpió en gritos de júbilo y cayó rostro en tierra" (Levítico 9:23-24). Inmediatamente después de ese glorioso momento fue cuando Nadab y Abiú llevaron su propio fuego. No esperaron a que Dios lo hiciera.

Como indiqué antes, este fue el tipo de impaciencia que precipitó la caída del rey Saúl. Ojalá Saúl hubiera esperado a Samuel. "Pero ahora te digo que tu reino no permanecerá", dijo Samuel a Saúl; "el Señor ya está buscando un hombre más de su agrado, pues tú no has cumplido su mandato" (1 Samuel 13:14).

FUEGO SANTO

Incredulidad

Todas las anteriores representaciones de pecado pueden remontarse a la incredulidad. La incredulidad es la causa principal de la rebelión, la rivalidad, el orgullo, la arrogancia y la impaciencia. La incredulidad es una duda que degenera en un acto consciente de la voluntad. Una cosa es ser tentado a la incredulidad. A todos nos pasa eso. La incredulidad estuvo en el corazón de la apelación de Satanás a Eva en el huerto del Edén. "¿Es verdad que Dios les dijo que no comieran de ningún árbol del jardín?" (Génesis 3:1), introduciendo la duda en Eva mediante esa misma pregunta. Satanás le dijo a Jesús: "Si eres el Hijo de Dios, ordena a estas piedras que se conviertan en pan" (Mateo 4:3), dando a entender que Jesús no era realmente el Hijo de Dios. Todos nos veremos ante la tentación a dudar.

Pero cuando nosotros *decidimos* conscientemente que Dios no dijo lo que dijo, y que nosotros podemos hacerlo mejor; o cuando decidimos que Él no va a cumplir su palabra, o a manifestarse, y entonces nos ponemos por encima de su palabra, cruzamos una línea. Esto es algo peligroso.

Nadab y Abiú realmente no creyeron en la forma establecida. No hicieron lo que hicieron con temor y temblor, sino con la engreída persuasión de estar haciendo lo correcto. Su incredulidad les llevó a su arrogante rebelión. Optaron por su propia forma de adorar a Dios: ofreciendo su propio fuego ante Moisés y Aarón y todos los sacerdotes. Creyeron que su fuego era tan bueno como el que más.

FLORIDA

Poco después de que Louise y yo nos mudásemos a Nashville, habiendo vivido en los Cayos de la Florida, comencé a recibir correos electrónicos acerca de un avivamiento que había surgido en Florida. Se le consideraba como "ministerios de los últimos días", el gran avivamiento antes de la segunda venida. Se estaba produciendo "en vivo" por todo el mundo en GOD TV todas las

110

noches. Comenzamos a verlo inmediatamente. Las personas acudían a Florida desde todos los lugares del mundo, especialmente desde Inglaterra, para ver lo que estaba ocurriendo. Incluso llenaron el estadio local una noche. Un hombre profético muy reconocido afirmó en televisión que ese era el cumplimiento de sus propias visiones de estadios llenos en los ministerios de los últimos días antes del fin.

Nunca en toda mi vida había visto una oportunidad como esa de alcanzar el mundo con el evangelio. Era increíble. Se estaba produciendo incluso en países donde el evangelio no había llegado a penetrar del todo, incluyendo naciones del Oriente Medio. Qué grandiosa oportunidad para que los perdidos oyeran el evangelio de Jesucristo.

Pero yo estaba preocupado. Veía y escuchaba cuidadosamente todas las noches. Estaba esperando una cosa: la predicación del evangelio. Pregunta: ¿Cuántas veces cree que el evangelista que era el orador principal predicó el evangelio? Respuesta: ninguna. Era todo el tiempo "palabra de conocimiento" y contar cómo la gente era sanada. No digo que las palabras de sabiduría no fueran precisas, porque quizá sí lo eran, pero tan sólo digo una cosa: el evangelio no se predicó ni una sola vez. No había una sensación de convicción de pecado. El verdadero avivamiento incluye convicción de pecado. En cambio, esta reunión de Florida sólo se trataba de gente cayéndose de espaldas cuando el evangelista daba una palabra de conocimiento y gritaba "¡Bam!". Supuestamente, esas personas eran sanadas. Quizá lo fueran. Pero había una cosa en mi corazón si este fenómeno era verdaderamente de Dios. "¿Voy a creer", me preguntaba a mí mismo, "si este es el gran avivamiento antes del fin (y estas reuniones se están viendo en todo el mundo) que Dios no va a levantar a una persona para predicar el evangelio de su Hijo?". Ni tan siquiera *una* sola vez el evangelista dijo que Jesucristo murió en la cruz por nuestros pecados para que pudiéramos ir al cielo al morir.

Líderes carismáticos de alto perfil llegaron de diferentes partes de Estados Unidos, imponiendo manos sobre este hombre y proclamando las profecías más extraordinarias acerca de él. Me habían ofrecido la oportunidad de unirme a ellos, pero rechacé la invitación.

Dije que ese "avivamiento" no era de Dios. "No diga que no es de Dios", me advertía la gente con amor. Yo me mantuve firme en mi posición, e incluso escribí sobre ello en *Ministry Today*. Tras unos meses, cuando resultó que el hombre estaba viviendo en inmoralidad durante el mismo periodo del "avivamiento", algunos cambiaron de opinión. Yo dije: "¿Por qué fue necesaria esta inmoralidad para convencerles? Aunque hubiera sido limpio como el agua moralmente, deberían haber visto que no era de Dios". ¿Por qué? *No se predicaba el evangelio*. No había convicción de pecado. Él también insertó el "¡Bam!" para el Espíritu Santo cuando bautizaba a la gente, en el hombre de Dios Padre, Dios Hijo y el "¡Bam!". Y sin embargo, no hubo indignación. ¿Cuántos de esos líderes carismáticos se arrepintieron públicamente y dijeron que estaban equivocados? Jesús dijo que los predicadores como ese hombre engañarían aún a los elegidos (Mateo 24:24). Después de todo, Satanás se disfraza de "ángel de luz" (2 Corintios 11:14).

Sin embargo, hay otra interpretación de por qué Nadab y Abiú hicieron lo que hicieron. Como el pasaje de Levítico que sigue a ese evento prohíbe beber vino al entrar a la tienda de reunión, o "de lo contrario morirán" (Levítico 10:9), algunos intérpretes, entre ellos algunos sabios rabínicos, creen que los dos hijos de Aarón estaban borrachos. Si hubieran estado ebrios, y esa fuera la causa de su irreverencia, merece la pena considerar otras dos explicaciones para su conducta. Primero, lo que hicieron fue tan serio, que puede que sin duda demuestre que estaban ebrios, o de lo contrario no habrían sido tan necios. En otras palabras, en su sano juicio ellos no tentarían a Dios de esa manera. Segundo, si el axioma es cierto *in vino veritas* ("en el vino está la verdad"), puede que el vino hubiera quitado sus inhibiciones y sacado a la superficie lo que había en sus corazones, es decir, la rebelión, el orgullo y la arrogancia hacia Dios.

De cualquier forma, Dios intervino cuando Nadab y Abihú ofrecieron su fuego no autorizado. Después del fuego extraño llegó el fuego santo. "Entonces salió de la presencia del Señor un fuego que los consumió, y murieron ante él. Moisés le dijo a Aarón: De esto hablaba el Señor cuando dijo: "Entre los que se acercan a mí manifestaré mi santidad, y ante todo el pueblo manifestaré mi gloria" (Levítico 10:3). Fue un momento muy, muy horrible para Aarón. "Y Aarón guardó silencio" (v. 3). Los hijos muertos se los llevaron sus primos, "tomándolos por las túnicas, se los llevaron fuera del campamento, tal como Moisés lo había ordenado" (Levítico 10:4-5). Después se dieron más instrucciones con respecto a la adoración de Dios. Moisés se aseguró de que siempre honrarían la tienda de reunión. Quería asegurarse de que el temor del Señor siempre estuviera presente. "Porque el aceite de la unción del Señor está sobre ustedes", dijo Moisés a los que debían ocuparse de la adoración a Dios (Levítico 10:7).

Unos mil trescientos años después, Ananías y Safira mintieron al Espíritu Santo. Esto ocurrió mientras el Espíritu del Señor estaba presente en la Iglesia primitiva a un nivel óptimo. Ellos también cayeron fulminados al instante. Parte de los efectos colaterales de este destacado momento fue "gran temor" (Hechos 5:1-11).

Esto es lo serio. Los hijos de Aarón no fueron los últimos en hacer "lo que quisieron" en la obra del Señor. Y sin embargo, Dios por alguna razón no siempre envía fuego sobrenatural para mostrar su disgusto. Además, han existido muchas personas desde Ananías y Safira que han mentido al Espíritu Santo, pero no han caído muertos al instante. ¿Por qué? Quizá porque esto ocurre sólo en lo que yo llamaría "una situación de avivamiento", cuando está presente el máximo nivel del poder del Espíritu Santo.

ENSEÑANZA EXTRAÑA HOY

Como dije en la Introducción, no creo que al movimiento pentecostal histórico o el movimiento carismático más reciente se les deba pintar con una gran brocha acusándoles de ejemplos modernos de fuego extraño. Hay algún fuego extraño, como hemos visto. Pero lo que me preocupa igualmente es la enseñanza extraña en algunos lugares. Oro para que esas enseñanzas pronto sean rechazadas. Deseo que mi libro pueda servir de ayuda. Pero le advierto: tenga cuidado con ellas. Debo tratar dos de estas enseñanzas de nuevo con un poco más de detalle. Odio decirlo, pero algunos líderes carismáticos respetados tristemente han abrazado enseñanzas extrañas. Dejaría de ser íntegro si no dijera algo al respecto, aunque desearía que no fuera necesario.

El apóstol Pablo nos avisó con antelación de que en los últimos días algunos abandonarían la fe e irían tras espíritus engañadores y "doctrinas diabólicas" (1 Timoteo 4:1). Sin duda, "llegará el tiempo en que no van a tolerar la sana doctrina" (2 Timoteo 4:3). Unido a esto está el hecho melancólico de que demasiados miembros de la iglesia ¡no saben bien qué creer!

LA ADORACIÓN CENTRADA EN DIOS PUEDE AYUDAR A IMPEDIR LA HEREJÍA

Herejía es una palabra que no se menciona muy a menudo hoy en muchos círculos. *Herejía* significa "falsa doctrina". Algunas personas no creen que defender la sana doctrina y evitar la herejía importe mucho. Error. Grave error. Es crucial. El pueblo de Dios siempre es destruido por "falta de conocimiento" (Oseas 4:6). Uno podría decir que el pueblo de Dios es destruido por la falta de conocimiento tanto ayer como hoy. Esperemos que no para siempre. Pero el conocimiento de la *Palabra* del Señor y de sus *caminos* es esencial para tener el favor de Dios sobre nosotros. Si perdemos su favor estamos acabados, y Dios levantará a otra persona para defender su honor.

A todos nos encanta el versículo: "Jesucristo es el mismo ayer y hoy y por los siglos" (Hebreos 13:8). Los carismáticos usan ese versículo para demostrar que el *poder* de Dios hoy es el mismo que en tiempos de Jesús, y haremos bien en así creerlo. Pero los evangélicos conservadores también pueden usar ese versículo para la preservación de la sana doctrina. Después de todo, ¿conoce usted el contexto de Hebreos 13:8? Los versículos 7 y 9 señalan a una cosa: la sana enseñanza. Hebreos 13:7 dice: "Acuérdense de sus dirigentes, que *les comunicaron la palabra de Dios.* Consideren cuál fue el resultado de su estilo de vida, e *imiten su fe*" (énfasis añadido). Después llegó la hermosa verdad de que Jesús es el mismo, pero mediante esa frase el escritor también se refería a *defender la Palabra de Dios*, ¡para que no cambie la enseñanza! Porque Hebreos 13:9 dice: "No se dejen llevar por ninguna clase de enseñanzas extrañas". Aunque tenemos el perfecto derecho a aplicar Hebreos 13:8 en contra de la enseñanza cesacionista, el *contexto inmediato* se refiere a la doctrina, la sana teología. El escritor quería que la enseñanza de Jesús permaneciese igual ayer y hoy y por los siglos. Conocer su Palabra y sus caminos.

¿Cómo se debe mantener la sana enseñanza? En primer lugar, los líderes deben enseñar la verdad como aparece solamente en la Escritura. La Palabra de Dios no cambia. Nuestro mandato es defender la enseñanza de los apóstoles, quienes enfatizaron la Palabra y el Espíritu (1 Tesalonicenses 1:5); sin duda, las Escrituras y el poder de Dios (Mateo 22:29). La última carta de Pablo a Timoteo incluyó el mandato: "Predica la Palabra" (2 Timoteo 4:2). Ese es nuestro trabajo. Debemos, por tanto, contender continuamente por la fe que fue dada "una vez por todas" a los santos (Judas 3). Es imperativo que los ministros enseñen la sana doctrina. Comienza en el púlpito. Este tipo de predicación no sólo edificará a las personas, sino que también les permitirá oler la herejía cuando aparezca.

Pero hay más. Con la adoración cada vez siendo más popular en nuestros días, y con ella a veces como elemento central de los servicios de las iglesias, ¡alguien tiene que hacer sonar una trompeta que se oiga en todo el mundo! Le guste o no, esté de acuerdo con ello o no lo esté, a menudo la adoración dura más que la predicación. Y al mismo tiempo, lo que a veces más molesta son *las letra que se cantan*. Nunca hemos tenido más talento. Las mejores voces. Los mejores músicos. Los mejores tonos y melodías. Fantástico. ¿Pero las letras? Si los primeros metodistas aprendieron su teología de sus himnos, ¿qué tipo de teología están absorbiendo muchos carismáticos hoy? La generación de "¿qué saco yo de esto?" se ha infiltrado en mucho de lo que hay en las canciones modernas. Una falta de centralidad en Dios establece la base para la herejía que está adentrándose cada vez más en la iglesia. Eso es lo que más me preocupa.

El avivamiento de Gales (1904-1905) fue poco común en parte porque estuvo caracterizado principalmente por el canto congregacional. Pero quienes estuvieron en medio de ello eran sanos teológicamente. Se habían convertido en iglesias que predicaban el evangelio. Además, este fenómeno vació pubs y cárceles durante un tiempo, porque se convirtieron muchas personas. Y sin embargo, algunos lo rechazaron por no ser un avivamiento auténtico, debido a su falta de predicación. No cabe duda en mi mente de que el avivamiento de Gales fue un movimiento soberano del Espíritu Santo. Pero cuando se trata del tipo de adoración que a menudo se lleva a cabo actualmente, uno a veces sospecha que puede tratarse más de una actuación que de enfocarse en la pura adoración de Dios. Creo que deberíamos orar para que la voluntad de Dios levante hombres y mujeres con talento que sean músicos y cantantes excelentes, pero que también tengan una buena teología para restaurar la preservación de la Palabra en la Iglesia. Como predicador, tengo que renunciar a "los discursos de sabiduría humana" para no despojar a la cruz de su poder (1 Corintios 1:17), así que los líderes de alabanza tienen que guardarse de la necesidad de actuar para que el tiempo de adoración no parezca ser más bien un concierto. Obviamente, se puede ir de un extremo a otro. No queremos que quienes dirigen al frente la adoración sean personas que no saben cantar. No queremos que los músicos que tocan no sepan bien lo que están haciendo.

Pero si el honor de Dios es el enfoque supremo en las palabras y el canto, ayudará a impedir que aparezcan falsas enseñanzas. Las personas reconocerán lo falso porque se han familiarizado con lo real. Debemos dar gracias a Dios por esos escritores de himnos que muestran una gran profundidad teológica. Los tenemos, como indiqué al comienzo de este libro. Con himnos centrados en Dios y unos líderes de alabanza llenos del Espíritu, las personas no se irán de un lado para otro tan fácilmente zarandeados por cualquier viento de doctrina. No serán tan ingenuos. Si oyen a una figura de autoridad decir cosas, y a veces cosas heréticas, aprenderán a no aceptarlas y no ser arrastrados por la personalidad o el fuerte perfil del predicador.

El fuego extraño trae consigo enseñanza extraña. Por eso la Palabra es primordial. La teología sí importa. El Dr. Lloyd-Jones a menudo se refería a esos evangélicos que eran "perfectamente ortodoxos, perfectamente inútiles". Pero yo sigo queriendo ser perfectamente ortodoxo. Cierto es que hay mucho fuego extraño a nuestro alrededor en estos días, y lo lamento; y no hay fuego santo suficiente en mi propia vida y ministerio y en los lugares a los que voy. No soy todo lo que quiero ser, pero no me rindo.

¿Es la relativa ausencia de fuego santo generalmente hoy la razón de tanta enseñanza extraña? Casi con toda certeza. Estoy escribiendo este libro (1) para presentar al Espíritu Santo como si usted no supiera mucho acerca de Él, (2) para mostrar la incoherencia de la enseñanza de algunos evangélicos, pero (3) también para advertirle del fuego extraño existente. Así que no voy a hundir mi cabeza en la arena como un avestruz y tratar por encima las cosas tan extrañas y estrafalarias que a veces se conocen de varios líderes carismáticos.

No hay necesidad de dar credibilidad a la idea que defienden en términos generales los evangélicos conservadores tachando al movimiento carismático como los "fanáticos" del cristianismo estadounidense. En Gran Bretaña es una corriente principal. Si un buen grupo de nosotros derramamos el agua pura del Espíritu Santo sobre el fuego extraño, no sólo lo extinguiremos, sino que también nos veremos rodeados de personas de todo el mundo con hambre y sed de fuego santo.

Falsas enseñanzas

En líneas generales, el movimiento pentecostal y carismático ha sido teológicamente sano durante los años. La enseñanza antitrinitaria ("sólo Jesús") es bastante remota actualmente. Las personas para las que escribo y predico son ortodoxas. No todos son reformados en su teología como yo, no obstante son sólidos en los puntos esenciales de la fe cristiana. Si el Dr. Martyn Lloyd-Jones pudo abrazar a los John Wesley de este mundo, yo también puedo hacerlo. Sin embargo, en años recientes me ha entristecido la manera en que cierta enseñanza se ha recibido en ciertas partes. Mencioné dos de estas enseñanzas en mi introducción, pero ahora quiero decir un poco más acerca de cada una de ellas, y luego añadir dos de las que usted debe estar advertido.

1. Teísmo abierto

Esto es teología del proceso con un traje evangélico. La teología del proceso niega la inmutabilidad de Dios y la infalibilidad de las Escrituras. La idea del teísmo abierto se resume en: Dios no conoce el futuro. Él ciertamente *no* conoce el final desde el principio. Él no sabe lo que ocurrirá dentro de un año, y sólo puede imaginarse lo que podría ocurrir pasado mañana. Este tipo de Dios necesita nuestra ayuda y cooperación para que las cosas ocurran hoy y en el futuro. Él no tiene mente propia. Lo que Él piensa está ligado a nosotros. Él no puede actuar sin nosotros. El Dios del teísmo abierto no podría salvar a Saulo de Tarso; ese Dios no es suficientemente fuerte. Lo siento, pero hay teístas abiertos entre algunos líderes carismáticos que realmente creen estas ideas subcristianas. Si el teísmo abierto fuera cierto, significaría que Dios podría llegar a perder al final.

Me ha impactado la cantidad de líderes que han aceptado esta enseñanza. Es de Satanás, y deberíamos rechazarla categóricamente. Por favor, ni se acerque a ella. Imagínese orar a un Dios que dice: "Sólo te puedo ayudar si tú me ayudas a mí". Imagínese un Dios que no sabe con seguridad lo que ocurrirá después, que espera hasta ver qué hacemos nosotros para poder decidir qué hacer.

El Dios de la Biblia es todopoderoso, lo puede todo, y conoce el final desde el principio (Isaías 46:10). Lo que es más, ¡la victoria está asegurada! No entiendo del todo el libro de Apocalipsis, pero sé tres cosas: (1) Dios gana; (2) Satanás pierde; y (3) un día toda rodilla se doblará y toda lengua confesará que Jesucristo es Señor para gloria de Dios Padre. Sí, Dios vencerá.

2. Hipergracia

Este es un nombre dado a la enseñanza de que la sangre de Jesús cubre todo pecado cuando nos hacemos cristianos. Hasta aquí, todo bien. Ahí es donde le enganchan. Pero ahora llega lo impensable: una vez que somos salvos, no tenemos que confesar el pecado si pecamos. El pecado ya ha sido pagado en la cruz. No hay necesidad de confesar, no hay necesidad de arrepentirse. No haga caso de que a los *cristianos* se nos diga que si confesamos nuestros pecados, Él es fiel y justo para perdonar nuestros pecados y limpiarnos de toda maldad (1 Juan 1:9). Revelaría que usted realmente no cree en la expiación de Jesús si confesara unos pecados que ya no están ahí porque Él los ha limpiado para siempre. Esto no sólo es antinomianismo (antiley, anarquía); no hay ninguna motivación para que un cristiano obedezca la Palabra de Dios, para caminar en la luz, y prepararse para ver a Dios en el juicio de Cristo. Los que defienden esta peligrosa enseñanza menosprecian la necesidad de que el cristiano reconozca su pecado. Y sin embargo, si decimos que no tenemos pecado, "nos engañamos a nosotros mismos y no tenemos la verdad" (1 Juan 1:8). No sólo eso, los defensores de esta enseñanza también menosprecian una gran parte del Nuevo Testamento al considerarlo irrelevante, incluyendo 1 Juan y la Epístola a los Hebreos. Hebreos advierte con severidad a los cristianos que no persisten en la fe. Primera de Juan hace lo mismo. El Espíritu Santo no inspiró estos libros, dicen estas personas. Así que las personas de la hipergracia tienen su propio canon de las Escrituras. Mientras que el cesacionismo considera irrelevantes para hoy día ciertos pasajes, la enseñanza de la hipergracia rechaza libros enteros del Nuevo Testamento, como lo son Hebreos y 1 Juan. Estos dos libros desestiman categóricamente lo que enseñan las personas de la hipergracia.

Los cristianos creen que "toda" la Escritura es inspirada por Dios, cada libro del Antiguo y Nuevo Testamento, y es útil para enseñar, reprender, corregir e instruir en la justicia para que el hombre o la mujer de Dios estén enteramente preparados para toda buena obra (2 Timoteo 3:16).

3. Universalismo

Esto no es nuevo, salvo que tristemente ha surgido entre algunos pentecostales y carismáticos. Es la creencia en que todas las personas serán salvas. Nadie irá al infierno, y todos irán al cielo. Desearía que fuera cierto. Pero no lo es. No sería necesario predicar el evangelio si fuera cierto. La Biblia enseña que las personas necesitan la salvación, y nosotros debemos llevarles el evangelio o se perderán. Por eso murió Jesús: para que no se pierdan, sino que tengan vida eterna (Juan 3:16).

Cuando estaba en el seminario, me enamoré temporalmente de la enseñanza de Karl Barth (1886-1968). Creo que el pensamiento de Karl Barth es lo que reside bajo la enseñanza de la hipergracia. Barth también dio el mejor razonamiento para el universalismo que podrá encontrar jamás. Es muy atractivo y convincente. Pero eso no es todo. Vi a muchos estudiantes recibir esto. A menos que entren en razón pronto, en gran parte terminarán como liberales que niegan la Biblia. Finalmente, Barth se volvió demasiado conservador para ellos. Muchos terminaron abandonando el ministerio; y sus ministerios.

4. Carácter contra dones

Cuarto: la idea de que los *dones son más importantes que el carácter*. De todas las enseñanzas raras que he conocido en años recientes, esta es la que más desconcierta. Me parece increíble. Pero hay muchos que dicen sin vergüenza alguna que tener los dones del Espíritu Santo, ya sea sanidad, profecía o palabra de conocimiento, debería ser prioritario antes que el carácter personal de cada uno. No es de extrañar que se haya producido un aumento tal de escándalos entre los líderes carismáticos y pentecostales en años recientes. Tristemente, puede usted esperar que surjan más. Y sin embargo, se puede ver por qué esta enseñanza es atractiva. La gente por lo general está más fascinada por ver una muestra de espectaculares palabras de conocimiento, o una sanidad, que oír la exposición de la Palabra. No cabe duda de eso. He visto a ministros que tienen dones genuinos de palabra de conocimiento o profecía y han observado cómo los que están en la congregación parecen soportar o a duras penas tolerar la predicación para llegar por fin a "lo bueno": los milagros. ¡Seguro que toleran mejor ver la televisión! Por esta razón, la idea de que los dones son más importantes que la vida personal de uno ha superado a la necesidad de piedad.

Los dones no se retiran: son irrevocables (Romanos 11:29). Esto explica por qué el don de una persona continúa floreciendo a pesar de su moralidad personal. Nunca olvide que el rey Saúl profetizó cuando iba de camino a matar a David (1 Samuel 19:21-24). Algunas personas sinceras, pero un tanto ingenuas, suponen que si una persona puede hacer milagros solamente puede ser porque el sello de aprobación de Dios está sobre él o ella. Error. Grave error. Los dones son irrevocables; Dios le permite quedárselos. Por eso profetizar no demuestra nada. Hablar en lenguas no demuestra nada. Hacer un milagro no demuestra nada.

Usted pregunta: ¿Cómo pueden algunos defender esta enseñanza? Lo siento, pero es porque son bíblicamente y teológicamente ignorantes. No están inmersos en la Palabra de Dios sino en la práctica de conseguir "palabras" para la gente. Eso es lo que les emociona, y para eso viven sus seguidores. Algunos de ellos terminan teniendo algunas de las ideas más estrafalarias. Una persona profética muy conocida dijo que su ángel personal era "Emma", un ángel de unos setenta centímetros de alto que estaba por ahí flotando por encima del suelo. Emma dijo que la iglesia no necesita seguir mencionando a Jesús, pues "todos les conocen", que debíamos hablar de los ángeles. Estas ideas tan extrañas son de dominio público. Acabo de oír a un predicador muy conocido que tiene, según le fue revelado, a Bob Hope como su ángel guardián.

La primera vez que regresé a Estados Unidos en el año 2002 y comencé a predicar en todo tipo de iglesias, me hacía ponerme serio al instante el ver la ausencia de oración que a menudo precedía a los servicios y la falta de oración en los servicios. He estado en muchos servicios en los que no hay nada de oración pública. También he descubierto que la mayoría de los pastores y líderes de la iglesia no tienen un plan de lectura bíblica (acuden a la Biblia principalmente para conseguir su sermón), y no tienen un tiempo de oración personal y privado. No es de extrañar que den la bienvenida a Bob Hope.

Escúcheme. Cuando usted y yo no estamos cimentados en la Palabra y somos disciplinados para tener un tiempo regular a solas con Dios, somos vulnerables a todo tipo de ideas extrañas en estos tiempos en que la gente es llevada de aquí para allá por todo viento de doctrina.

El carácter debería siempre, *siempre*, gobernar la vida y el ministerio de una persona. Es mucho mejor tener un carácter transparente y no tener dones que tener poder para hacer descender fuego del cielo y llevar un estilo de vida inmoral.

Cada una de estas cuatro enseñanzas—teísmo abierto, hipergracia, universalismo y carácter contra dones—no cabe duda que merecen más atención de la que puedo darles en este libro. Pondría mi rodilla en tierra ante cualquier persona que se sienta atraído a estas herejías y le diría: *Por favor, no les preste atención*. La tentación intelectual es como la tentación sexual; uno nunca sabe lo fuerte que será. Siempre que flirtee con una herejía, tiene a Satanás respirando en su cuello para hacerle caer en ella. Le destruirá.

Dios juzgó el fuego extraño original al instante. Pero desde ese antiguo suceso que se encuentra en el libro de Levítico, Él ha permitido que el fuego extraño florezca y aparentemente se mantiene callado al respecto. Lo mismo ocurre con la enseñanza extraña. Pero yo no puedo permanecer callado al respecto.

Capítulo 6

LA PALOMA

Juan [el Bautista] declaró: «Vi al Espíritu descender del cielo como una paloma y permanecer sobre él. Yo mismo no lo conocía, pero el que me envió a bautizar con agua me dijo: "Aquel sobre quien veas que el Espíritu desciende y permanece, es el que bautiza con el Espíritu Santo".

—JUAN 1:32-33

Miré a Cristo, y la Paloma vino volando. Miré a la Paloma, y Él desapareció.

—CHARLES H. SPURGEON
(1834-1892)

SI USTED HA LEÍDO MI LIBRO *THE SENSITIVITY OF THE SPIRIT* [La sensibilidad del Espíritu], quizá recuerde esta historia.[1] Una pareja británica fue enviada por su denominación a ser misioneros en Israel hace algunos años. Les dieron una casa para vivir cerca de Jerusalén. Tras estar allí unas pocas semanas, observaron que una paloma había anidado en el alero del tejado de su casa. Estaban emocionados. Lo tomaron como una aprobación de Dios de que ellos estuvieran en Israel. Pero también observaron que la paloma se iba cada vez que daban un portazo o discutían entre ellos.

"¿Cómo te sientes por la paloma?", Sandy le preguntó a Bernice.

"Es como una señal del Señor de que estemos en Israel", respondió ella.

"Pero ¿te has dado cuenta de que cada vez que cerramos de golpe una puerta o comenzamos a gritarnos, la paloma se va?".

"Sí, y me da miedo de que la paloma se vaya y no regrese más", dijo ella.

"O la paloma se adapta a nosotros, o nosotros nos adaptamos a la paloma", concluyó Sandy.

Ambos sabían que la paloma no se iba a adaptar a ellos, así que mutuamente acordaron que serían ellos los que se adaptarían a la paloma. La decisión cambió sus vidas. ¡Sólo para tener un ave en su hogar!

La paloma es un ave tímida, sensible. Pero el Espíritu Santo, reflejado como una paloma en cada uno de los cuatro Evangelios (Mateo 3:16; Marcos 1:10; Lucas 3:22; Juan 1:32) es mil veces más sensible que una tórtola.

La paloma no es la única forma en que se representa al Espíritu Santo en el Nuevo Testamento. Puede ser visto, descrito o simbolizado como fuego, viento, agua y posiblemente aceite. Pero ¿por qué la paloma? La paloma es, de hecho, un ave salvaje; no se le puede entrenar o domesticar aunque sea un ave dulce.

Este libro se trata de fuego santo. Muchas personas, de manera entendible y legítima, oran para que el "fuego caiga" sobre ellos. Yo también oro por eso. Pero después de leer este capítulo, quizá se pregunte si nuestra necesidad más urgente es que la Paloma descienda sobre nosotros. ¿Podría ser que el orden del día sea: la Paloma primero, y luego el fuego?

Juan el Bautista sabía que Jesús era el Mesías porque le habían dicho que buscara a la paloma que descendiera sobre un hombre en particular. Hay más. No sólo vería al Espíritu descender como una paloma, sino que esta paloma "permanecería" sobre Él. De hecho, la palabra *permanecer* se menciona dos veces en Juan 1:32-33. Yo mismo había leído Juan 1:32-33 cientos de veces sin darme cuenta de la palabra permanecer. Pero un domingo por la noche en Westminster Chapel, le pedí al Dr. Hwell Jones que leyera la lección de la Escritura. Quizá fue la unción del Espíritu, o su encantador acento galés; sólo recuerdo quedar atrapado por la forma en que él enfatizó "y permanece" mientras leía. "Aquel sobre quien veas que el Espíritu desciende y *permanece*, es el que bautiza con el Espíritu Santo".

Quizá sepa lo que es que el Espíritu Santo descienda sobre usted. El problema es que Él no se queda. No permanece. Aparentemente se va volando. Cuando el Espíritu Santo desciende sobre usted, no hay prácticamente nada igual en el mundo. La paz, el gozo; usted quiere tiempo para detenerse, no quiere oír sonar el teléfono, ni que nadie llame a la puerta. ¡Ojalá ese momento durase toda la vida! Mientras dura, usted se encuentra calmado y lleno de una paz santa muy honda. Se encuentra agradado con Dios así como Él es sin ninguna queja por los momentos en que Él esconde su rostro. Mientras el Espíritu desciende sobre usted, se encontrará diciendo: "Señor, te amo tal como eres. No cambiaría ni una sola cosa de ti ni aunque pudiera".

Pero esa sensación de su presencia no parece durar. No es que el Espíritu Santo nos abandone; no lo hace. Jesús prometió que Él habitaría "siempre" (Juan 14:16). Así que seamos claros en cuanto a esto: el Espíritu Santo nunca nos deja. Estoy usando la ilustración de la Paloma como una metáfora. La Paloma sólo *da la impresión* de que se va. Simplemente *parece* irse volando. *Parece* elevarse. Es, por tanto, *la sensación de Dios* lo que parece irse de nosotros.

Con Jesús, la Paloma *permaneció*. Él se quedó. Él nunca se fue volando.

¿Por qué? Es porque Jesús nunca contristó al Espíritu Santo. Cuando la Paloma celestial descendió sobre Jesús de Nazaret, se sintió completamente en casa. Es como si la Paloma hubiera dicho: "Me gusta este lugar. Me quedo aquí". El Espíritu Santo se sentía como en casa con el Señor Jesús.

Vimos anteriormente que el Espíritu Santo puede ser contristado. Pablo dijo: "No entristezcan al Espíritu Santo de Dios con la forma en que viven. Recuerden que él los identificó como suyos, y así les ha garantizado que serán salvos el día de la redención" (Efesios 4:30, NTV). Cuando uno lee este importante versículo, ve tanto buenas como malas noticias. Las buenas noticias: el Espíritu Santo nunca nos deja. Estamos "sellados para el día de la redención". Nada puede estar más claro que eso. Contristar al Espíritu Santo no nos hace perder nuestra salvación. Podemos dar gracias a Dios por esto, o de lo contrario hace mucho que hubiéramos estado perdidos, ¡y muchas veces! Las malas noticias: cuando la Paloma se eleva, aunque el Espíritu nunca le deja, la unción disminuye. Es decir, el sentimiento de su presencia se va.

Contristar al Espíritu Santo es lo más fácil de hacer en el mundo. Para decirlo de otra forma, lo más difícil en este mundo es no contristar al Espíritu Santo. ¿Por qué? Porque Él es muy sensible. Sin duda, podemos decir reverentemente que es hipersensible. Cuando hablamos de que una persona es hipersensible *no* es un halago. Quizá usted diga: "Pues el Espíritu Santo no debería ser así. No debería ser tan sensible". Recuerde: Él es el único Espíritu Santo que usted tiene. Él no se adaptará a usted; es usted quien debe adaptarse a Él. Desearía que no fuera cierto: lo más difícil del mundo es no contristar al Espíritu Santo.

Donde estaba predicando en una ocasión, justamente antes del servicio el ministro me preguntó: "¿Qué tiene que decirle un veterano como usted a un adorador joven como yo?".

Yo le contesté: "Descubra qué es lo que contrista al Espíritu Santo y no lo haga".

Créame, póngase la meta los sesenta segundos de cada minuto, los sesenta minutos de cada hora, las veinticuatro horas de cada día, los siete días de cada semana de *no contristar al Espíritu Santo*, y tendrá su trabajo hecho.

Cuando escribí el libro *The Sensitivity of the Spirit* [La sensibilidad del Espíritu Santo], le pregunté a la editorial si podía titular el libro *Hipersensibilidad del Espíritu*. La respuesta fue que eso no funcionaría; no se entendería bien. Estuve de acuerdo, pero esa es la idea. Es imposible exagerar lo sensible que es la persona del Espíritu Santo. Algunos piensan que mi libro se titula *Sensibilidad* hacia *el Espíritu Santo*. No. Se llama *Sensibilidad del Espíritu*. Es una descripción de una faceta importante de la *personalidad* de la tercera Persona de la Deidad. En pocas palabras: el Espíritu Santo es una persona muy, muy, muy sensible.

¿Puedo decirlo de otra manera? El Espíritu Santo se siente dolido con mucha facilidad. De nuevo, esto no es un halago para ningún ser humano. Pero le guste o no, así es el Espíritu Santo de Dios. Se duele *con mucha facilidad.*

Cuando terminé el manuscrito para mi libro *La sensibilidad del Espíritu,* se lo envié a mi amigo el Dr. Michael Eaton, que es la persona más docta que conozco. Ha leído prácticamente todos los libros de la historia de la Iglesia cristiana, desde los padres apostólicos, los padres de la Iglesia, los escolásticos medievales, los reformadores, los anabaptistas, los puritanos, los primeros metodistas, los teólogos alemanes del siglo XIX, los teólogos neo-ortodoxos del siglo XX ¡y lo último que sucedió la semana pasada! Le pregunté: ¿Se ha escrito algo sobre la sensibilidad del Espíritu Santo? Respuesta: no. Me sorprendió y a la vez no. Sospechaba que este era el aspecto más descuidado de la persona del Espíritu Santo. Lo saben, aunque lo justo, los evangélicos conservadores y los carismáticos. Conocemos la palabra "contristar" pero no hemos pensado mucho en ella.

Este aspecto de la persona del Espíritu Santo apareció en mis primeros tiempos en Westminster Chapel cuando tenía al Dr. Martyn Lloyd-Jones a mi lado cada semana. No sólo me familiaricé con la frase, contristar al Espíritu, sino que también intenté vivir de tal manera que nunca le contristara. Descubrí que es imposible.

Hay muchas formas de contristar al Espíritu Santo; muchas. Pero a la cabeza de la lista está la *amargura.* En el momento en que Pablo Dijo: "Y no contristéis al Espíritu Santo de Dios, con el cual fuisteis sellados para el día de la redención", inmediatamente añadió: "Quítense de vosotros toda amargura" (Efesios 4:30-31).

Amargura. Es una palabra que incluye resentimiento, enojo, molestia, ser irritable, incluso impaciencia. Puede brotar en un segundo sin darnos cuenta. Usted estaba calmado, feliz, en paz. Entonces, de repente la Paloma se va volando. Puede suceder mientras conduce. El automóvil delante de usted va demasiado lento. Usted muestra su irritación. Usted va con prisa al supermercado cuando está en la fila para pagar. La persona delante de usted no tiene prisa. Está contando el cambio y hablando con la cajera. Usted suspira (en voz alta). Quería que la persona supiera que tiene prisa. Lo entendieron, pero también lo entendió la Paloma. Sencillamente se fue volando.

Quizá diga: "Dios no espera que nos preocupemos por cosas así. R. T., está usted siendo demasiado legalista, demasiado detallista, demasiado cuidadoso y defendiendo una norma ridículamente alta que Dios no espera de nosotros".

Si ha pensado eso, sé a lo que se refiere. Es la manera en que yo solía verlo cuando perdía los nervios, hasta que llegué a esta enseñanza; cambió mi vida. Mi matrimonio. Mi relación con mis hijos; con mis diáconos en Westminster Chapel (pregúnteles); con mis amigos; con mis enemigos.

Nunca volví a ser el mismo.

Es más, comencé a ver cosas en la Biblia que no había visto antes. Comencé a entender a los personajes del Antiguo Testamento, la doctrina del Nuevo Testamento, las enseñanzas de Jesús, las parábolas, Gálatas, 1 Corintios, 2 Corintios. Podría seguir. Tiene poco que ver con mi inteligencia o educación. Tiene *todo* que ver con la unción.

Entonces ¿cuál es la mala noticia? La buena noticia: no perdemos nuestra salvación cuando contristamos al Espíritu. La mala noticia: perdemos la unción. No permanentemente; pero mientras estemos en un estado de irritabilidad, con una actitud defensiva y con resentimiento, la Paloma invariablemente se alejará.

Cuando la unción está en usted, verá cosas en la Biblia que no había visto antes. Sentirá a Dios cerca como no le había sentido. ¡Será más fácil vivir con usted!

Pero cuando la unción se va, tendrá poco o nada de entendimiento cuando lea la Biblia. Su mente vagará seriamente cuando ore. No será tan fácil vivir con usted.

La razón de la conexión entre el Espíritu no contristado y la Biblia tiene fácil explicación. El Espíritu Santo escribió la Biblia. Es su Palabra. Si usted quiere conocer su Palabra, llévese bien con Él. Él conoce su propia Palabra por dentro y por fuera, al derecho y al revés. Cuando Él mora en usted *no contristado*, hace que su

Palabra cobre vida para usted. Usted ve cosas que no había visto antes.

Para decirlo de otra forma: el Espíritu Santo está en usted si es usted cristiano (Romanos 8:9). Pero no dice después que siga siempre en usted *sin contristar.*

El Espíritu Santo no pasará por alto las reglas para ninguno de nosotros. Él no hace acepción de personas. Él no se adaptará a ninguno de nosotros. Él no favorece a ningún ser humano. Nosotros debemos adaptarnos a *Él*. Debemos adaptarnos a sus caminos.

En Westminster Chapel, yo comenzaba mi preparación para el sermón del domingo en la mañana de los lunes. Pero sucedió un día, sólo una vez, que estuve tan ocupado toda la semana que no tuve tiempo para prepararlo. No había abierto un libro. Ya era sábado en la mañana y no tenía *nada* para el domingo en la mañana. Le pedí al Señor que compensara mi inusual ayuda de Él, y oré para que no hubiera interrupciones durante todo el día. A las 9 de la mañana, Louise y yo tuvimos una discusión. Fue genial. Yo di un portazo y me fui derecho a mi escritorio. Ahí estaba mi Biblia abierta y una hoja de papel en blanco. "Señor, por favor ayúdame. Trata con Louise. Dame mi sermón para mañana".

No llegó nada. Nada. A las 11 de la mañana comencé a orar con más intensidad. "Señor, por favor ayúdame". No recibí nada. Nada. Las 12 de la mañana. La 1 de la tarde. Nada. A las 2 de la tarde dije: "Señor, tienes que ayudarme. Tú sabes que mañana se grabará cada palabra de mi sermón y quizá recorra el mundo entero. Tienes que ayudarme". No recibí nada. Nada. Lo único que tenía era una Biblia y una hoja de papel en blanco.

A las 4 de la tarde, finalmente fui a la cocina (había estado esperando a que ella viniera a mí). Allí estaba Louise de pie junto al refrigerador, entre lágrimas. Yo dije: "Cariño, lo siento *mucho*. Ha sido *todo culpa mía*". Nos besamos, y nos abrazamos. Regresé a mi escritorio, a mi Biblia y mi hoja de papel en blanco. Se lo prometo. En cuarenta y cinco minutos, tenía *todo* lo que necesitaba para la mañana del domingo. Todo. Los pensamientos llegaban más rápidamente de lo que yo podía escribirlos. ¿Por qué? La Paloma regresó. Podemos hacer más en cinco minutos cuando la Paloma desciende sobre nosotros que lo que podemos lograr en toda una vida intentando elaborar algo.

Dios se lamentó acerca del antiguo Israel: "Y no han reconocido mis caminos" (Hebreos 3:10). También se podría sentir una lágrima en la voz de Dios, sintiéndose triste porque su propio pueblo no conociera sus *caminos*. Dios quiere que conozcamos sus *caminos*, que Él es un Dios santo, que es soberano, todopoderoso, que lo sabe todo, y que se le puede contristar.

"Pues por falta de conocimiento mi pueblo ha sido destruido", como hemos visto (Oseas 4:6). Se lo recuerdo: hay dos áreas de conocimiento que Dios tiene en mente en particular: su Palabra y sus caminos. Su Palabra es la Biblia, su integridad en juego. Él quiere que usted conozca su Palabra. Por tanto, ¿cuánto lee verdaderamente la Biblia? Perdóneme por decir de nuevo que necesita la disciplina de leer su Palabra cada día con un buen plan de lectura bíblica. Como dije, usted llega a conocer los caminos de una persona pasando tiempo con ella. Así pues, ¿cuánto ora? Lo repito: no habrá oración en el cielo. La última estrofa de ese querido himno: "Dulce hora de oración", apunta precisamente a esto:

> ¡Dulce hora de oración! ¡Dulce hora de oración!
> Que comparta tu consuelo,
> Hasta que desde la elevada altura del monte Pisga,
> Vea mi hogar y emprenda mi vuelo:
> Esta túnica de carne dejaré caer, y me alzaré
> Para alcanzar el premio eterno;
> Y gritaré, mientras vaya por el aire,
> "¡Adiós, adiós, dulce hora de oración!"[2]

—WILLIAM WALFORD
(1772-1850)

¿Hora de oración? ¿Una hora completa? ¿Cuánto tiempo le dedica a Dios en su tiempo a solas diario? Justamente antes de

jubilarme de Westminster, me pidieron que hablara para un cente-
nar de ministros en Londres en la iglesia Holy Trinity, en Brompton. Me dieron diez minutos para hablar acerca de la oración. Usé
los diez minutos para animar a todos los ministros a pasar al
menos una ora al día en oración. Dos horas es mejor.

¿CUÁNTO TIEMPO ORA?

Este es el punto: cuando usted pasa tiempo con Dios, llega a conocer sus caminos tan bien como su Palabra (suponiendo que esté
leyendo su Palabra). Es más, usted desarrolla una sensibilidad
hacia el Espíritu Santo, y finalmente llega a conocer sus caminos hasta tal grado que usted siente cuándo está a punto de con-
tristarle. El problema es que cuando le contristamos, ¡casi nunca
sabemos que lo hicimos! Lo descubrimos más adelante. Pero rara-
mente usted sabe el momento preciso en el que ocurrió. Sansón
le contó su secreto a Dalila, y no sintió nada. Pero momentos después descubrió que su prodigiosa fuerza se había ido. (Véase Jueces 16:20-21).

Yo definiría *espiritualidad* como el espacio de tiempo entre el
pecado y el arrepentimiento. En otras palabras, ¿cuánto tiempo
pasa hasta que usted se da cuenta, o admite, que pecó, que estaba equivocado? Algunos necesitan años; dicen: "*Nunca* admitiré
que estaba equivocado". Y lo dicen de verdad. Algunos, no obstante, después de un largo tiempo se enfrían o recobran el sentido y
dicen: "Bueno, quizá es cierto que me equivoqué". ¡Pero qué pena
que pase tanto tiempo! Algunos reducen el espacio de tiempo a
meses, algunos a semanas, otros a horas (eso está mejor), algunos
a minutos y otros a segundos. Y si usted puede reducir el espacio
de tiempo a *segundos*, a menudo será capaz de sentir las alas de la
paloma agitándose y lista para volar, ¡y usted se detiene! ¡No termi-
ne esa frase! ¡No escriba esa carta! ¡No haga esa llamada telefónica!
*No hay nada por lo que merezca la pena contristar al Espíri-
tu Santo.*

Así que si quiere tener una relación vivaz, real, sincera y constante con Dios, su Hijo y el Espíritu Santo, debe conocer los

caminos de Dios. Uno de los caminos del Espíritu Santo es que es sensible. Como la paloma.

¿Sabía que las tórtolas y las palomas son de la misma familia? ¡Pero no son iguales! Se puede entrenar a una tórtola, pero no a una paloma. La tórtola se puede domesticar, pero la paloma es un ave salvaje. Una tórtola es beligerante, pero la paloma es amorosa. Una tórtola es ruidosa, y la paloma es gentil. Una tórtola se casará con más de una tórtola, pero la paloma se empareja sólo con otra paloma de por vida.

La tórtola representa la falsificación del Espíritu. Fuego extraño. La paloma representa al Espíritu Santo. Fuego santo. Considero que hay servicios donde la gente se imagina que "el Espíritu Santo descendió sobre nuestra iglesia", pero cuando uno llega al fondo de ello discierne que puede que hay sido *religión tórtola*. Fuego extraño. Personalmente pienso que es un momento absolutamente maravilloso pero probablemente raro cuando el auténtico Espíritu Santo desciende en gran medida. Fuego santo.

Es muy fácil contristar al Espíritu. Les ocurre a personas cuando van de camino a la iglesia. Se gritan el uno al otro mientras buscan estacionamiento en la iglesia. Después adoran como si nada hubiera pasado y se preguntan por qué no sienten a Dios. Le ocurre a un ministro mientras prepara su sermón. Puede suceder en cualquier momento. Aunque sólo nos podemos culpar a nosotros mismos cuando perdemos los nervios, señalamos con el dedo o hablamos de otra persona de una manera poco halagadora, es también verdad que nuestro adversario el diablo merodea buscando una oportunidad para atacar nuestro punto débil. Todos los tenemos.

El Espíritu no contristado dentro de mí conectará con el Espíritu no contristado en usted. Si junta a dos o tres personas cuando todas ellas han estado caminando con el Espíritu Santo sin contristar, hay riqueza de comunión. Eso no significa que todos estén en total acuerdo teológico o político, pero la dulzura estará ahí. Imagínese lo que sería que una congregación de una docena, o mil, ó doce mil ¡estuvieran *todos y cada uno* caminando en el mismo Espíritu Santo no contristado! Quién sabe lo que ocurriría cuando matrimonios fueran sanados, personas comenzaran a perdonar a sus padres, cristianos comenzaran a hablarse unos a otros, ministerios finalmente comenzaran a hablarse unos a otros, ¡y todos se amaran con franqueza!

Primero la Paloma, y después el fuego.

¿Qué contrista al Espíritu Santo?

Me pregunto cuántas personas oran para que el fuego caiga pero no se dan cuenta de sus actitudes personales. Me pregunto cuántos oran por avivamiento pero no piensan en examinarse a sí mismos. Me pregunto cuántos van a la iglesia a adorar a Dios y oír un sermón pero no son conscientes de los asuntos personales que hacen que la Paloma se quede quieta. Me pregunto cuántas veces contristamos al Espíritu y no sentimos convicción de pecado en absoluto.

Por tanto, si quiere saber lo que contrista al Espíritu Santo, lea Efesios 4:30-32.

Amargura

Regreso a esto. Es uno de los sentimientos más naturales del mundo. ¡También parece correcto! Todos tenemos tendencia a sentirnos justificados por tener algún sentimiento de amargura. Se produce cuando somos maltratados, dañados, heridos, traicionados, cuando nos mienten, ¡y especialmente cuando sentimos que estamos defendiendo lo que es justo y verdadero! Hay otro ingrediente en la amargura: santurronería. Esta suele ser muy a menudo la causa. Como sentimos que tenemos razón, puede que no sintamos convicción de pecado; *a menos*, claro está, que desarrollemos una aguda sensibilidad a los caminos del Espíritu.

La amargura es el resultado de la falta de perdón. En la conclusión de esta sección sobre contristar al Espíritu, Pablo exhorta: "Más bien, sean bondadosos y compasivos unos con otros, y perdónense mutuamente, así como Dios los perdonó a ustedes en Cristo" (Efesios 4:32). Perdonar por completo a quienes nos

FUEGO SANTO

han ofendido erradica la amargura en nosotros. Esto se produce cuando usted decide y lleva a la práctica:

1. Nunca decirle a nadie lo que "ellos" hicieron.
2. No dejar que ellos le teman o se sientan nerviosos a su alrededor.
3. No dejarles sentir culpables sino pasar por alto lo que hicieron, aunque ellos no sepan lo que han hecho (recuerde cómo Jesús perdonó en la cruz, Lucas 23:34).
4. Permitirles que guarden las apariencias en vez de restregárselo por las narices (como José perdonó a sus hermanos, Génesis 45:8).
5. Aceptar este asunto del perdón total como un estilo de vida permanente: usted lo hace hoy, y dentro de un año, y dentro de diez años.
6. Bendecirles. Cuando puede orar sinceramente por ellos para que sean bendecidos (para que tengan éxito y no sean castigados), y lo hace de corazón, es casi seguro que no quedará nada de amargura.

El perdón total y la morada del Espíritu no contristado son prácticamente lo mismo. Asegura que la Paloma se quede y se sienta como en casa con nosotros.

Ore siempre por la convicción de pecado. ¿Por qué? Porque el corazón es engañoso más que todas las cosas y perverso (Jeremías 17:9). Para asegurarse de que ha perdonado totalmente, pídale al Señor que le muestre cuándo no ha perdonado totalmente a otros. ¡Espero que quiera saber si no ha perdonado totalmente! Cuando hay convicción de pecado, es una buena señal de que Dios está en su caso, especialmente si se siente sinceramente apenado delante de Dios por su santurronería y sentimiento de derecho. Una vez que sienta la convicción, el siguiente paso es apelar al viejo versículo de 1 Juan 1:9 (principalmente para los cristianos): "Si confesamos nuestros pecados, Dios, que es fiel y justo, nos los perdonará y nos limpiará de toda maldad".

Lleve un buen control con el Señor. En cuanto sienta la amargura, y que la Paloma se aleja de usted, acuda al Señor. Recuerde 1 Juan 1:9. Él es fiel.

El objetivo es tener una comunión sin fisuras con el Espíritu Santo para que no haya discontinuidad al sentir su sonrisa y su presencia. A fin de cuentas, usted quiere que la Paloma permanezca.

Rabia y enojo

Dios puede mostrar su ira, ¡pero nosotros no! Parece injusto, ¿verdad? Pero así son las cosas. No importa cuánta razón podamos tener usted y yo, incluso teológicamente, cuando perdemos los nervios somos nosotros los que nos equivocamos, ¡aunque tengamos razón! El fruto del Espíritu Santo es amor, alegría, paz, paciencia, amabilidad, bondad, fidelidad, humildad y dominio propio (Gálatas 5:22-23). Todo lo que estoy diciendo acerca de la Paloma en este capítulo se puede resumir en esto: es el fruto del Espíritu Santo.

Si estoy lleno de rabia y enojo y afirmo que el Espíritu Santo ha descendido sobre mí con poder, anote: es fuego extraño.

Pelear y difamar

La Nueva Versión Internacional dice "gritos y calumnias" (Efesios 4:31). Gritos significa alzar mucho la voz. La sabiduría que viene de "abajo", dice Santiago 3:13-15, es "terrenal" y "diabólica". Una pelea de gritos demuestra que el diablo ha conseguido hacer de las suyas.

Calumniar es hacer declaraciones falsas y dañinas acerca de alguien. Quizá se pregunte: "¿Pero qué ocurre si es verdadero?". Yo sólo diría: tenga mucho cuidado. Puede que esté diciendo la verdad, pero qué motivo tendría para dañar el nombre o la reputación de otra persona.

Toda forma de malicia

Esto básicamente significa mala voluntad. Lejos de desear el bien a una persona, quiere que le vaya mal, que le atrapen, que sea expuesto. Una motivación así tiene su origen en la carne y el diablo. El Espíritu Santo no le llevará a desear cosas malas a una persona. La venganza le pertenece a Dios (Romanos 12:19). Si la persona que usted espera que reciba su *merecido* en verdad es una mala persona, déjeselo a Dios. No lo toque. No le prive a Dios de lo que mejor hace, es decir, de traer venganza y de reivindicar. No compita con la experiencia de Él.

La lista de lo que contrista al Espíritu Santo continúa en Efesios 5. No pase por alto lo obvio en Efesios 5:1-7.

Inmoralidad sexual

Pablo pide que ni tan siquiera "se mencione" la inmoralidad sexual. Esto significa que no puede ser demasiado cuidadoso cuando se trata de la conducta y la tentación sexual. Esto incluye flirtear: decir algo que espera que incite a una persona a tener pensamientos de lujuria hacia usted. Cuando Santiago habla de la "pequeña chispa" que enciende todo un bosque (Santiago 3:5), eso puede suceder o bien desahogando su enojo, por un comentario irreflexivo, o haciendo un comentario intencional que tiente a otro.

Seamos francos: la promiscuidad sexual ha sido un problema sobresaliente entre líderes evangélicos carismáticos y conservadores. Lo más sorprendente es que a menudo se esconde debajo de la alfombra. Nada causa mayor deshonra al nombre de Cristo y la iglesia como el escándalo sexual. Al mundo le encanta. A la prensa le encanta. ¡A las revistas de moda les encanta!

Lo más triste de todo es la abierta falta de indignación entre algunos líderes cristianos que han sido sexualmente inmorales y algunos de sus seguidores. Eso sí que es fuego extraño. Eso sí que es contristar al Espíritu Santo.

DONES ESPIRITUALES Y FRUTO ESPIRITUAL

Muchas personas que siguen a líderes de alto perfil pueden resultar engañadas por el aparente éxito continuado de sus líderes: personas que se caen cuando oran por ellas o aparentes sanidades.

O las grandes multitudes. Cuando hay palabras espectaculares de conocimiento, incluso sanidades, muchos creyentes sinceros interpretan eso como una señal de que Dios sigue con esa persona y que deberíamos apoyarle sin reservas. Lo siento, pero ese es un grave error. "¿Pero cómo pueden tener estos predicadores este poder?". Yo respondo: los dones y el llamamiento de Dios son "irrevocables" (RVR60). Esto significa en parte que el don de cada uno puede florecer independientemente de su vida personal. El rey Saúl siguió profetizando cuando se dirigía a matar al joven David (1 Samuel 19:23-24).

Por tanto, el don de una persona puede florecer a veces independientemente de la moralidad personal de ese individuo. Pero cuando contristamos al Espíritu, significa que la capacidad de una persona de oír de Dios se cierra. Y preguntará usted: "¿Cómo reciben entonces esas palabras de conocimiento? ¿No significa eso que están oyendo de Dios?". No. Eso no significa que la Paloma permanece sobre tal persona. Significa que un don irrevocable de sanidad, profecía o palabra de conocimiento sigue aún operando.

Por otro lado, tomemos a Pedro y a Juan acercándose a la puerta Hermosa cuando de repente se detuvieron para sanar a un hombre cojo. Habían pasado junto a este hombre varias veces con anterioridad. ¿Cómo supieron espontáneamente decirle al hombre cojo: "míranos"? (Hechos 3:4, RVR60). Respuesta: oyeron la voz del Espíritu Santo hablándoles directamente a ellos; iban caminando juntos en el poder del Espíritu no contristado. No había un espíritu de rivalidad entre ellos. No sabían que eso sucedería hasta el último momento. La Paloma había permanecido en ellos.

Un *don* espiritual, pero no el fruto del Espíritu, podría florecer aunque la persona haya o no contristado al Espíritu Santo. Pero la guía inmediata y directa sólo sigue cuando el Espíritu no ha sido contristado en una persona. Los dones del Espíritu son constantes; usted los recibe para quedárselos. Pero el fruto del Espíritu no es necesariamente constante. La Paloma puede permanecer o irse; eso depende de nuestra relación con Dios.

Caminar cerca de Dios queda determinado por nuestra cuidadosa obediencia a su Palabra.

Los dones pueden florecer, y usted aún puede estar metido en todo tipo de problemas. El Espíritu no contristado que mora dentro de usted le alejará de los problemas, y evitará que deshonre el nombre de Dios.

Le recuerdo: debo repetir que ni los evangélicos carismáticos ni los conservadores están exentos de los escándalos sexuales. Mi propio trasfondo es con el pueblo de la "Palabra". Me sonrojo al pensar en quienes pertenecen al lado de los reformados que juzgan a los carismáticos tan fuertemente y duramente.

Deberíamos orar unos por otros, y sin embargo, cuando hay inmoralidad sexual sin arrepentimiento, tal persona debería apartarse del ministerio hasta que haya una clara evidencia tanto de remordimiento como de cambio de vida. He escrito un libro titulado *God Gives Second Chances* [Dios da segundas oportunidades], y demuestro que una persona puede ser restaurada para el ministerio.[3] Pero una evidencia importante de alguien que es apto para ministrar de nuevo es el arrepentimiento genuino. Después de todo, Pedro, que lloró amargamente cuando se dio cuenta de lo que había hecho al negar al Señor (Mateo 26:75), fue restaurado.

Avaricia

Es un deseo excesivo y egoísta de riqueza o cosas materiales. Se llama *codiciar*. La avaricia es una condición interna, así que no hay manera de saber si la persona es avariciosa o codiciosa. Debemos evitar juzgar. Pero deberíamos saber si *nosotros* somos avariciosos. Deberíamos querer saber cuándo somos codiciosos.

Como todos y cada uno de los pecados previamente mencionados que contristan al Espíritu Santo, todos somos vulnerables. Todos hemos fallado. Todos hemos pecado. Pablo dijo que sintió que no tenía pecado hasta que asimiló el décimo mandamiento: "No codiciarás" (Éxodo 20:17; Romanos 7:7-25). Todos hemos quebrantado el décimo mandamiento.

El denominador común que une a pentecostales y carismáticos ya no es los dones del Espíritu Santo; es la enseñanza de la prosperidad.

Apelar a la necesidad o la avaricia de la gente para apoyar nuestro ministerio es fuego extraño. Uno no puede dejar de sentir que la razón de la preponderancia de la enseñanza de la prosperidad en los últimos veinte años es recaudar dinero. El *evangelio de la prosperidad* parece estar en primera plana la mayor parte del tiempo si ve canales de televisión cristianos.

Escribí un libro llamado *Tithing*[4] [El diezmo]. Aún está a la venta después de treinta años. Las iglesias que se lo han dado a todos sus miembros han testificado de un aumento del 30 por ciento de ingresos. Está respaldado por Billy Graham, John Stott y el arzobispo de Canterbury. No cabe duda de que Malaquías apela al interés propio de Israel cuando dice que si diezmamos recibiremos tanta bendición que hará que esta "sobreabunde" (Malaquías 3:10). Pero como dije en el capítulo previo, algo muy equivocado ha surgido en años recientes. Algunos predicadores buscan y encuentran *la enseñanza de la prosperidad* en demasiados pasajes de la Biblia, y dan la indudable impresión de que Jesús murió en la cruz principalmente para que pudiéramos ser prósperos. Eso es un error. Así como la lotería a menudo atrae a personas pobres, así muchos cristianos pobres apoyan ministerios que están edificados casi por entero en la promesa de bendición económica si usted les da. Si Jesús acudiera a muchas iglesias de nuestros días, lo primero que haría sería hacer un látigo de cuerdas y expulsar a los cambistas y volcar sus mesas, como describe Juan 2:14-15.

La avaricia contrista al Espíritu Santo, y apelar a la necesidad o la avaricia de la gente para conseguir dinero para Dios es deshonrar su nombre.

Jesús dijo: "Más bien, busquen primeramente el reino de Dios y su justicia, y todas estas cosas [alimento, techo, ropa] les serán añadidas" (Mateo 6:33). Esto significa que debemos enfocarnos en Dios y su justicia y *no* enfocarnos en lo que viene como un subproducto de ponerle a Él en primer lugar. Dios prometió suplir todas nuestras necesidades (Filipenses 4:19). Sin duda, cuando sembramos generosamente, cosecharemos generosamente, y seremos "enriquecidos en todo sentido" (2 Corintios 9:6, 11). Pero si nos enfocamos en lo que *conseguiremos* y no en Dios mismo, nos ponemos en una situación donde no ganamos. Como lo dijo C. S. Lewis: "Apunte al cielo y conseguirá la tierra. Apunte a la tierra y no conseguirá nada". Primero miramos a Cristo, y nos mantenemos enfocados en Él, y Dios cuidará de nosotros. Pero cuando somos consumidos por "qué saco yo de esto", perdemos todo lo que tenemos. O recordamos de nuevo las palabras de Charles Spurgeon: "Miré a Cristo y la Paloma vino volando; miré a la Paloma y Él desapareció".

Capítulo 7

MI TESTIMONIO PERSONAL

Pero tú, permanece firme en lo que has aprendido y de lo cual estás convencido, pues sabes de quiénes lo aprendiste. Desde tu niñez conoces las Sagradas Escrituras, que pueden darte la sabiduría necesaria para la salvación mediante la fe en Cristo Jesús. Toda la Escritura es inspirada por Dios y útil para enseñar, para reprender, para corregir y para instruir en la justicia, a fin de que el siervo de Dios esté enteramente capacitado para toda buena obra.

—2 Timoteo 3:14-17

El que no escucha la música piensa que el que baila está loco.

—Anónimo

Yo me convertí a los seis años, una mañana de Semana Santa, 5 de abril de 1942. Mientras nos preparábamos para ira la iglesia, les dije a mis padres que quería ser cristiano. Que el hecho de que fuera Semana Santa tuviera algo que ver con mi deseo o no, no lo sé. Recuerdo que mi padre se giró hacia mi madre y dijo: "No tenemos que esperar hasta llegar a la iglesia. Podemos orar aquí mismo". Me arrodillé junto a la cama de mis padres, confesé mis pecados y le pedí al Señor que me salvara. En cuanto a los pecados de mi vida, sólo recuerdo sentir vergüenza por la manera en que contesté a mis padres. Lloré mientras oraba y sentí que Dios me perdonó. Creo que fui salvo esa mañana. Varios años después, siendo un adolescente, sentí que era santificado, siendo aquello una segunda obra de gracia como mi iglesia me enseñó.

Crecí en la Iglesia de los Nazarenos, una denominación por la que siento aún un profundo respeto. Mis padres fueron piadosos. Mi primer recuerdo de mi papá era verle de rodillas durante una media hora cada mañana antes de ir a trabajar. Él era laico, no un ministro, sino el sueño de ser predicador; era muy fiel a nuestra iglesia en Ashland, Kentucky. Mi madre era la organista de la iglesia. Mi primer recuerdo de ella era verla de rodillas cada día después de que papá se fuera a trabajar. Cuando terminaba de orar elevaba sus manos al cielo, a veces con lágrimas corriendo por sus mejillas. Siempre oraba por mí antes de irme a la escuela. A veces, los niños que pasaban por allí querían entrar a oír a mi mamá orar por mí, lo cual me daba vergüenza. Ella murió a los cuarenta y tres años, el 8 de abril de 1953, cuando yo tenía diecisiete años.

Entré en la escuela Trevecca Nazarene College (ahora es Universidad) en el otoño de 1953. Un año después sentí el llamado a predicar el evangelio. Mi iglesia en Ashland inmediatamente preparó una licencia de predicador mientras yo era estudiante en Trevecca. Prediqué mi primer sermón el primer miércoles de diciembre en la iglesia Calvary Church of the Nazarene en Nashville, sobre la "Fidelidad de Dios", tomando el texto de Lamentaciones 3:23. Me ofrecieron el pastorado de una pequeña iglesia en las montañas del este de Tennessee tres meses después: en Palmer, Tennessee. Mi abuela me compró un Chevrolet de 1955 nuevo para que lo usara en mis viajes a Palmer desde Tennessee, a unas 150 millas (180 kilómetros) los fines de semana. Normalmente conducía hasta allí los viernes por la tarde, por lo general para regresar el domingo por la noche.

Después de haber estado allí aproximadamente unos seis meses, manteniendo todas mis asignaturas de la universidad, pasé por un periodo de gran ansiedad. No conozco ninguna otra forma de describirlo. Fue un sentimiento de soledad, un sentimiento de desconexión. Sentía que estaba viajando por aguas no exploradas. Recuerdo ir a mi residencia de estudiantes para orar cuando tenía una hora entre clases. Nunca olvidaré el fin de semana del 29 y 30 de octubre, cuando pasé un tiempo a solas arrodillado en el altar de mi pequeña iglesia, solamente orando. No sabía por lo que estaba orando. Sólo sentía que pasar mucho tiempo en oración no podía ser malo. Quería pasar a otro nivel en mi relación con Dios. Sentía que algo andaba mal. Quería superar esa ansiedad. Quería estar tan cerca de Dios como me fuera posible. La incertidumbre me hacía ponerme de rodillas.

LO QUE CUENTO AHORA ES LO QUE ME OCURRIÓ

El 31 de octubre de 1955, a las 6:30 de la mañana de un lunes, mientras conducía de regreso a Nashville, decidí pasar el viaje en oración en vez de poner la radio de mi automóvil. No tenía ni idea de que estaba a punto de vivir la mejor experiencia de mi vida hasta ese momento. Puedo llevarle al lugar exacto en la antigua US 411, al pie de la montaña Monteagle, cuando vino sobre mí una carga muy pesada mientras oraba. La ansiedad regresó de nuevo, y con venganza. Me encontraba en agonía. Clamé al Señor: "¿No estoy santificado? ¿Ni tan siquiera soy salvo?". No sentía a Dios en absoluto. Sin embargo, dos versículos vinieron a mi mente. Primera de Pedro 5:7: "echando toda vuestra ansiedad sobre él, porque él tiene cuidado de vosotros" (RVR60); y Mateo 11:30: "porque mi yugo es fácil, y ligera mi carga". Pero mi carga esa mañana era pesada, muy pesada. Pensé que si de algún modo podía echar mi ansiedad sobre el Señor, podría decir que mi carga es ligera.

De repente, mientras conducía, a mi derecha estaba Jesucristo intercediendo por mí a la diestra de Dios. Era tan real como cualquier cosa que hubiera visto jamás. Sentí que era mi hermano mayor, amándome más de lo que yo mismo me amaba, cuidando más de mí de lo que yo mismo me cuidaba. Pero no podía saber qué era lo que Él estaba diciendo. Me quedó claro que estaba a la diestra del Padre y que estaba arriesgando su relación con el Padre, como si dijera: "Ven a rescatarle, o dimito". No oí esas palabras, pero esa fue mi impresión mientras el Señor Jesús intercedía por mí. Rompí a llorar. Dejé de orar y me convertí en un espectador. Él tomó el relevo. Lo siguiente que recuerdo, como una hora después, conduciendo por Smyrna, Tennessee, fue a Jesús diciéndole al Padre: "Él lo quiere". El Padre respondió: "Puede tenerlo".

143

En ese momento, una ola de *fuego santo* entró en mi pecho. Fui limpiado. Literalmente sentí calor, también recordando cómo John Wesley testificaba que su corazón fue "extrañamente calentado" en un estudio bíblico en Aldersgate Street, Londres. Nunca había sentido una paz así en toda mi vida. Esa paz no era meramente la ausencia de temor (la ansiedad se había ido), sino la presencia del descanso más feliz del alma. Seguí conduciendo por la US 411 hacia Trevecca, en esos momentos a tan sólo unos minutos de distancia. Mientras conducía, ahí estaba Jesús mirándome. Vi su rostro. Duró menos de un minuto. Estacioné mi automóvil cerca de mi residencia de estudiantes en Tidwell Hall, me afeité rápidamente y fui a mi primera clase a las 8:00 de la mañana, asombrado aún de lo que me acababa de ocurrir.

Lo más grande en esos tempranos momentos de la mañana fue lo real que es Dios y lo verdad que es la Biblia. Las doctrinas elementales de la fe se reivindicaron como si estuvieran delante de mis ojos. Por ejemplo, sabía sin lugar a dudas que Jesús fue literalmente resucitado de la muerte. Pude ver cómo la Iglesia primitiva estaba convencida de que Jesús estaba vivo por el Espíritu Santo. Pude ver que Jesús realmente estaba sentado a la diestra de Dios, e intercediendo por nosotros. Supe sin lugar a dudas que Jesucristo había venido en carne, que aún tiene un *cuerpo*, y que fue un *hombre* en gloria. Nunca tuve un problema con la deidad de Jesús, pero lo que era impactante para mí fue que ¡Él es verdaderamente humano! La segunda venida fue igualmente real para mí; no que surgiera ninguna perspectiva escatológica en particular, sino que Él verdaderamente y literalmente ¡iba a venir otra vez! Recibí una seguridad infalible de estas cosas, verdades que me habían enseñado toda mi vida pero que ahora estaba viendo por mí mismo que eran *muy* ciertas.

El mismo día que me ocurrió eso, mi amigo Bill Kerns, que vivía en el cuarto de al lado, dijo que observó algo distinto en mí. Me preguntó: "¿Qué te ha sucedido?".

Yo le respondí: "Honestamente no lo sé. Pero algo me ha ocurrido". Me preguntaba si habría recibido una tercera obra de gracia. Los nazarenos enseñaban que había dos obras de gracia: ser salvo y ser santificado. Yo profesaba tener ambas, pero lo que me ocurrió esa mañana fue algo totalmente distinto. Le dije a Bill: "Si es o no es una tercera obra de gracia, no lo sé; solo sé que soy *salvo*".

Y eso fue lo principal que observé durante esas primeras horas: era verdaderamente salvo, eternamente salvo. Bien o mal, le conté esto a mi compañero de habitación y amigos en mi residencia. Les dije que sabía que era salvo. Ellos respondieron: "Por supuesto que eres salvo. ¿Por qué dices eso?".

Yo dije: "Porque sé que soy eternamente salvo, que no me puedo perder". Lo supe de manera total e infalible el día que me sucedió aquello. Mi error (quizá) fue decirles eso a mis amigos nazarenos, que no tenían ni idea de la seguridad de salvación. Incluso dije (quizá con poca sabiduría): "Iré al cielo cuando me muera, sin importar lo que haga entre ahora y entonces".

Ellos dijeron: "John Wesley una vez pensó eso. Después cambió de idea. Lo mismo te ocurrirá a ti". Sólo puedo decir que sabía entonces que nunca cambiaría de idea. Fue muy real para mí. La verdad es que nunca he dudado de mi salvación eterna a partir de ese día hasta ahora. Sabía que no cambiaría de idea, y nunca lo he hecho.

Sin embargo, me preguntaba seriamente una cosa: "¿Dónde podía encontrar en la Biblia una base sólida para lo que me había ocurrido? ¿Había recibido algo nuevo? ¿Era eso verdaderamente una tercera obra de gracia? ¿Le ocurrió eso a John Wesley?".

Estaba rebosante de gozo y paz. Disfrutaba de un sentimiento de Dios que no sabía que una persona pudiera tener en esta vida.

Antes de que anocheciera ese día, comencé a ver que lo que me ocurrió fue una obra del Espíritu Santo. Yo no pude hacer que aquello sucediera. Sólo sé que anhelaba caminar más cerca de Dios en esos días. Dios me había impartido un deseo de más de Él. Y me respondió. Así de sencillo. La semilla embrionaria de la teología reformada había sido firmemente implantada, y comencé a crecer con bastante rapidez. Fui ayudante del decano de teología, el Dr. William Greathouse (quien después se convirtió en Presidente de Trevecca y superintendente general de la Iglesia de los

Nazarenos). Él me advirtió de que estaba comenzando a absorber una enseñanza que "nuestra iglesia no cree".

Yo respondí: "Entonces nuestra iglesia está equivocada". No había leído ni una sola línea de San Agustín (354-430), Martín Lutero (1483-1546), Juan Calvino o Jonathan Edwards salvo porciones de su sermón "Pecadores en manos de un Dios airado". Me preguntaba si había descubierto algo nuevo, lo cual me preocupaba. Durante los próximos meses comencé a tener visiones. Eso no me había ocurrido nunca. Pude ver claramente que mi futuro no estaría en mi denominación de siempre. No sólo eso, ya que también vi que un día tendría un ministerio mundial, algo que parecía extraordinario para un nazareno de provincias.

Pero hay más. Unos cuatro meses después, en febrero de 1956, de nuevo mientras conducía mi automóvil, sentí un estímulo en mi interior. Parecía estar localizado en mi estómago, como un pozo que quería brotar. La única manera en la que podía dejarlo brotar era pronunciar lo que sólo puedo llamar sonidos indecibles. Esta vez había más personas en el automóvil. Estoy seguro de que me oyeron. Sentí vergüenza. Recuerdo (por alguna razón) que bajé la ventanilla. No dije nada; porque sabía que había hablado en lenguas, algo que los nazarenos no hacían. Nunca. Estaban abiertamente en contra de las lenguas, posiblemente más en contra de las lenguas que del calvinismo. Yo no hablé de esto con nadie. *Nadie*. Me lo guardé para mí durante años. Una de las primeras personas a las que se lo conté fue al Dr. Martyn Lloyd-Jones unos veintiún años después.

Al mismo tiempo que hablaba en lenguas, algo más me ocurrió. Recibí el claro mandato de informar a mi iglesia de mi renuncia en Palmer el siguiente 6 de mayo, dejando que el 20 de mayo fuera mi último domingo. Cuando regresé a mi cuarto en Trevecca, revisé el calendario para asegurarme de que ambos días eran domingo.

Pocas semanas después de mi renuncia, conduciendo en el mismo automóvil, miré al salpicadero. Era totalmente distinto. Recibí una visión del salpicadero de un Chevrolet del *1953*. La razón por la que sabía el año es porque mi compañero de cuarto Ralph Lee tenía un Chevrolet de 1953. Esto fue en junio de 1956. Sentí mediante esa visión que de algún modo perdería mi automóvil. Tras regresar a Ashland, Kentucky, dos semanas después, mi abuela se quedó con el automóvil, al sentir que yo no iba a seguir siendo nazareno mucho más tiempo. Se lo dio a mi papá, y él lo cambió por un Chrysler nuevo. Mi padre sintió que le había deshonrado tanto a él como a la iglesia de toda mi vida. Me acusó de "romper con Dios". Después me pidió que pagara una renta si quería seguir viviendo en casa. Ese mismo día me ofrecieron un trabajo en Creamers Quality Cleaners en la calle 29 en Ashland, y también me dieron un camión Chevrolet para conducir y recoger la limpieza en seco de los clientes. Era un Chevrolet de 1953, exactamente como en la visión. Supe con certeza que estaba firmemente en la voluntad de Dios.

Había escuchado al reverendo Henry Mahan unas cuantas veces en la radio. Era el pastor de una iglesia bautista de la calle 13 en Ashland. Estaba fascinado con lo que le oí predicar por la radio. Encontré la dirección de su casa y fui a verle. Me puse nervioso cuando respondió al llamar a su puerta. Le pregunté si tenía algo de ropa que quisiera que le limpiase. Sí. Me sacó un traje. Yo entonces dije: "Realmente no vine aquí para ver si necesitaba limpiar algo. Le he estado escuchando en la radio. Me parece que yo también creo lo que usted predica". Cuando le dije que era nazareno, se sorprendió. Después de preguntarme y decirme lo que él creía, le impactó saber que yo también creía esas mismas verdades pero que las había sacado de la Biblia, y de ningún otro libro. Ese día comenzó una amistad. Su iglesia me ordenó para el ministerio años después. Tanto mi padre como mi abuela gentilmente asistieron a mi servicio de ordenación. Debió de ser muy difícil para esos leales nazarenos entrar en una iglesia bautista calvinista para ver a su hijo/nieto ordenado.

En 1956 hice todo lo posible por convencer a mi buen padre de que no estaba fuera de la voluntad de Dios, más bien que estaba totalmente en su voluntad. Le conté algunas de mis visiones, lo cual probablemente fue un error, con la esperanza de que le impresionaran. Pero no fue así. Sabía que algún día tendría un ministerio internacional. Él tenía una pregunta para mí: "¿Cuándo?".

Yo respondí: "Dentro de un año". Me pidió que lo escribiera en una hoja de papel. Lo hice. Ese fue otro error: intentar con todas mis fuerzas ganar a mi papá. Un año después ni tan siquiera estaba en el ministerio. Cinco años después, estaba trabajando como vendedor puerta por puerta de aspiradoras.

En junio de 1958 me casé con Louise Wallis de Sterling, Illinois. La mayor evidencia objetiva de que tenía el favor de Dios en esos años difíciles era Louise. Qué bueno y misericordioso fue Dios al darme a esta esposa hermosa, inteligente y fiel. ¡Parecía que mi papá la aceptaba a ella más que a mí! Nuestro primer hogar estuvo en Springfield, Illinois. Nos mudamos a Fort Lauderdale, Florida, en noviembre de 1958. Trabajé como vendedor de seguros para la compañía Life and Casualty Insurance durante más de dos años, y luego comencé a vender aspiradoras.

En julio de 1962 acepté el llamado para ser pastor de Fairview Church of God, una pequeña iglesia en Carlisle, Ohio. Mi papá me llamó por teléfono para decir que iría a escucharme predicar el domingo siguiente. Le dije a Louise: "Papá vestirá un traje verde clarito. En algún momento durante el servicio, caminará por el pasillo central, girará a la derecha, y luego se regresará". En 1956 tuve una visión de mi papá vistiendo ese traje verde clarito. Cuando él y su esposa, Abbie, mi madrastra, acudieron para oírme, él llevaba ese traje. Después del servicio de la mañana, vino caminando por el pasillo central, girando a la izquierda y luego regresando. Fue exactamente como lo había visto antes. Usted preguntará: "¿Y cuál es el punto de eso?".

Yo respondo: "Sabía que estaba totalmente en la voluntad de Dios". También era una prueba indudable para mí de que Dios conoce el futuro perfectamente, ya que esa visión la había recibido en 1956.

El pastorado en Ohio duró dieciocho meses, terminando en fracaso. Mi enfoque más bien intelectual de las Escrituras (y la interpretación calvinista del mismo) fue demasiado para ellos. Las personas de la pequeña iglesia pidieron hacer una votación para que me fuera. Les faltó un voto, pero nos fuimos, regresando a Fort Lauderdale en enero de 1964. De nuevo volví a vender aspiradoras. Durante mis días de vendedor de aspiradoras, nació nuestro hijo, Robert Tillman II (le llamamos TR). También recibí invitaciones para predicar en iglesias presbiterianas por todo Fort Lauderdale. El Dr. D. James Kennedy de la iglesia presbiteriana Coral Ridge me pidió que me uniera a su plantilla y dirigiera un programa de evangelismo que él estaba iniciando. Después llegó a conocerse como "Evangelismo explosivo". No tuve paz para hacer eso, pero Jim y yo seguimos siendo buenos amigos. A comienzos de 1968 me convertí en el pastor de la iglesia bautista Lauderdale Manors. Nuestra hija, Melissa Louise, nació en agosto de 1970. En el otoño de 1970 regresé a Trevecca y me gradué el siguiente diciembre. En enero de 1971, entré en el seminario teológico Southern Baptist en Louisville. También me convertí en el pastor de la iglesia bautista Blue River en Salem, Indiana, viajando cada día (una distancia de treinta y cinco minutos). En diciembre de 1972 me convertí en el primer estudiante en terminar el MDiv en dos años (un curso de tres años) a la vez que alcanzaba la calificación más alta de su historia. Me recomendaron para Oxford.

El 1 de septiembre de 1973, nuestra familia aterrizaba en el aeropuerto Heathrow de Londres, para residir en Headington, Oxford. Mi supervisor, el Dr. B. R. White de la Universidad Regent Park, Oxford, me aceptó para hacer investigación sobre el puritanismo inglés. También me recomendó para ser el pastor de la iglesia bautista Calvary Southern en Lower Heyford, Oxfordshire, que estaba compuesta principalmente por militares de E.U. y sus familias. Durante esos tres años, el Dr. y la Sra. Martyn Lloyd-Jones se convirtieron casi en familia para Louise y para mí, aunque ninguno de nosotros anticipábamos ni por lo más remoto que después yo fuera a Westminster Chapel. Mientras esperábamos mi viva voce (examen oral) para el doctorado en filosofía, me invitaron a hablar en Westminster Chapel por segunda vez. Los diáconos me pidieron que me quedara durante seis meses sin ninguna obligación de permanecer allí después de ese tiempo. El Dr. y la Sra. Lloyd-Jones vinieron a vernos pocos días después, diciéndonos por qué Louise y yo debíamos quedarnos. "No tienen nada que perder. Tienes que aterrizar de estar en

Oxford. Será bueno para ti; y será bueno para ellos". Nos mudamos a Londres y comenzamos nuestro ministerio el 1 de febrero de 1977, para jubilarnos el 1 de febrero de 2002.

En cuanto a esos veinticinco años en Westminster Chapel, fueron "los mejores años; y también los peores". Nuestros mayores gozos, amistades y éxitos estuvieron en Londres. Nuestra mayores pruebas, heridas y decepciones estuvieron en Londres.

En 1978 en un tren desde Edinburgh, Escocia, hasta King's Cross, Londres, mi papá, que había venido a visitarnos ahora que era el ministro de Westminster Chapel, me dijo mientras entrábamos en la estación: "Hijo, estoy orgulloso de ti. Tenías razón; yo estaba equivocado". Por supuesto, fue muy reconfortante oír aquello, pero pasaron veinticinco años desde que le conté esas visiones en 1956.

Entre los años de 1956 a 1977 a veces estuve en un desierto eclesiástico. Sabía dónde estaba teológicamente, pero no tenía ni idea de hacia dónde iba cuando se trataba del ministerio. Comencé a predicar para los bautistas, presbiterianos ortodoxos, presbiterianos del sur, reformados cristianos, la iglesia reformada de América y otros. Desarrollé un entendimiento de varias culturas de la Iglesia, preguntándome en esos días dónde terminaría yo. Pero todo aquello me moldeó para lo que vendría más adelante. Hasta el día de hoy me presentan a menudo como alguien que habla para distintas corrientes teológicas, es decir: bautistas, reformados, evangélicos conservadores, pentecostales y carismáticos.

La *única* razón por la que he contado cómo me enseñó el Espíritu Santo la teología reformada es que, en el caso de que usted tenga alguna persuasión reformada, pueda sentir que soy un verdadero amigo y que no se verá amenazado por lo que estoy enseñando con respecto al Espíritu Santo. Entiendo que muchas personas reformadas son *cesacionistas*, y quizá usted piense que las doctrinas de la gracia y el testimonio inmediato del Espíritu son incompatibles. Créame, no existe incongruencia alguna en sostener ambas perspectivas. No son polos opuestos sino totalmente complementarios. Sin duda, no sólo son perfectamente coherentes sino que también se reivindican y esclarecen mutuamente la una a la otra.

En la primavera de 1994, durante un tiempo en el que Louise estaba muy enferma, me encontré a mí mismo clamando de desesperación ante Dios. Sentado a solas en el apartamento de uno de mis mejores amigos, comencé a hablar en lenguas. Fue la primera vez que lo hacía desde 1956. He hecho eso desde entonces. Estoy personalmente convencido de que es lo que Pablo estaba describiendo en Romanos 8:26-27, cuando el Espíritu intercede por nosotros según la voluntad de Dios "con gemidos que no pueden expresarse con palabras". Conecta perfectamente con 1 Corintios 14:2, cuando uno ora en un lenguaje que no entiende "pues habla misterios por el Espíritu". Cuando oro de esta manera sé que una cosa es cierta: estoy orando en la voluntad de Dios.

Teníamos un buen ministerio en Westminster Chapel, pero el avivamiento que yo esperaba nunca se produjo. Sería un error menospreciar los tiempos de refrigerio que tuvimos, el número de personas que fueron salvas, sanadas o bendecidas de diferentes formas, pero no escribo este libro como un ejemplo de gran éxito. Si usted está en el ministerio, lo escribo esperando que pueda ver durante el transcurso de su vida lo que yo no vi. Cerca del final de mi tiempo decidí que veinticinco años fue un periodo suficiente. Fue bonito, claro, cuando los diáconos me pidieron que me quedara otros cinco años, pero me acordé de mi héroe Joe DiMaggio, el gran jugador de béisbol de los Yankee de Nueva York. Él se fue mientras aún jugaba bien, ¡y pensé que debía jubilarme porque ellos querían que me quedara! Pero después me pregunté: "¿Qué voy a hacer? Nadie en los Estados Unidos me conoce". En ese momento sentí una impresión evidente: "Tu ministerio en los Estados Unidos será con los carismáticos". "Oh no", pensé, "si voy a tener un ministerio en mi propio país, que sea con las iglesias reformadas o los evangélicos conservadores. Tengo las credenciales. Soy uno de ellos. Sé cómo piensan. ¿Por qué no puedo tener un ministerio orientado a ellos?". Pero no, sería con los carismáticos. En gran parte ha resultado ser así. La mayoría de las invitaciones que me han hecho han sido en las iglesias carismáticas y pentecostales.

Nuestra jubilación de Westminster Chapel comenzó el 1 de febrero de 2002, exactamente veinticinco años después del día

FUEGO SANTO

que comenzamos. Nos mudamos a Cayo Largo, Florida. Acepté un ministerio con Jack Taylor y Charles Carrin, realizando conferencias Palabra, Espíritu y Poder por todos los Estados Unidos. En julio de 2002 Canon Andrew White me invitó a conocer al difunto Yasser Arafat. De manera sorprendente, comenzó una amistad con el presidente Arafat. Le visité cinco veces, cené con él, me reí con él, siempre orando por él y a menudo ungiéndole con aceite. Lloré cuando murió. Andrew White también me llevó a Irak, donde prediqué en la zona del palacio del difunto Saddam Hussein y también en la iglesia anglicana de San Jorge en Bagdad. Durante ese tiempo fui parte del proceso de paz de Alejandría, dirigido por Lord Carey, arzobispo de Canterbury. A través de aquello me hice amigo del rabino David Rosen. David y yo escribimos juntos un libro, *The Christian and the Pharisee* [El cristiano y el fariseo], el cual se lanzó en Westminster Abbey.[1] Mi ministerio de escribir se había ensanchado, y había tenido puertas abiertas por todos los Estados Unidos y muchos lugares del mundo.

He estado en el ministerio durante casi sesenta años. Louise y yo hemos estado casados cincuenta y cinco años. Tenemos dos hijos encantadores y dos nietos. Louise ha viajado conmigo a la mayoría de los lugares, y nuestro hijo T. R. también ha viajado mucho conmigo. Sigo viajando, predicando y escribiendo libros. Dios ha sido extremadamente bueno conmigo.

He escrito este capítulo a petición de mi editorial, que me pidió que compartiera mi testimonio. Mi deseo más ardiente es que este libro haya sido una bendición para usted hasta aquí. Oro para que provoque en su corazón un fuego, un ferviente deseo de un caminar más íntimo con Dios. Cuando los dos hombres en el camino de Emaús vieron al Señor resucitado sin saber al principio quién era, meditaron después en cómo ardían sus corazones mientras Él hablaba. El fuego santo quema. Mi intención con este libro es guiarle a que le experimente a Él por usted mismo de manera inmediata y directa. Ahora que conoce mi trasfondo, regresemos al importante tema que se trata en el siguiente capítulo: cesacionismo.

Capítulo 8

CESACIONISMO

Jesucristo es el mismo ayer y hoy y por los siglos.
—**Hebreos 13:8**

Hay muchos arroyos de limpieza, ¡comenzando con la sangre de Jesucristo! Quiero estudiarlos y experimentarlos todos, a medida que Dios obra entre nosotros para liberar, sanar y madurar a su pueblo.
—**Jack Hayford**

Cuando mi amigo Charles Carrin era pastor de una iglesia (antes de ser un ministro itinerante), recibió una llamada de teléfono de un desconocido:

"¿Cree su iglesia en la Biblia?".

"Sí".

"¿Cree usted en la infalibilidad de las Escrituras?".

"Si, y también creemos en la infalibilidad de 1 Corintios 12 y 14. Creemos que estos pasajes son tan infalibles como el resto del Nuevo Testamento".

"¿Se refiere a las lenguas?".

"Creemos que todos los dones del Espíritu, incluyendo las lenguas, están incluidos en la infalibilidad de las Escrituras y que se deben creer".

"Bueno, yo no".

La conversación anterior está tomada del librito de Charles Carrin *On Whose Authority?: The Removal of Unwanted Scriptures* [¿Con qué autoridad? La eliminación de versículos no deseados].[1] Charles, que había sido un ardiente cesacionista y obcecado calvinista de los cinco puntos durante muchos años, era el pastor de una iglesia Primitive Baptist en Atlanta, Georgia. Pero un día oró algo parecido a esto: "Señor, quiero ser lleno de tu Espíritu Santo. Pero te pongo tres condiciones: no quiero gritar, no quiero ser espectacular y no quiero hablar en lenguas. Ahora que tienes eso en mente, puedes proseguir". No ocurrió nada. Pero resultó que también era capellán en la prisión federal de Atlanta, Georgia. Le asignaron a un hombre que se había convertido y había sido lleno del Espíritu Santo tras ser encarcelado.

Aunque Charles iba semanalmente a ministrar a ese hombre, el prisionero comenzó a ministrar a Charles. Es una de las inversiones de papeles más increíbles que he conocido. Poco a poco, Charles comenzó a tener hambre de Dios de una manera fresca. Su historia está reportada por todas partes. El resumen: después de mucho tiempo, Charles estuvo dispuesto a pedirle al prisionero que impusiera sus manos sobre él, con los guardas de la prisión observando. Invitó al Espíritu Santo a descender sobre él sin ninguna condición previa. Fue lleno del Espíritu Santo ese día y nunca más volvió a ser el mismo. Finalmente le obligaron a renunciar en su iglesia.

No estoy seguro de cuándo fue exactamente la primera vez que oí la palabra *cesacionista*. Sin duda, fue después de conocer a algún ministro reformado en el año 1956. Lo divertido de todo esto es lo siguiente. Todos me daban la bienvenida calurosamente como un nazareno que ahora recibía la gracia soberana. ¡Pensaban que era algo asombroso! Pero yo era también un enigma para ellos. Dada la manera sobrenatural en que recibí las doctrinas de la gracia soberana, ellos batallaban conmigo. Mi experiencia iba en contra de sus propias suposiciones acerca de que Dios pudiera hacer cosas sobrenaturales en la actualidad.

Eran cesacionistas; creían lo que yo pensaba que era una perspectiva no bíblica, es decir, que Dios por voluntad propia "cesó" hace mucho tiempo de tratar con su pueblo de una manera directa sobrenaturalmente. Se acabaron las sanidades sobrenaturales, las visiones, la revelación directa, todos los dones del Espíritu Santo dejaron de operar. ¿Cuándo retuvo Dios su poder por primera vez? Algunos dicen que alrededor del año 70 d. C. Eso significaba que el Espíritu Santo obró poderosamente sólo en la primera generación de la Iglesia. Algunos, sin embargo, piensan que alrededor del año 100 d.c. fue cuando el poder disminuyó (con la muerte del apóstol Juan). Algunos extienden el periodo del poder sobrenatural hasta la era de Constantino (337 d.c.). En cualquier caso, con la decisión del canon de las Escrituras que dirigió Atanasio (296-373 d.c.) y que finalmente todos acordaron, ya no habían necesidad de ningún poder sobrenatural. Esa clase de poder fue una plataforma de lanzamiento para la Iglesia más primitiva, dando a la fe cristiana credibilidad y ánimo. Pero en algún momento, los dones del Espíritu, incluidos hablar en lenguas, sanidad, profecía y recibir revelación directa del Espíritu Santo, finalmente cesaron.

Había un buen número de ministros reformados que acudían a nuestros servicios en Westminster Chapel que eran cesacionistas. Algunos se hicieron amigos míos. Pero le perdono si piensa que podría haber una gran similitud entre el cesacionismo y la enseñanza del deísmo. El deísmo es una creencia en Dios que parece inofensiva si no respetable al principio. Muchos de los Padres Fundadores de la Constitución americana eran deístas. Pero niegan la revelación sobrenatural. Algunos se refieren al Dios deísta como un "relojero ausente": Él creó el mundo pero luego lo dejó funcionando por sí solo. Los deístas creen en un Dios, pero no pueden aceptar lo sobrenatural. El cesacionismo cree en lo sobrenatural en la Biblia, por supuesto, pero no espera que Dios intervenga en la actualidad de manera sobrenatural salvo, quizá, mediante la providencia. Pero la idea de los dones del Espíritu en operación hoy día, como en 1 Corintios 12:10-12, queda fuera de discusión.

El origen del cesacionismo

Así como cada cristiano merece ser entendido, ocurre lo mismo con casi todo movimiento en la historia de la Iglesia cristiana. A veces los movimientos son reacciones a los extremos. Esté de

155

FUEGO SANTO

acuerdo o no, Rolfe Barnard, que no era carismático, solía decir: "Si nosotros los bautistas hubiéramos sido lo que debiéramos haber sido, nunca habría existido un Ejército de Salvación y nunca habría existido un movimiento pentecostal". El Dr. Michael Eaton sugiere que hay dos cosas que vale la pena destacar acerca del origen del cesacionismo.

1. El intelectualismo de los reformadores

No cabe duda de que esto es parte de la explicación. Hasta donde yo sé, el cesacionismo brotó en el siglo XVI, dirigido por los Martín Lutero y los Juan Calvino de este mundo. Lo último que había en sus mentes, sin embargo, era causar que brotara una enseñanza que pudiera ser poco útil. En el inmortal himno de Lutero, "Castillo fuerte es nuestro Dios", encontrará la línea "el Espíritu y los dones son nuestros",[2] pero no suponga rápidamente que él creía que deberíamos esperar recibir los dones del Espíritu. Hay, por supuesto, excepciones, pero los intelectuales a menudo sospechan de cualquier cosa que sea emocional. Los intelectuales cristianos a veces tienden a temer cualquier énfasis en experimentar a Dios directamente. La doctrina de Calvino del testimonio interno del Espíritu no era a lo que se refería el Dr. Martyn Lloyd-Jones al hablar del testimonio directo e inmediato del Espíritu. Para Calvino, el testimonio interno del Espíritu significaba la "analogía de fe", basado en Romanos 12:6: profetizar, es decir, predicar, debería hacerse según la "proporción" (en griego *analogía*) de fe de cada uno. Esto significa comparar la Escritura con la Escritura. Pocos, si es que ha habido alguno, han superado a Calvino en la capacidad de exponer las Santas Escrituras, y sin embargo, Calvino mismo, refiriéndose a la unción con aceite para la sanidad en Santiago 5:14 dijo que eso se refiere a "poderes milagrosos que al Señor le agradó dar durante un tiempo".[3] Fue relevante sólo para los apóstoles y "no nos pertenece a nosotros, a quienes no se nos han concedido dichos poderes".[4]

2. Los carismáticos del siglo XVI

También se les llama místicos. Lutero intentó encontrar ayuda de ellos y los recibió durante un tiempo. Pero ellos le decepcionaron profundamente. Su manera de leer las Escrituras era alegórica y no era probable que convenciera a alguien como Calvino, que estaba entrenado en la lectura de textos en su contexto histórico y con precisión lingüística. Los carismáticos y místicos del siglo XVI eran famosos por su inestabilidad y excentricismo. Por tanto, se podía decir que la tradición reformada heredó un temor de los carismáticos.

B. B. Warfield (1851-1921) fue un gran oponente del misticismo. Le disgustaba la tendencia de su época a alejarse de la apologética y confiar más en el testimonio del Espíritu. Hay cristianos que son, sin lugar a duda, demasiado intelectualistas; están también aquellos que son antiintelectualistas. Están quienes son demasiado emocionales, hoy les podríamos llamar *bichos raros*; y están los que son demasiado antiemocionales. El Dr. Lloyd-Jones diría que un hombre está compuesto de corazón, mente y voluntad. La mente se nos ha dado para pensar, el corazón para sentir y la voluntad mediante la cual podemos actuar. No es siempre fácil mantener el equilibrio, pero deberíamos intentarlo.

Uno nunca debería subestimar el amor de nuestros amigos cesacionistas por Dios, las Escrituras, la sana doctrina y una vida santa. Ellos son la sal de la tierra. Algunos de ellos están entre la mayor vanguardia de la ortodoxia cristiana. Repito: ellos ciertamente *aceptan* lo milagroso en la Biblia. Simplemente no creen que Dios se revele a sí mismo de manera inmediata y directa mediante la revelación hoy día. Dios, por supuesto, *podría* hacerlo; Él ha decidido soberanamente no demostrar su poder como lo hizo en la Iglesia primitiva. La ausencia de poder, por tanto, no se debe a nuestra incredulidad, falta de fe o expectativa. Dios mismo decidió que ese tipo de poder era para la Iglesia primitiva. Ninguna cantidad de oración, ayuno, intercesión y espera en Dios producirá que manifieste su poder. Nosotros no podemos torcer el brazo a Dios para que haga lo que ha decretado que *no va a suceder.*

Y a la vez, eso fue sin duda alguna lo que me ocurrió a mí. No creo que los nazarenos de mi tiempo tuvieran una idea de lo que es el cesacionismo. Estoy contento de no haberlo sabido, o de lo contrario quizá nunca hubiera clamado a Dios para que me ayudara ese lunes por la mañana. El cesacionismo es en gran parte un punto de vista reformado. Descubrí después lo mucho que la experiencia del 31 de octubre de 1955 molestó a muchos calvinistas extremos, y lo mucho que iba en contra de la teología reformada de esos hombres cuya teología yo recibí. Ahora me doy cuenta que fue necio por mi parte que me preguntara durante un tiempo, en los días justamente después de mi experiencia, si habría descubierto algo nuevo, o si sería yo el primero desde Pablo en ver esas cosas. Ciertamente no fue una nueva revelación, salvo que las cosas que vi eran *nuevas para mí.* Casi ninguno de mis antiguos amigos nazarenos entendió verdaderamente lo que me ocurrió ni la teología que estaba comenzando a abrazar. Muchos ministros reformados me aceptaron cariñosamente, pero se quedaban perplejos por cómo yo podía ver la enseñanza de la predestinación, elección y seguridad eterna del creyente sin leer a Juan Calvino o sus seguidores. Ellos se habían malacostumbrado a los "cinco puntos del calvinismo" (total depravación, elección incondicional, expiación limitada, gracia irresistible y perseverancia de los santos). Sabían que yo no habría recibido eso de los nazarenos. Cuando les trasmití la experiencia antes mencionada, incluyendo la visión de Jesús, me respondían con un educado silencio.

SEA JUSTO CON LOS CESACIONISTAS

Sinceramente puedo simpatizar con el cesacionismo. Las personas que se adhieren al cesacionismo cambiarían su postura, en líneas generales, si vieran una clara evidencia de milagros indudables hoy día. Los cesacionistas no quieren dar la impresión de engreídos o inalcanzables; simplemente *no creen* las afirmaciones de los carismáticos y pentecostales que han dicho haber visto lo milagroso. No están cuestionando nuestra honestidad; ellos sienten que o bien hemos sido demasiado optimistas, quizá ingenuos, o que hemos sido engañados. Además, los cesacionistas entendiblemente han desconectado debido a algunos evangelistas llamativos que hacen sus extravagantes afirmaciones. Esas personas que dicen *caerse en el Espíritu* y se caen de espaldas son también supuestamente sanadas. Ciertamente, esa es la impresión que se da. Pero cuando escépticos honestos, que quieren llegar al fondo de las afirmaciones, regresan a esas mismas personas para entrevistarlas, los resultados a menudo dan bastante que pensar. Con frecuencia resulta que muy pocos, si alguno, fueron realmente sanados. Esta situación se ha repetido una y otra vez. Es un poco como la afirmación que mencioné antes cuando la gente dice: "El Espíritu Santo cayó sobre nosotros", sólo para ver después que no era la presencia de la Paloma sino la tórtola de la religión.

También me parece inquietante que los evangelistas de sanidad famosos prohíban totalmente a las personas en sillas de ruedas que les lleven al frente del auditorio antes de los servicios. A los ujieres se les dan instrucciones expresas de *no* permitir que las personas en sillas de ruedas se posicionen cerca de la plataforma; la atención se centra en ellos, especialmente cuando no se llama a las personas minusválidas para orar por ellas. Pero en los años entre 1949 a 1951 era muy diferente. Tengo motivos para creer que las sanidades de personas paralíticas realmente ocurrieron. Se daba la bienvenida a las personas en sillas de ruedas, y a menudo eran sanadas. Con frecuencia llevaban cargando su propia silla de ruedas de regreso a sus automóviles, y permanecían sanados. Le diré por qué creo esto. He hablado personalmente con tres hombres (y otras personas que les conocían bien) que eran muy conocidos en el ministerio de sanidad en la década de 1950. Ellos me han enseñado fotografías, cartas y testimonios de personas que les escribieron. Estaba lo suficientemente cerca de esos hombres como para saber que no se estaban inventando nada. Lo que me terminó de convencer fue cuando ellos también admitieron que las sanidades dieron un frenazo en seco. Fueron llamar nuestra atención. No pretendo ser injusto, pero no hay nada que cambie la mentalidad de un cesacionista como la propia enfermedad fatal o la enfermedad grave de un ser querido. Eso a menudo les hace abrirse de una forma que no habían hecho antes. El General Douglas MacArthur solía decir: "No hay ateos en las trincheras". Así que la desesperación también es algo que Dios puede usar para darnos una llamada de atención.

Lo que provoca que algunos cesacionistas se aferren a sus ideas no es sólo la falta de clara evidencia, sino también que las afirmaciones de milagros de sanidad a menudo están rodeadas de unas dotes teatrales al estilo de Hollywood y una enseñanza más que cuestionable. Esos evangelistas televisivos a veces parecen estrellas del cine que aman ser el centro de atención. Me parece que eso está muy lejos de la humildad de los primeros apóstoles.

Pero lo que también me preocuparía es lo siguiente: si los cesacionistas se *decepcionarían* si se produjera la evidencia irrefutable de sanidades genuinas. En verdad no es nada bueno si transformaran la hipótesis del cesacionismo en dogma, y luego se molestaran si una persona fuese sanada milagrosamente. Ojalá estas personas defendieran el cesacionismo como un plan B en caso de que Dios pudiera intervenir y mostrar su incuestionable poder.

Pero regresemos ahora a mi propia hipótesis. ¿Qué ocurriría si Dios en algunos casos *impidiera* que algunos escépticos vieran lo milagroso aunque realmente ocurriera? ¿Y si los milagros fueran principalmente para aquellos creyentes en la familia de Dios que han aceptado el estigma de estar "fuera del campamento" (Hebreos 13:13)? A fin de cuentas, ¿por qué el Cristo resucitado no se apareció a todos el domingo de resurrección? Uno podría decidir argumentar que eso hubiera sido algo razonable que se produjera si Dios verdaderamente quería que todos creyeran en su Hijo. ¿Por qué Jesús se reveló solamente a unos pocos? ¿Por qué no llamó Jesús a la puerta de Poncio Pilato la mañana de resurrección y le dijo: "¡Sorpresa!"? ¿Por qué Jesús no fue directamente de la tumba vacía al palacio de Herodes y dijo: "¡Apuesto que no me esperaban!". Él se apareció solamente a unos pocos: a aquellos que eran sus fieles seguidores.

También sospecho que Dios a veces permite que haya *un poquito de duda* cuando se trata de la prueba objetiva de lo milagroso. Esto nos mantiene humildes. Y sobrios. El pastor Colin Dye de la iglesia Kensington Temple de Londres lo ha expresado de esta forma:

> Los milagros siempre dejan lugar para la duda, ya que no están diseñados para reemplazar la fe, sólo para revelar el corazón. También, el hecho de que los milagros de Jesús en Galilea no fuesen creídos demuestra que los mejores milagros no fueron pruebas rotundas para quienes son incrédulos y de corazón duro, y rechazar su testimonio es traer un mayor juicio sobre los que son testigos de ellos. Quizá por la misericordia de Dios, Él se agrade a veces de retenerlos, al menos hasta que el tiempo sea el oportuno para sacar a la luz el verdadero estado del corazón de las personas, para hacer entrar a los elegidos y para revelar a los apóstatas.[5]

Quizá usted y yo necesitamos paciencia mientras nuestros amigos o seres queridos están totalmente convencidos de que "no hay nada" cuando se trata de lo milagroso. Después de todo, ¿cómo pudo Pedro demostrar que Jesús había ascendido a la diestra de Dios el día de Pentecostés? No pudo. Pero lo creyó. Y lo único que podía hacer el resto era creer su palabra, o rechazarla.

Jesús fue "vindicado por el Espíritu" (1 Timoteo 3:16) en los días de su ministerio terrenal. Esto significó que consiguió la aprobación mediante el Espíritu Santo solamente del Padre, no la aprobación de la gente. También se refería a sus seguidores que acudieron a Él en fe mediante el Espíritu Santo. La fe es un don de Dios (Hechos 13:48; Efesios 2:8-9). Esto significa que los que creyeron en Jesús habían sido atraídos a Él por el Espíritu (Juan 6:44). La vindicación de Jesús mediante el Espíritu Santo continúa hasta este día. Aunque Él está a la diestra de Dios y es sumamente exaltado en el cielo, los únicos que *creen* esto son aquellos cuyo corazón ha sido atraído a Él por el Espíritu Santo.

Mi hipótesis, entonces, es que el principio de vindicación por el Espíritu está en juego cuando se trata de lo milagroso. La vindicación por el Espíritu es una vindicación *interna*. El Espíritu Santo da testimonio en nuestro corazón. Además, los que son creyentes fieles en el poder de Jesús hoy tienen más probabilidades de ver sus milagros de sanidad que quienes dicen: "Hasta que no lo vea no lo creeré". En otras palabras, como Jesús se apareció a los que previamente habían sido atraídos a Él, puede que Dios muestre su poder manifiesto a aquellos que previamente han *creído* que Él está dispuesto a mostrar su gloria.

Así, ¿podría ser que Dios retenga la falta de clara evidencia para las personas escépticas por causa *nuestra*? De ser así, se convierte más bien en una prueba enorme para nosotros. El asunto es este: ¿Seguiremos siendo usted y yo fieles si nuestros amigos cesacionistas siguen sin ver el poder manifiesto de Dios por sí mismos? A muchos de nosotros nos *encantaría* que nos vindicaran abiertamente. Pero ¿y si Dios está detrás de retener su poder manifiesto a nuestros críticos para que nosotros consigamos la vindicación no de la aprobación de la gente sino solamente del Padre? Esto significaría que nosotros también estamos siendo vindicados por el Espíritu—su testimonio interno—y no por las pruebas externas, visibles y tangibles de su poder.

Dios podría mostrar su poder sanador en cualquier momento. Hace unos años recibí una carta muy cortante de un amigo muy cercano. Él me amonestó amorosamente por mis relaciones con pentecostales y carismáticos. Pero desde que me escribió esa carta, su propia hija se puso muy enferma y estuvo al borde de la muerte. Los mismos carismáticos a los que normalmente él no acudiría oraron por su querida hija. Ella fue sanada de forma gloriosa, y se mantuvo sana desde entonces. Mi amigo dio un giro de ciento ochenta grados. Anunció a sus amigos: "Soy un bautista carismático".

Pero ¿por qué no hace eso Dios todo el tiempo?, dirá usted.

Capítulo 9

LAS CONSECUENCIAS DEL CESACIONISMO

Pero la sabiduría queda demostrada por sus hechos.
—MATEO 11:19

Uno de estos días alguien va a venir y tomar una Biblia y creerla, y nos avergonzará al resto.[1]
—ROLFE BARNARD
(1901-1968)

YO PIENSO QUE EL CESACIONISMO APAGA AL ESPÍRITU Santo. Como hemos visto, es fácil contristar al Espíritu Santo, mediante la amargura, el enojo y no perdonando totalmente a los que nos han ofendido. Dios no cambiará las reglas para ninguno de nosotros, y si no vencemos la amargura, la Paloma no descenderá y permanecerá sobre nosotros. Usted y yo veremos cosas frescas en las Escrituras mientras que el Espíritu Santo no sea contristado en nosotros. Tales perspectivas no vendrán debido a nuestra educación o nuestro intelecto; es el Espíritu Santo mismo quien nos dará la total seguridad de entendimiento (Colosenses 2:2). También es fácil apagar al Espíritu Santo. Apagamos al Espíritu Santo principalmente por incredulidad o temor: ser demasiado precavido para no permitir que lo falso domine. Pero esto, tristemente, podría derivar en pasar toda nuestra vida siendo gobernados por la cautela y sin ver nunca la gloria de Dios abiertamente revelada.

El Espíritu Santo puede, por tanto, ser apagado por una doctrina que no le permita mostrarse.

Me parece que los cesacionistas han absorbido sin crítica alguna la destacada enseñanza de B. B. Warfield y J. Gresham Machen (1881-1937), y como tantos otros, convirtieron el cesacionismo en un *dogma*. Una cosa es defender el cesacionismo como una posible teoría, y otra muy distinta cuando el cesacionismo se convierte en la enseñanza normativa a la que una persona debe adherirse para ser un ministro, o para mantener su posición en la iglesia.

Si usted es cesacionista, ¿estaría dispuesto a ir a la hoguera por su creencia cesacionista?

También me da la impresión de que una de las disputas más serias de ser cesacionista es que puede eliminar cualquier expectativa de que Dios actúe poderosamente en nuestro corazón y nuestra vida. Uno puede llegar a conformarse con su mero entendimiento intelectual del evangelio. La consecuencia es que ni tan siquiera consideramos, y mucho menos esperamos, que Dios manifieste su poder en nuestra vida. Como veremos en el capítulo 10, "El bautismo con el Espíritu Santo", el cesacionismo es coherente con la perspectiva de que todos los cristianos son bautizados con el Espíritu Santo en la conversión. Si uno adopta esa postura, dicho cristiano nunca espera *más* después de ser salvo.

El Dr. Michael Eaton también destaca que hay otras áreas a las que la enseñanza cesacionista ha afectado, y una de ellas es la *misión*. Hasta la época de William Carey (1761-1834), muchos cristianos creían que la Gran Comisión—"Vayan y hagan discípulos de todas las naciones" (Mateo 28:19)—fue solamente para la primera generación de los apóstoles. Este fue un tipo de cesacionismo que demoró el movimiento misionero. Carey expuso su caso para alcanzar a los no creyentes de todo el mundo en una reunión ministerial en Northampton, Inglaterra, en 1786. Las famosas palabras del moderador a Carey fueron: "¡Siéntese, joven! Cuando a Dios le agrade convertir a los impíos, lo hará sin su ayuda o la mía".[2] Aunque el moderador estaba dirigido por su propia doctrina de la elección, había también la tradición en esos tiempos de que la Gran Comisión ya no era relevante. Carey, por tanto, tuvo que vencer un tipo de cesacionismo bastante distinto; pero asombrosamente, tuvo éxito al final. Dicho esto, los cesacionistas reformados hoy día por lo general ya no creen que la Gran Comisión estuviera limitada al primer siglo. Esto demuestra que pueden cambiar.

Aunque hay más de un tipo de cesacionismo, como veremos más adelante, algunos cesacionistas sostienen la idea de que Pablo de hecho predijo el cesacionismo cuando dijo que las profecías pasarían, las lenguas cesarían y que vendría lo "perfecto" (1 Corintios 13:8-10). Algunos entienden que lo "perfecto" se refiere a la Biblia: cuando la Iglesia finalmente acordó el canon final de las Escrituras. Aunque yo también estoy de acuerdo con que la Biblia es perfecta, eso no es a lo que se refería Pablo en 1 Corintios 13. Aunque se podría discutir que lo "perfecto" aquí se refiera a cuando estemos en el cielo, Pablo seguramente se refería al "amor perfecto", lo cual revela mi libro *Just Love* [Sólo amor] (una exposición versículo a versículo de 1 Corintios 13).[3]

Algunos cesacionistas construyen su caso en lo que declaró Juan al final del libro de Apocalipsis, el último libro de la Biblia. Él dio un solemne aviso: "Y si alguno quita palabras de este libro de profecía, Dios le quitará su parte del árbol de la vida y de la ciudad santa, descritos en este libro" (Apocalipsis 22:19). Como es el último libro en la formación del canon, ellos toman "este libro" para hacer referencia a toda la Biblia, mientras que Juan seguramente se refería a que no debemos añadir ni quitar del libro de Apocalipsis mismo. Algunos cesacionistas también citan Hebreos 2:4, donde Dios "testificó" de nuestra gran salvación mediante señales, prodigios y varios milagros, como si los milagros fueran sólo algo del pasado. Es muy difícil que esta pudiera ser la posición del escritor de la Epístola a los Hebreos, quien anima a las personas a entrar en la plena seguridad y experimentar a Dios directamente haciéndoles un juramento (Hebreos 4:1; 6:9-20).

El Dr. Martyn Lloyd-Jones solía decir una y otra vez: "La Biblia no se dio para reemplazar a lo milagroso sino para corregir abusos".

Tales abusos a veces surgen en el contexto de visiones, sueños y percibir una palabra directa de parte del Espíritu Santo.

Yo mismo he experimentado visiones, sueños y palabras directas que creo que provenían del Señor. En cuanto a los sueños, es un vasto tema que merece un trato por separado, pero cubrirlo está por encima del nivel de mi competencia. En cuanto a las palabras directas de Dios, me ha sucedido probablemente cinco o seis veces. El Dr. Lloyd-Jones me contó cómo llegó a escribir su libro *Depresión espiritual*. La mañana del domingo en que había planeado comenzar sus sermones sobre Efesios, el Espíritu Santo le habló directamente mientras se estaba vistiendo para ir a la iglesia. "Cuando levanté los tirantes de los pantalones por encima de mis hombros, de repente me dijeron: 'No debes comenzar tus sermones sobre Efesios. Debes hablar durante las siguientes semanas del tema de la depresión espiritual'". Me dijo que se apresuró a ir a su escritorio a agarrar pluma y papel y escribió los títulos de cada sermón lo más rápidamente que podía escribir a medida que se le daban en orden cronológico. Su libro *Depresión espiritual*, posiblemente mi favorito de todos sus libros, salió años antes de su serie sobre Efesios, y ha sido una bendición para miles de personas.

En unas palabras: la perspectiva cesacionista no sólo es débil, sino que tampoco tiene garantía bíblica para defender esta enseñanza. No hay mandato alguno en las Escrituras que defienda lo que es, en el mejor de los casos, una enseñanza especulativa. Estas personas lo están apostando todo a una carta, suponiendo que tienen razón con respecto a lo milagroso actualmente. A veces, temo que estén apostando a que su idea de que Dios ya no hace milagros hoy día es cierta. Esto para mí es grave, y una posición muy precaria donde situarse, es decir, descartar categóricamente la posibilidad de que Dios manifieste su gloria con señales y prodigios hoy día, y borrando así una gran parte de la Biblia para la actualidad. Piense lo mucho que la Biblia tiene que decir con respecto al poder de Dios. Sanidad. Señales y prodigios. Revelación de verdad mediante el Espíritu Santo. Piense en lo que queda en la Biblia si descartamos lo milagroso o los dones del Espíritu Santo. Pruebe esto: tome unas tijeras; recorra el Nuevo Testamento y corte todos los versículos referentes a la sanidad, el poder milagroso o los dones espirituales. Vea después lo que le queda: una Biblia hecha jirones.

Tomemos por ejemplo a un nuevo convertido. Él o ella supone que la Biblia es verdad, o esa persona no habría recibido a Cristo como Señor y Salvador. Esta persona supone que uno puede creer toda la Biblia. Cuando una persona se convierte y recibe una Biblia para empezar a leerla, él o ella supone que el Dios de la Biblia es el mismo Dios que el nuestro; que Jesucristo verdaderamente es el mismo ayer y hoy y por los siglos (Hebreos 13:8). A menos que el ministro se adelante y diga rápidamente: "Por cierto, cuando lea el Nuevo Testamento, especialmente los cuatro Evangelios y el libro de Hechos de los Apóstoles y gran parte de 1 Corintios, no comience a pensar que esas cosas pueden suceder hoy día", el nuevo hijo de Dios supondrá que hay que creer todo lo que dice la Biblia, y practicarlo. Qué decepción, posiblemente desilusión, cuando le dicen al nuevo creyente: "No espere ver a nadie sanarse. Ignore esa parte de 1 Corintios que habla acerca de los dones del Espíritu. Esa parte de la Biblia fue relevante sólo hace dos mil años. Y no vaya por ahí ungiendo a la gente con aceite. Todo eso ya se terminó".

Por fortuna, la perspectiva cesacionista no llegó al Tercer Mundo antes de que el evangelio alcanzara Latinoamérica, Sudamérica, África o Indonesia. O Singapur. Malasia. China. El cristianismo ha invadido estos países con una explosión tremenda de poder en décadas recientes. Prácticamente todos ellos son carismáticos o pentecostales, y practican los dones del Espíritu Santo sin obstáculos. ¿Debemos pensar que es fuego extraño que ha brotado en esas naciones? ¿O no es fuego santo?

EL DIOS QUE OCULTA SU ROSTRO

El punto de vista cesacionista tiene básicamente un propósito: explicar por qué no suceden los milagros. Por cierto, se da por hecho que los milagros no siempre ocurren. No ocurrieron siempre durante la era apostólica tampoco. Pablo le dijo a Timoteo que no bebiera agua sino que tomara un poco de vino por su estómago y sus frecuentes enfermedades (1 Timoteo 5:23). ¿Por qué no oró Pablo por él para que se recuperase, o le pidió a Timoteo que orase por él mismo para ponerse bien? Pablo dijo que dejó a Trófimo "enfermo" en Mileto (2 Timoteo 4:20). ¿Por qué? Eso fue durante el tiempo en que los milagros no habían *cesado*. Se da por hecho que hubo una aparente disminución de poder y milagros antes de la era de San Agustín y San Atanasio. ¿Por qué?

Puedo intentar dar una respuesta a por qué Dios no siempre sana y por qué puede manifestar su poder en una generación y saltarse la siguiente. Es porque una de las prerrogativas soberanas de Dios es ocultar su rostro. "Tú, Dios y salvador de Israel, eres un Dios que se oculta" (Isaías 45:15). Él dijo que tendría misericordia de los que tuviese misericordia (Romanos 9:15). Jesús casi con toda certeza caminó por la puerta del templo llamada Hermosa muchas veces, en la cual había un hombre lisiado de nacimiento. Y Jesús pasó por allí, posiblemente docenas de veces. Lo mismo ocurrió con los discípulos después de Pentecostés. Pero un día, de repente Pedro y Juan le dijeron al mismo hombre cojo: "¡Míranos!", y al instante fue sanado (Hechos 3:1-8).

¿Qué habría pasado si durante cientos de años no hubieran existido pensadores como Agustín o Atanasio? ¿Nos veríamos obligados a decir: "Dios ya no usa a grandes intelectos"? Ese es el principio en el que está basado el cesacionismo: como se produjeron tan pocos milagros después de completarse el canon de las Escrituras, algunos concluyeron que ya no los necesitábamos porque teníamos la Biblia. Del mismo modo, no deberíamos necesitar grandes mentes tampoco. Pero las necesitamos, y gracias a Dios cuando Él levanta a un Atanasio o un Jonathan Edwards. El cesacionismo levantó una doctrina para justificar la ausencia de milagros, dando a entender incluso que Dios nunca pretendió que las señales, los prodigios y los milagros se extendieran más allá de cierto periodo. Como consecuencia de esta enseñanza, los cesacionistas a veces se sienten forzados a negar cualquier cosa que huela a lo sobrenatural. Sé que algunos están tan a la defensiva por su cesacionismo, ¡que deciden llamar demoniaco a todo lo sobrenatural! Esto es algo que ellos me han admitido. Algunos no tienen problema en afirmar lo demoniaco, ¡pero no al Espíritu Santo! Y si es milagroso o sobrenatural, *debe de ser de Satanás,* ¡porque Dios no hace milagros hoy! Estoy seguro de que debe haber excepciones, pero los cesacionistas que conozco ni siquiera creen que la iglesia pueda echar fuera demonios, porque eso sería un milagro. En resumen: el diablo tiene poder y tiene libertad para demostrarlo, pero la Iglesia no. Dios ha esposado a propósito y estratégicamente las manos de sus siervos para que no oren por los enfermos, echen fuera demonios o escuchen una palabra directamente del Espíritu Santo.

Nunca olvidaré al Dr. Martyn Lloyd-Jones tratando este tema ante la congregación de Westminster. La congregación de Westminster tenía la costumbre de reunirse el primer lunes de cada mes en Westminster Chapel, para abordar una pregunta que uno de los ministros proponía. Un día el tema fue el cesacionismo. Estaban presentes algunos que defendían esto. Algunos habían sido influenciados por B. B. Warfield, el famoso teólogo de la Universidad Princeton, y J. Gresham Machen, el principal fundador de la iglesia presbiteriana ortodoxa. Eran grandes hombres. Doy gracias a Dios por ellos. Estaban llamados a ser acérrimos creyentes de las Santas Escrituras y luchar contra el error de su tiempo. Warfield había observado el extremismo y la superficialidad en la última parte del ministerio de Charles Finney (1792-1875), y Warfield sintió la obligación de producir una enseñanza para luchar contra la extensión del fanatismo. Pero el Dr. Lloyd-Jones no estaba de acuerdo con estos grandes hombres cuando se trataba del asunto del cesacionismo. "¿Debo creer", dijo esa mañana el Dr. Lloyd-Jones, "que aún existe la posesión demoniaca, pero no tenemos manera alguna de tratar esas cosas?".

MÁS DE UNA CLASE DE CESACIONISTAS

Algunos cesacionistas creen que Dios ordenó lo milagroso sólo para una generación (la forma más fuerte), pero otros dicen que la era milagrosa se extendió hasta los días de Constantino.

Algunos cesacionistas creen que lo milagroso cesó con la Iglesia establecida (como en Occidente), pero que Dios puede producir lo milagroso en áreas sin evangelizar (como en el Tercer Mundo) para respaldar el evangelio. Hay indicaciones de este punto de vista en Martín Lutero y Juan Calvino. Hay otros cesacionistas que creen que Dios puede obrar mediante la Providencia sobrenatural y dar una dirección milagrosa. Algunos incluso podrían permitir la sanidad ocasional mientras no sugiera una nueva revelación.

Al Dr. Lloyd-Jones le gustaba hablar del bien documentado relato del yerno de John Knox (1514-1572), ¡que fue resucitado de la muerte! Nadie parecía disputar esto en ese tiempo. Para leer más al respecto, vea *Surprised by the Power of the Spirit* [Sorprendido por el poder del Espíritu], de Jack Deere.[4]

Hay muchos líderes de iglesias que están abiertos al Espíritu y que han tenido una probadita de los dones del Espíritu. Hay un número cada vez mayor de pastores de este tipo. Quieren ver la Palabra y el Espíritu unidos. Hay líderes que son tan cautelosos, que tienden a rechazar casi cualquier mover del Espíritu que se produce. En verdad están abiertos a lo sobrenatural y milagroso en teoría, ¡pero con sus cinturones de seguridad firmemente abrochados! Entiendo eso. No les critico. Mi miedo es que, en su cautela, quizá (sólo quizá) apaguen sin querer al Espíritu Santo y, por tanto, se pierdan lo que Dios pueda hacer hoy día. Mi viejo amigo Rolfe Barnard a menudo se refería a Jonathan Edwards, que nos enseñó que la tarea de cada generación es descubrir en qué dirección se mueve el Redentor soberano, y luego moverse en esa dirección. ¿Cómo descubrimos en qué dirección se está moviendo el Redentor soberano? Creo que aquí es necesario que seamos vulnerables y dejemos de preocuparnos por lo que la gente pensará de nosotros. Yo le animaría a lanzar su cautela al viento y ser más vulnerable.

No hay por qué perderse la bendición del Espíritu Santo debido a nuestros temores. Las personas reformadas en la actualidad tienden a aplaudir el ministerio y el éxito de alguien como George Whitefield (1714-1770), a quien Dios usó poderosamente en Inglaterra y Nueva Inglaterra. Pero me pregunto qué es lo que habrían pensado si hubieran estado vivos entonces y hubieran visto algunos de los resultados de su predicación: cuando las personas se reían, gritaban, lloraban y ladraban como perros. Muchos cesacionistas hoy día hubieran tachado el ministerio de George Whitefield de *fuego extraño*.

John Wesley (1703-1791) criticó ferozmente a Whitefield por permitir que existiera el fanatismo en su predicación. Whitefield reconoció que no todo lo que ocurría en su ministerio era de Dios. Parte era de la carne, sin lugar a dudas. "Entonces acaba con la carne y lo que es falso", replicaba Wesley.

"Pero", decía Whitefield, "si acabas con la carne acabarás también con lo que es real". Tienes que dejar que fluya lo que ocurra. Es parte del estigma del verdadero avivamiento. Nada es perfecto en esta vida. En otras palabras, cuando Dios viene con poder, usted debería *esperar* ver cosas que le hacen sentir vergüenza. Pero no debemos dejar que eso nos impida dar la bienvenida al Espíritu Santo con los brazos abiertos, incluso aunque el diablo también esté involucrado. Espere eso. El avivamiento simplemente no llega en un paquete bonito y arreglado.

La decisión pública más valiente que jamás he tomado ha sido la de invitar a Arthur Blessitt (que lleva una cruz por todo el mundo, teniendo el record Guinnes por el recorrido más largo) a Westminster Chapel en abril y mayo de 1982. Fue la mejor decisión que tomé en mis veinticinco años allí. Pero se me encogió el corazón una y otra vez durante esas seis semanas. Antes de estar de acuerdo en aceptar mi invitación a quedarse con nosotros durante todo el mes de mayo, él me había preguntado: "¿Me va usted a esposar o me va a dejar que sea yo mismo?". Oh, vaya.

Entonces respondí: "Prometo que le dejaré ser usted mismo". Cumplí mi palabra, ¡y en verdad fue él mismo! Morí mil veces al ver las cosas tan poco comunes que ocurrieron, y fui personalmente confrontado con duras lecciones de obediencia. Fue el escenario de Wesley y Whitefield que acabo de describir arriba lo que ocurrió durante esas semanas. Casi pierdo mi trabajo por tenerle allí. Pero nunca lo lamenté; me abrió la puerta para recordarme que mi reputación no era tan importante, y a ir en pos de todo lo que Dios pueda querer hacer.

Finalmente nos abrimos al tipo de ministerio profético también. Esto era totalmente nuevo para todos nosotros. Aunque después me decepcioné con algunas de las conductas de sus vidas personales, nosotros como iglesia mejoramos por invitar a personas de este tipo. También comenzamos a ofrecer ungir con aceite, invitando a personas a pasar al frente para orar por ellas si no se sentían bien. (Véase Santiago 5:14-16). Había poca indicación al principio de si alguien era sanado o no. Entonces, un día recibí una carta de un hombre de Escocia que dijo que hacía dos años, cuando estuvo en Londres, acudió a Westminster Chapel. Él nunca había estado en una iglesia donde se ungiera con aceite, así que decidió pasar al frente, ya que nadie sabía quién era él; ¿qué tenía que perder? Había padecido de un problema de vértigo durante varios años, incluso tenía que pasar tres o cuatro horas al día tumbado en un catre en su lugar de trabajo. Cuando regresó a Glasgow el lunes después, notó que ya no estaba mareado. Ni al día siguiente. Después de seis semanas quitó el catre. Nunca lo volvió a necesitar. ¡Esperó dos años hasta que me lo contó!

Lentamente comenzamos a oír de otras personas que fueron sanadas. Un domingo en la noche, una señora de Chile se acercó a mí y me dijo con un inglés entrecortado: "Ore por mi esposo. La semana pasada usted me sanó a mí, ahora sánele a él".

Yo dije: "¿Qué? ¿Yo le sané a usted?".

"Sí. Me había mordido una serpiente en Chile hace muchos años. Mi pierna derecha se había hinchado, mucho. Muchísimo. Usted oró por mí el domingo pasado en la noche. El lunes en la mañana, la pierna era del mismo tamaño que la otra. Sin doctores. Sin medicina. Ahora sane a mi marido".

Entonces le pregunté a él: "¿Cuál es su problema?".

"No duermo", respondió él. "Hace veinticinco años que no duermo una noche de un tirón. Los espíritus siguen sacándome de la cama". (Después supimos que su madre era una bruja).

Llamé a un diácono para que se uniera a mí al ungirle con aceite. Supongo que algunos me aconsejarían que echara fuera el demonio. Pero le ungimos con aceite. El domingo siguiente regresó para decir: "He dormido tres noches esta semana, por primera vez en veinticinco años. ¿Podría orar otra vez?". Volvimos a orar por él. La semana siguiente dijo que durmió "como un bebé" toda la semana. Aún seguía durmiendo como un bebé cuando nos jubilamos.

Si no hubiera corrido ciertos riesgos en 1982, probablemente habría continuado esperando indefinidamente a que Dios se moviera con poder para sacudir a todos. Estoy muy contento de no haber esperado tanto. Jesús dijo que si somos fieles en lo poco, seremos fieles en lo mucho (Lucas 16:10).

Los miembros de Westminster Chapel recuerdan bien una grave tos que tuvo mi esposa Louise. Duró casi tres años. Fue horrible. Cinco de cada siete noches dormía en otra habitación para no despertarme. Esperábamos que el aire limpio de Florida durante nuestras vacaciones de verano resolviera el problema. Pero no fue así. Nuestro médico local finalmente le envió al hospital Brompton (especialistas en corazón y pulmón) de Londres. No produjo mejoría. En una ocasión, Louise fue a la sala de urgencias en el hospital St. Thomas de Londres con un problema en un ojo que le produjo la tos. El oftalmólogo le dijo a Louise que si no dejaba de toser, terminaría con desprendimiento de retina. Fueron días muy difíciles; me preocupaba que pudiera tener que retirarme del ministerio y regresar a los Estados Unidos.

Habíamos orado por ella muchas veces, pero un hombre al que casi no conocía se ofreció a orar por ella. Él y su esposa amablemente vinieron a nuestra congregación un sábado en la mañana para orar por ella. Louise había pasado en vela casi toda la noche por la tos, pero dijo: "Quiero que ese hombre ore por mí". Apenas si estaba despierta, pero se las arregló para ir a la iglesia. No hubo publicidad, ni adoración, ningún aviso diciéndole: "Tiene que creer". Nada de eso. Tan sólo oraron por ella durante unos cinco minutos, imponiendo manos sobre ella (y orando en lenguas). Eso es todo.

Fue sanada al instante. Eso fue en diciembre de 1994. Fue la sanidad de Louise lo que nos facilitó seguir en las cosas del

Espíritu Santo en Westminster Chapel. Todos supieron que tenía que ser algo genuino. La horrible tos nunca regresó. Su visión es buena. Es más, cambió la propia vida de oración de Louise. Ella quería estar cada vez más tiempo a solas con el Señor y su Palabra, una hora o más al día siempre que podía.

Llegó la noticia de esto a muchos lugares. Una doctora cuyo esposo era el guardián de una prominente iglesia anglicana se acercó a mí en una recepción para preguntarme por Louise. Después de contarle lo ocurrido, me miró y me dijo con lágrimas: "Daría cualquier cosa en el mundo porque a mí me sucediera algo así". Eso me sorprendió, y a la vez no debería haberme sorprendido.

Lo que se considera la franja fanática en el cristianismo estadounidense es prácticamente lo convencional en Gran Bretaña. Ha habido dos arzobispos distintos de Canterbury en años recientes a quienes se les considera carismáticos. Y a menudo es la clase alta de la sociedad de Inglaterra la que ha estado más abierta a la obra inmediata del Espíritu.

Y sin embargo, recibimos una carta unos meses después de la sanidad de Louise de un médico de Yorkshire que quería que supiésemos que lo que le ocurrió a ella fue algo totalmente psicosomático: ¡que fue el poder de la sugestión lo que le hizo sanar! Louise había estado en un estado casi comatoso esa mañana que fue sanada. Apenas estaba despierta, y sólo se sentó mientras oraban por ella. "No tenía fe ninguna", ha dicho a menudo Louise. En cuanto a por qué no fue sanada mediante nuestro propio ministerio semanal de unción con aceite, no lo sé. Quizá para abrir nuestra iglesia a personas con una perspectiva más amplia en contraposición a ser demasiado estrechos de mira. Pero nunca miramos atrás, sólo para dar gracias a Dios por lo que hizo por nosotros.

Para citar de nuevo a Rolfe Barnard, el legendario evangelista reformado que ministró por todos los Estados Unidos, que solía decir: "Uno de estos días alguien va a venir y tomar una Biblia y creerla, y nos avergonzará al resto".

Capítulo 10

EL BAUTISMO CON EL ESPÍRITU SANTO

Juan bautizó con agua, pero dentro de pocos días ustedes serán bautizados con el Espíritu Santo...Pero cuando venga el Espíritu Santo sobre ustedes, recibirán poder y serán mis testigos tanto en Jerusalén como en toda Judea y Samaria, y hasta los confines de la tierra.

—Hechos 1:5-8

Si operamos sólo según nuestra capacidad, nosotros recibimos la gloria; si operamos según el poder del Espíritu en nuestro interior, Dios recibe la gloria.[1]

—Henry T. Blackaby

L A ENSEÑANZA DEL NUEVO TESTAMENTO CON RESPECTO al bautismo con el Espíritu Santo ha estado llena de controversia, especialmente durante el último siglo. Por un lado, ¿debería decirse bautismo *en* el Espíritu Santo, *por* el Espíritu Santo o *con* el Espíritu Santo? ¿Y deberíamos hablar del bautismo *del* Espíritu Santo? Mi propia opinión es que no importa. Las controversias históricas a menudo se centran en términos que pueden dividir de manera innecesaria. La primera referencia en el Nuevo Testamento al bautismo con el Espíritu Santo es la de Juan el Bautista, que contrasta con su bautismo con agua y el de Jesús con el Espíritu y con fuego: "Él los bautizará con el Espíritu Santo y con fuego" (Mateo 3:11; Lucas 3:16). El relato de Marcos (Marcos 1:8) omite "con fuego". Juan el Bautista también dijo: "Aquel sobre quien veas que el Espíritu desciende [como una paloma] y

177

permanece, es el que bautiza con el Espíritu Santo" (Juan 1:33). Aunque el Evangelio de Juan es el que más tiene que decir acerca del Espíritu Santo, la palabra de Juan el Bautista es la única referencia explícita a ser bautizado con el Espíritu en el cuarto Evangelio. La siguiente referencia al bautismo con el Espíritu Santo es Lucas cuando cita a Jesús justamente antes de su ascensión al cielo: "Juan bautizó con agua, pero dentro de pocos días ustedes serán bautizados con el Espíritu Santo" (Hechos 1:5).

Cuando Jesús le pidió a Juan el Bautista que le bautizara, Juan intentó disuadirlo: "Yo soy el que necesita ser bautizado por ti, ¿y tú vienes a mí?—objetó.—Dejémoslo así por ahora, pues nos conviene cumplir con lo que es justo—le contestó Jesús" (Mateo 3:14-15). Juan consintió. En cuanto Jesús fue bautizado, "se abrió el cielo, y él vio al Espíritu de Dios bajar como una paloma y posarse sobre él" (v. 16). Es aquí cuando Jesús mismo recibió el Espíritu Santo sin medida (Juan 3:34) y fue totalmente consciente de quién era. "Y una voz del cielo decía: «Éste es mi Hijo amado; estoy muy complacido con él»" (Mateo 3:17).

Estos versículos demuestran que el bautismo con el Espíritu es lo que Jesús hace en el cielo donde está sentado a la diestra de Dios. La experiencia de las personas que son bautizadas con el Espíritu Santo es obvia al menos en cinco lugares en el libro de los Hechos:

1. "Todos fueron llenos del Espíritu Santo y comenzaron a hablar en diferentes lenguas, según el Espíritu les concedía expresarse" (Hechos 2:4).
2. "Entonces Pedro y Juan les impusieron las manos, y ellos recibieron el Espíritu Santo" (Hechos 8:17).
3. "Ananías se fue y, cuando llegó a la casa, le impuso las manos a Saulo y le dijo: «Hermano Saulo, el Señor Jesús, que se te apareció en el camino, me ha enviado para que recobres la vista y seas lleno del Espíritu Santo». Al instante cayó de los ojos de Saulo algo como escamas, y recobró la vista" (Hechos 9:17-18).

4. "Mientras Pedro estaba todavía hablando, el Espíritu Santo descendió sobre todos los que escuchaban el mensaje" (Hechos 10:44). Podemos contar esto como el bautismo con el Espíritu Santo porque Pedro, al recordar este evento a los demás discípulos, dijo: "Entonces recordé lo que había dicho el Señor: 'Juan bautizó con agua, pero ustedes serán bautizados con el Espíritu Santo'" (Hechos 11:16).
5. "Cuando Pablo les impuso las manos, el Espíritu Santo vino sobre ellos, y empezaron a hablar en lenguas y a profetizar" (Hechos 19:6).

Mientras que los versículos previos indican un bautismo *inicial* con el Espíritu, se podría argumentar que el mismo fenómeno podría ocurrir a las mismas personas otra vez: "Pedro, lleno del Espíritu Santo, les respondió..." (Hechos 4:8). Aunque este versículo bien podría describir a Pedro generalmente en esos días, algunos eruditos creen que Pedro tenía una llenura fresca en ese momento mientras se dirigía a los gobernantes y maestros de la Ley. Si es así, esto le sucedió a Pedro: "Entonces Saulo, o sea Pablo, lleno del Espíritu Santo, clavó los ojos en Elimas..." (Hechos 13:9). Además, después de una gran reunión de oración donde el lugar "tembló", los discípulos "fueron llenos del Espíritu Santo, y proclamaban la palabra de Dios sin temor alguno" (Hechos 4:31). Estos fueron posiblemente bautismos frescos con el Espíritu, aunque el fenómeno pentecostal del viento y el fuego no se repitiera.

Jesús también usó el término *bautismo* de una forma totalmente distinta. Preguntó a los discípulos: "¿Pueden acaso beber el trago amargo de la copa que yo bebo, o pasar por la prueba del bautismo con el que voy a ser probado?". Sus inmaduros discípulos rápidamente respondieron: "Sí, podemos" (Marcos 10:38-39). Ellos no sabían lo que estaban diciendo. Jesús estaba hablando de una prueba no muy lejana, cuando Él bebería de la copa que el Padre había preparado para Él. Después oró en Getsemaní:

"Padre mío, si es posible, no me hagas beber este trago amargo" (Mateo 26:39). Jesús estaba hablando de un bautismo de incalculable sufrimiento, uno que conllevaba dolor físico, rechazo, injusticia y el peor sufrimiento imaginable: el de la cruz. "Pero tengo que pasar por la prueba de un bautismo, y ¡cuánta angustia siento hasta que se cumpla" (Lucas 12:50).

La palabra *bautizar* técnicamente significa: "ser sumergido o empapado". Y a la vez, se dice que el Espíritu *cae* o *desciende* sobre las personas (Hechos 8:16, RVR60; 10:44, RVR60). Los discípulos debían ser revestidos con poder "de lo alto" (Lucas 24:49), lo cual significa que el Espíritu desciende del cielo. Algunos insisten en que el bautismo con el Espíritu es una experiencia inicial que sucede una sola vez y para siempre; otros (como el Dr. Martyn Lloyd-Jones) creen que puede ocurrir una y otra vez. A mí me parece que no hay nada que prohíba que el Espíritu Santo caiga sobre una persona repetidas veces, ya sea que la persona haya sido bautizada, o empapada, con el Espíritu.

Hay al menos dos movimientos que surgieron a principios del siglo XX que frecuentemente usaron el término *bautismo con el Espíritu Santo*. El más conocido es el que se produjo principalmente en Azusa Street Mission en Los Ángeles, California, en 1906. El Espíritu Santo cayó sobre este grupo con gran poder, y hablar en lenguas estaba generalizado. El pentecostalismo clásico le debe su existencia a las reuniones de Azusa Street. El bautismo con el Espíritu Santo se convirtió en sinónimo de hablar en lenguas. El segundo movimiento fue el temprano movimiento de Santidad, que dio lugar al nacimiento de la Iglesia de los Nazarenos en 1908. Arraigado en el perfeccionismo Wesleyano, la Iglesia de los Nazarenos enseñaba que el bautismo con el Espíritu Santo estaba conectado a su doctrina de la santificación completa. Los nazarenos enseñaban que la santificación era una experiencia que había que recibir, pero no tenía nada que ver con las lenguas. Ciertamente, el nombre original Iglesia Pentecostal de los Nazarenos pasó a ser Iglesia de los Nazarenos, ya que querían asegurarse de que nadie les confundiera con el Movimiento de las Lenguas, como era llamado.

Hay, por tanto, al menos tres corrientes con respecto al bautismo con el Espíritu Santo. En primer lugar, la prevaleciente perspectiva evangélica conservadora es que el bautismo con el Espíritu es un acontecimiento inconsciente que tiene todo creyente en la conversión. Esta sería la perspectiva reformada del bautismo con el Espíritu. El apoyo bíblico para esta corriente, la cual defendía el difunto Dr. John R. W. Stott (1921-2011), está basada casi por completo en 1 Corintios 12:13: "Todos fuimos bautizados por un solo Espíritu para constituir un solo cuerpo—ya seamos judíos o gentiles, esclavos o libres—, y a todos se nos dio a beber de un mismo Espíritu". Para los evangélicos conservadores, este versículo es definitivo, claro y final. El bautismo con el Espíritu es una parte del paquete cuando una persona se convierte, es regenerada o recibe la fe salvadora. En Cristo han sido "llenados de toda riqueza". Por tanto, "no les falta ningún don espiritual mientras esperan con ansias que se manifieste nuestro Señor Jesucristo" (1 Corintios 1:5, 7). Algunos dirían que esto se produce en el bautismo con agua. Otros enseñan que fe salvadora significa que la persona fue bautizada con el Espíritu Santo. En cualquier caso, según la mayoría de evangélicos conservadores, todos los cristianos han sido bautizados con el Espíritu Santo. Para ellos, cualquier mención a que *también* deberían recibir el bautismo del Espíritu Santo se considera redundante. Estas personas han aprendido y enseñan que "se recibe todo" en la conversión. No todos los que enseñan que todos los cristianos son bautizados con el Espíritu en la conversión son cesacionistas, pero todos los cesacionistas ciertamente creen que el bautismo con el Espíritu se recibe en la conversión.

He hecho referencia a las otras dos corrientes, es decir, la perspectiva pentecostal de que el bautismo con el Espíritu Santo está caracterizado por hablar en lenguas; y la corriente de la Santidad (Wesleyana), la cual incluiría al Ejército de Salvación, donde el bautismo del Espíritu Santo es santificación total pero no tiene nada que ver con las lenguas. Para los nazarenos, el bautismo con el Espíritu Santo se convirtió en la norma desde 1928 hasta la década de 1970 cuando varios eruditos pusieron en entredicho que John Wesley mismo no creía esto. Parecía, por tanto, que los nazarenos se estaban alejando de su postura tradicional de que la santificación era una experiencia del bautismo con el Espíritu. En cualquier caso, tanto la postura pentecostal como la tradicional de los nazarenos tienen en común que el bautismo con el Espíritu es (1) consciente y (2) posterior a nacer de nuevo.

EL SIGNIFICADO DE 1 CORINTIOS 12:13

¿Qué significa entonces 1 Corintios 12:13 cuando dice: "Todos fuimos bautizados por un solo Espíritu"? Yo respondo: ser bautizado por el Espíritu en 1 Corintios 12:13 ciertamente (1) se refiere a la conversión inicial de la persona; (2) describe a cada creyente, (3) es lo que le ocurre objetivamente a cada cristiano; (4) es inconsciente; (5) es un acontecimiento, no una experiencia. Hay muchas referencias al bautismo con agua, mostrando que es el primer acto de obediencia de una persona después de haber creído (Hechos 2:41; 8:12-13; 16:33; 9:18; 19:3-4, 5; 22:16; 1 Corintios 1:13-16). Pablo, por tanto, puede que se refiera indirectamente al bautismo de ellos mediante agua y muestra que el Espíritu *también* sumerge o empapa a todo aquel que cree. Pablo, en cualquier caso, está diciendo que todos los cristianos tienen al Espíritu Santo, como en Romanos 8:9: "Y si alguno no tiene el Espíritu de Cristo, no es de Cristo". Sin duda, todo aquel que ha sido bautizado con agua tiene al Espíritu Santo, porque creyeron y se arrepintieron primero.

Sin embargo, superponer el uso que hace Lucas del bautismo con el Espíritu Santo a 1 Corintios 12:13, y afirmar que todos los cristianos automáticamente experimentan lo que experimentó la Iglesia primitiva, es incongruente. Pablo no está diciendo que todos los cristianos reciben el bautismo con el Espíritu Santo (como describe Lucas en los Hechos de los Apóstoles) en la conversión. Ciertamente no. Primera de Corintios 12:13 no está describiendo una experiencia; se refiere a un acontecimiento objetivo e inconsciente. No es, por tanto, una referencia al bautismo con el Espíritu Santo como describe el libro de Hechos. Tampoco es

un versículo que diga que usted lo *recibe todo* en la conversión.
Y para los que dirían que 1 Corintios 12:13 muestra que usted lo
recibe todo en la conversión y está apoyado por 1 Corintios 1:7
("de modo que no les falta ningún don espiritual"), yo pregunto:
¿Por qué urge Pablo a los corintios en la misma carta a desear los
mejores dones espirituales (1 Corintios 12:31)?

Es, sin duda, un hecho *aceptado* que los discípulos fueron
regenerados antes de la venida del Espíritu en Pentecostés. Jesús
dijo que ya fueron "limpiados". "Y ustedes ya están limpios, aunque no todos" (Juan 13:10), la última parte refiriéndose a Judas
Iscariote que le traicionaría. De nuevo: "Ustedes ya están limpios
por la palabra que les he comunicado" (Juan 15:3). En el aposento
alto en el día de su resurrección, Jesús sopló sobre sus discípulos
y dijo: "Reciban el Espíritu Santo" (Juan 20:22-23). Estoy seguro
de que algo les sucedió, aunque no sé bien lo que fue. Quizá fue
una mayor medida del Espíritu y un nivel más alto de preparación para lo que vendría en pocos días. No debemos desviarnos
de este versículo y debatir qué fue lo que les ocurrió justamente
entonces, pero en cualquier caso se puede suponer que los discípulos fueron salvos antes de Pentecostés independientemente de
su falta de preciso entendimiento. Fue el bautismo con el Espíritu Santo lo que les aclaró todo.

Mi punto es este. La experiencia de los discípulos del bautismo
con el Espíritu Santo el día de Pentecostés, por tanto, demuestra que fue algo consciente y que llegó a ellos cuando ya habían
creído.

El fuego

¿Cuál es el significado del fuego, cuando dice que Jesús bautizaría
con el Espíritu Santo y fuego? Las propiedades del fuego incluyen
al menos tres cosas: poder, iluminación y limpieza. (Véase Apéndice: Fuego). Lo primero que Jesús mencionó al prometer el Espíritu fue "poder" (Lucas 24:49; Hechos 1:8). Eso fue lo que permitió
que los discípulos pudieran evangelizar con eficacia y sin temor.
En segundo lugar, el fuego también proporcionó iluminación; es

lo que permitió que los discípulos vieran por qué Jesús murió y resucitó de la muerte. El bautismo con el Espíritu proporciona una mayor claridad con respecto a la seguridad de salvación y la sana doctrina. En tercer lugar, el fuego limpia; el bautismo con el Espíritu Santo limpia el corazón, purificándolo (Hechos 15:9). No erradica la naturaleza pecaminosa, pero permite que el corazón se enfoque con más claridad en lo que da honor y gloria a Dios.

¿Por qué algunos cristianos se inquietan con la idea que quizá haya *más* para ellos después de su conversión? ¿Es algo en lo que no quieren pensar? ¿Es algo que desafiaría su teología? ¿O su orgullo? La idea del bautismo o sello del Espíritu después de la conversión, ¿sugiere que deberían salir de su zona de comodidad? ¿O no es una posibilidad emocionante, la de experimentar el poder, la paz y el gozo del testimonio inmediato del Espíritu Santo?

Cuando los samaritanos aceptaron la Palabra de Dios, Pedro y Juan fueron a verlos. Los nuevos discípulos allí querían más. Pedro y Juan "oraron por ellos para que recibieran el Espíritu Santo, porque el Espíritu aún no había descendido sobre ninguno de ellos; solamente habían sido bautizados en el nombre del Señor Jesús. Entonces Pedro y Juan les impusieron las manos, y ellos recibieron el Espíritu Santo" (Hechos 8:14-17). El contexto revela sin lugar a dudas que aquellas personas en Samaria, algunas de las cuales fueron sanadas y otras liberadas de espíritus inmundos (Hechos 8:7), verdaderamente habían creído el mensaje de Felipe y ya estaban convertidos. Entonces ¿no tenían ya el Espíritu Santo? Claro que lo tenían. Si no tuvieran el Espíritu no tendrían a Cristo (Romanos 8:9). Nadie puede decir que "Jesús es Señor" sino por el Espíritu Santo (1 Corintios 12:3). Todos fueron bautizados por el mismo Espíritu (1 Corintios 12:3), pero ellos querían más. ¿Qué les faltaba? El bautismo consciente con el Espíritu. Eso es lo que significan las palabras: "El Espíritu Santo aún no había descendido sobre ellos", aunque habían sido bautizados (en agua). Todo esto demuestra que el bautismo con el Espíritu Santo es una experiencia consciente y generalmente sucede después de haber creído.

Saulo de Tarso fue convertido en el camino a Damasco, y sin embargo Ananías recibió el mandato de ir a su encuentro, para que "recobres la vista y seas lleno del Espíritu Santo" (Hechos 9:17-19). Este es el patrón normal de los creyentes: primero, regeneración o fe salvadora; segundo, la recepción o bautismo con el Espíritu Santo. En pocas palabras: la llenura de Pablo fue (1) posterior a su conversión, y (2) una experiencia consciente. Vemos un patrón similar después cuando Pablo llegó a Éfeso. Encontró a algunos discípulos allí y les preguntó: "¿Recibieron ustedes el Espíritu Santo cuando creyeron?" (Hechos 19:2). ¿Por qué hizo Pablo esta pregunta? En primer lugar, estaba hablando acerca del bautismo con el Espíritu cuando mencionó el hecho de recibir el Espíritu. Después de todo, si ellos habían creído, ya tendrían al Espíritu Santo. No podemos creer sin el Espíritu Santo (Juan 6:44). Pablo pudo ver que había comenzado una obra genuina de regeneración en ellos. En segundo lugar, si hubieran "recibido" el Espíritu lo sabrían; lo recordarían. Recibir el Espíritu es una experiencia consciente. Aunque es algo pasivo, es a la vez consciente. En tercer lugar, Pablo acepta el hecho obvio de que eran verdaderos creyentes. Él no estaba cuestionando si eran o no creyentes, sino si habían recibido o no el bautismo con el Espíritu Santo. Pablo da por hecho que ya habían creído. Fueron regenerados. Fue lo que Juan Calvino llamó fe "implícita": cuando su entendimiento estaba limitado pero su corazón totalmente abierto a lo que habían oído. Calvino llamó a la fe implícita fe verdadera. Así es como describió a la mujer samaritana que había recibido totalmente a Jesús pero le faltaba entendimiento (Juan 4). Ese era exactamente el estado de aquellas personas en Éfeso. Eran creyentes. Fueron regenerados. Tenían mucho que aprender. No habían recibido el bautismo con el Espíritu. Estaban hambrientos. Abiertos. Deseosos. La prueba de esto: en cuanto Pablo les dijo cuál debía ser el siguiente paso, aceptaron su palabra sin reservas. "Cuando Pablo les impuso las manos, el Espíritu Santo vino sobre ellos, y empezaron a hablar en lenguas y a profetizar" (Hechos 19:6).

¿Son las "lenguas" una señal del Espíritu Santo?

Esto nos lleva al asunto de si hablar en lenguas es una señal necesaria de que alguien ha sido bautizado con el Espíritu Santo. Hablar en lenguas caracterizó a los discípulos en Pentecostés (Hechos 2:4), a Cornelio (Hecho 10:46) y a los doce hombres en Éfeso (Hechos 19:6). No se dice nada acerca de hablar en lenguas cuando Pedro y Juan oraron por las personas de Samaria (Hechos 8:17), o cuando Pablo recibió el Espíritu (Hechos 9:18). Esto no significa que los samaritanos no hablasen en lenguas. La mayoría de pentecostales y carismáticos dirían que sí lo hicieron aunque la Palabra no lo diga explícitamente. Ni tampoco significa que Pablo no hablara en lenguas cuando Ananías oró por él. Quizá lo hizo. Ciertamente sabemos que sí lo hizo después (1 Corintios 14:18). La mayoría de pentecostales y carismáticos creen que el bautismo con el Espíritu siempre está acompañado de hablar en lenguas. Según ellos, si usted no habla en lenguas no ha sido lleno del Espíritu. El término *lleno del Espíritu* a menudo es una expresión que carismáticos y pentecostales usan para las personas que hablan en lenguas.

Pero tengo que decir con toda honestidad y candor que cuando yo fui bautizado con el Espíritu Santo el 31 de octubre de 1955, no hablé en lenguas. Eso ocurrió varios meses después. Charles Carrin testifica que el día en que el prisionero oró por él y el Espíritu Santo descendió en poder y le libró de todo tipo de sandeces, no habló en otras lenguas; sucedió varios meses después. Digo esto porque pienso que es un error decir que las *lenguas* son la prueba de haber recibido al Espíritu. Hay cristianos sinceros que quizá no hablan en lenguas. Una cosa es cierta, y es que si a alguien se le empuja a hablar en lenguas, probablemente lo hará. Pero ¿es eso *lo real?* Siempre existirá la duda. A veces es real, pero no siempre. Yo creo que mis amigos pentecostales y carismáticos tendrían más influencia, tendrían más éxito con los no carismáticos, y se les respetaría más si no arremetieran tanto contra quienes no hablan en lenguas. También conozco a personas sinceras que han intentado por todos los medios hablar en lenguas, pero no pueden.

El Dr. Martyn Lloyd-Jones dice esto acerca del bautismo con el Espíritu Santo:

1. Es consciente
2. Normalmente es posterior a que la persona haya creído
3. Es la forma suprema de seguridad

A él le encantaba citar la experiencia de D. L. Moody. Moody iba caminando por las calles de Brooklyn, Nueva York, cuando un día inesperadamente el Espíritu de Dios descendió sobre él. La experiencia fue tan poderosa que Moody, de hecho pensó que moriría. Dijo: "Le pedí a Dios que dejara su mano" para no morir allí mismo. Fue así de poderoso. Dios ciertamente puede hacer eso por usted.

¿QUÉ HACER AHORA?

¿Puede alguien acelerar la llegada del Espíritu? Algunos dirán que *sí*: tan sólo láncese a ello. Algunos incluso le animarán a elaborarlo. Alguien podría tener éxito, pero más adelante, cuando llegue la prueba, el enemigo podría hacer que una persona así dude y se desespere. Seguramente usted no quiere fuego extraño. Lo que me ocurrió a mí fue pasivo, surgió de la nada. Quizá no fue así con otras personas. Puede que usted tenga que buscarlo, o quizá tenga que esperar, pero personalmente yo detestaría hacer algo que pudiera alentar a que se produjera una imitación o falsificación. El bautismo con el Espíritu Santo es real. No tiene usted que elaborarlo. Cuando alguien busque a Dios con todo su corazón, le encontrará. "Me buscarán y me encontrarán, cuando me busquen de todo corazón. Me dejaré encontrar" (Jeremías 29:13-14). "No nos cansemos de hacer el bien, porque a su debido tiempo cosecharemos si no nos damos por vencidos" (Gálatas 6:9).

Dios nunca llega demasiado tarde, nunca demasiado temprano, sino siempre a tiempo.

Hay dos cosas que a menudo preceden a la llegada del Espíritu. Primero, un gran hambre. Un anhelo. Un deseo de que venga el Espíritu Santo. Es la manera de Dios de probarle para ver lo importante que Él es para usted. Segundo, aunque no quisiera llevar esto demasiado lejos, no se sorprenda si hay un poco de sufrimiento, lo justo para hacer que usted se arrodille. A menudo, es la forma que tiene Dios de llamar su atención. Este es un versículo que ha significado mucho para mí en conexión con esto: "Y *después de que ustedes hayan sufrido un poco de tiempo*, Dios mismo, el Dios de toda gracia que los llamó a su gloria eterna en Cristo, los restaurará y los hará fuertes, firmes y estables. A él sea el poder por los siglos de los siglos. Amén" (1 Pedro 5:10, énfasis añadido).

Capítulo 11

DONES DEL ESPÍRITU

Ahora bien, hay diversos dones, pero un mismo Espíritu... A cada uno se le da una manifestación especial del Espíritu para el bien de los demás.

—1 Corintios 12:4, 7

No se contenten con el llamado de Dios o sus dones en su vida. Conténtense con Jesucristo mismo.[1]

—Liu Zhenying
(Más conocido como el Hermano Yun)

H ACE MUCHOS AÑOS, CUANDO YO ERA EL PASTOR DE UNA pequeña iglesia en Carlisle, Ohio, un hombre que había salido en la revista *Time* como el líder del movimiento de la glosolalia, estaba por esa zona. (Lo que ahora se llama el movimiento carismático se llamaba entonces glosolalia, tomado de la palabra griega *glossa*, que significa lengua). Él estaba allí para hablar acerca del bautismo del Espíritu Santo. Resultó que yo me senté en la mesa enfrente de él. Me dijo que las tres cosas más importantes que le han ocurrido fueron hacerse cristiano, ser bautizado con el Espíritu Santo y convertirse en calvinista. Entonces era un ministro de la Iglesia Reformada de América. Eso llamó mi atención. Oró por mí para que recibiera el don de lenguas. Como afirmaba ser reformado, me sentí seguro en dejarle orar por mí. Recuerdo que le dije al Señor: "Si esto viene de ti, que suceda; si no, detenlo". Estaba todo lo abierto que sabía. Cuando él oró, no ocurrió nada. Entonces dijo: "Tome el versículo literalmente; 'Haga un sonido agradable al Señor'".

Yo dije: "¿A qué se refiere?".

Él respondió: "Haga sólo un sonido agradable". Le dije que aún no entendía. Entonces me dijo: "Haga sólo un sonido. Diga 'Ah'". Dije: "Ah". No ocurrió nada. Me dijo que eso siempre le había funcionado.

Existen al menos dos movimientos que han surgido en años recientes y que han causado grandes divisiones de iglesias. Uno es ser demasiado celoso acerca de las lenguas; el otro es ser demasiado celosos del calvinismo. Las personas que son muy celosas de esas posturas a veces hacen de ellas una prioridad y se emocionan más por las lenguas o el calvinismo que por el evangelio y por guiar a las personas al conocimiento salvador de Jesucristo. Ambos movimientos a veces hacen más mal que bien.

Dicho esto, hay muchos creyentes sinceros que no quieren saber nada de los dones del Espíritu de parte de quienes puede que tengan el don de lenguas, pero no el don de sabiduría. No me he encontrado a muchos que sean celosos de orar para que las personas reciban el don de sabiduría, pero hay muchos que están deseosos de conseguir que la gente ore en lenguas.

Sin embargo, en este capítulo debo defender también a algunas de estas personas. Si usted es evangélico conservador, entiendo bastante bien cómo se siente. Pero intente entender lo que digo. No cabe duda de que algunos de estos cristianos han sido enormemente bendecidos con un don de lenguas. A veces se le denomina un *lenguaje de oración*. Ellos oran a Dios pero no saben lo que están diciendo. Usted dirá: "Eso es una estupidez". Pero Pablo dice que así es. Además, dicha persona "se edifica a sí mismo" (1 Corintios 14:4). Sin duda, algunas personas son tan edificadas al orar en lenguas que quieren que sus amigos también lo disfruten. No sólo eso, ya que por extraño que pueda parecer, a veces Dios honra esto. Sí, estoy reconociendo que algunas personas reciben el don de lenguas de la forma exacta que yo mismo rechacé, como dije anteriormente. Sugerir que la gente diga palabras ininteligibles, galimatías, para comenzar a hablar en lenguas a veces conduce a un verdadero don de lenguas. Y a la vez, me doy cuenta de que al permitir esta posibilidad se lo estoy poniendo en bandeja a los cínicos que buscan una buena razón para menospreciar categóricamente el hablar el lenguas. Admito que algunos aprendan a hablar en lenguas con otra persona que les ayude. No es siempre el poder de la autosugestión, aunque no debamos descartarlo en algunos casos. La verdadera razón por la que a veces funciona es porque una persona anhela mucho hablar en lenguas; estoy seguro de que Dios puede muy bien honrar tal deseo. Pero también es porque Dios honra la vulnerabilidad y la disposición a ser como un niño, o a verse como un necio. No es algo malo cuando la persona más sofisticada, culta, entendida y teológicamente preparada está dispuesta a hacer esto. Jackie Pullinger es un buen ejemplo. Ella es una mujer inglesa muy bien educada y de clase alta que estaba en una reunión de oración en una casa en Croydon, Surrey, y oyó a alguien decir algo acerca de hablar en lenguas: lo último en el mundo en lo que los británicos refinados podrían estar interesados. "Cuando oí eso por primera vez, supe que era para mí", me dijo ella.

Conocí a Jackie Pullinger en Hong Kong a finales de la década de 1980. Yo había tenido muchísimos prejuicios contra ella. Le había oído hablar en cintas, y me parecía que siempre quería hablar acerca de las lenguas. Y a la vez, quería conocerla. Me dijeron que iba a acudir a oírme predicar en la convención Keswick en Hong Kong. Me invitó a ir a su casa en Kowloon al día siguiente. Yo no estaba preparado para lo que vi. Había decenas y decenas de chinos exdrogadictos recién convertidos que estaban cantando coritos y orando en lenguas hora tras hora. Eso era prácticamente todo lo que hacían. Vi y escuché con asombro. Recuerdo verles y oírles cantar: "Dad gracias al Señor resucitado" (me sabía bien esa canción, aunque la estaban cantando en cantonés). Estaban haciendo algo para lo que no tenían trasfondo ni soñaron poder hacer antes.

Yo pregunté: "¿Qué está ocurriendo?". Jackie me explicó que su ministerio estaba dirigido casi en su totalidad a los heroinómanos en las calles de Hong Kong. Su método era hablarles de Jesús, quien murió por sus pecados y resucitó de la muerte, y que Él es el Hijo de Dios y que ellos necesitan recibirle. Algunos de ellos, me dijo ella, estaban tan cerca de la muerte que apenas si podían hablar. Eso no le detuvo a esta mujer. Ella les daba el evangelio, y les pedía que creyeran en Jesucristo, que Él es el Hijo de Dios. En cuanto hacían la oración del pecador, ella les decía: "Ahora comienza a hablar en un lenguaje que no sea el tuyo". Ellos no tenían preferencias de ningún tipo, y obedientemente hacían eso: hablar en un lenguaje desconocido. Hablaban en lenguas para dejar la heroína. Día tras día.

Louise y yo fuimos a la antigua ciudad amurallada en Hong Kong al día siguiente para ver a Jackie ministrar a los drogadictos. Mientras estábamos en la ciudad amurallada, algunos de esos nuevos convertidos pidieron orar por Louise; y en minutos, Louise comenzó a hablar en lenguas. Ellos eran exdrogadictos que ahora oraban por cristianos que venían de todo el mundo para ver el ministerio de Jackie. Louise no podía creer que eso realmente le hubiera pasado a ella. Pero estaba emocionada. Tenía miedo a perderlo a la mañana siguiente. Se levantó a mitad de la noche, temiendo que todo hubiera sido falso. Mientras oraba, ¡su nuevo lenguaje de oración se activó! ¡No lo había perdido! Ha estado orando en lenguas privadamente todos los días desde entonces.

Prediqué para Jackie el siguiente domingo en la tarde. Conocí a personas que se habían convertido hacía poco y también a personas que hacía años que ya eran salvas. Recuerdo que no podía contener las lágrimas tan sólo al estar sentado en la reunión. Nunca antes había experimentado algo así.

La ciudad de Hong Kong finalmente le dio a Jackie acres de terreno para realizar su obra misionera. Reconocieron que ella era la única persona que estaba sacando exitosamente de los drogadictos de las calles. Ella hacía lo que los hospitales, psiquiatras y psicólogos no podían hacer. Los éxitos hospitalarios eran abismales en comparación. Su éxito era extraordinario. Algunos de quienes hicieron una profesión de fe recayeron, sí, pero un alto porcentaje de ellos perseveraron y salieron de la heroína por completo. Recuperaron peso, consiguieron trabajos y se convirtieron en una parte de la sociedad que hacía el bien. Jackie, por la gracia de Dios, logró todo esto literalmente sacando a sus convertidos de la droga mediante hablar en lenguas. Por eso dije anteriormente que debo a veces defender lo que previamente había criticado. ¿Fuego extraño? No lo creo. Conocí a un buen número de esos convertidos. Eran impresionantes. No había la menor duda en mi mente de que esas personas se habían convertido genuinamente. También debería usted saber que Jackie ha estado en este ministerio durante más de treinta años. Se ha convertido en una leyenda. El escéptico canal de la BBC hizo un documental acerca de ella y descubrió que su trabajo era genuino y los resultados nada exagerados. También recibió el codiciado premio OBE (Orden del imperio británico) por su majestad la Reina.

Me parece que hay dos niveles de apertura al Espíritu Santo cuando se trata de del don de lenguas. Primero, cuando uno dice: "Estoy dispuesto a hablar en lenguas si Dios me lo da. Si Él quiere que hable en lenguas, que Él lo haga". Creo que esta era en parte mi actitud cuando el anteriormente mencionado ministro reformado oró por mí. Después de todo, orar espontáneamente en lenguas *fue* algo que sí me ocurrió a principios de 1956, salvo que yo no estaba orando por ello. Me llegó pasiva e inesperadamente mientras conducía mi automóvil. Así que sé por experiencia propia que este tipo de cosas suceden. Pero puede que nunca les suceda a las personas que dicen: "Estoy dispuesto a hablar en lenguas, pero no voy a decir *banana* al revés para que me pase". Me identifico. Yo no sugeriría ni por un momento que una persona comenzara a repetir las marcas de autos japoneses rápidamente ("Mitsubishi Mazda Isuzu Honda"), ¡para bombear el surtidor! Esta forma de hacer que una persona hable en lenguas huele a fuego extraño. Y sin embargo, creo que también es cierto que el don de lenguas es probable que les suceda a quienes están dispuestos a parecer necios y pasar un poco de vergüenza. Aunque me llegó de manera espontánea sin tan siquiera pensar en ello, he tenido que admitir desde entonces que a veces les sucede a aquellos que lo quieren desesperadamente. Siempre digo que el don de lenguas puede que esté al final de la lista de

Pablo en 1 Corintios 12:7-12, pero uno debe estar humildemente dispuesto a comenzar desde abajo. Tome el asiento más bajo, y puede que le asciendan hasta conseguir los dones que parecen más deseables.

HABLAR EN LENGUAS EN CUALQUIER
CASO PROBABLEMENTE LE CUESTE

Después hay un segundo nivel: un anhelo de apertura. Este nivel de motivación puede parecer extraño para algunos, pero no para todos. Cuando una persona tiene hambre de más de Dios, está dispuesta a hacer casi cualquier cosa para tener una relación más íntima con Él. Ese fue el caso de Margaret, la esposa de uno de nuestros diáconos en Westminster Chapel. Ella era uno de los miembros más respetados de Chapel en esa época, y posiblemente la menos apropiada para hablar en lenguas. Nunca había hablado en lenguas, pero cada vez tenía más deseos de tener lo máximo de Dios que pudiera tener. Cuando se enteró de que Jackie Pullinger iba a hablar en nuestro banquete anual, Margaret pidió conocerla. Jackie oró con Margaret. Margaret después salió de la habitación con un brillo y emoción; no podía creer que le hubiera pasado a ella: habló en lenguas y lo ha estado haciendo desde entonces. Pero por alguna razón, eso no le ocurrió a su esposo. "¿Hablan todos en lenguas?", preguntó Pablo (1 Corintios 12:30). La respuesta obvia es *no*. Todos necesitamos recordar esto.

Hay algunos que creen que cualquier persona puede hablar en lenguas. Yo no creo lo mismo. ¿Puede tener cualquiera el don de sanidad? Si el don de lenguas se consigue elaborándolo, entonces sí, quizá todos puedan. Pero ¿quién sabe a ciencia cierta que es algo real? Según Pablo, los dones del Espíritu son dados de forma tan soberana como la salvación. Todos los dones son asignados "a cada uno según él [el Espíritu Santo] lo determina" (1 Corintios 12:11). Él sopla donde Él quiere.

Regreso a este hecho que se produce frecuentemente de que el don de lenguas está en lo más bajo de la lista que da Pablo de los dones del Espíritu. La sabiduría está en lo más alto. La sabiduría es sin duda alguna lo más importante. Entonces ¿por qué debería dedicar tanto tiempo en este capítulo acerca de las lenguas? Yo respondo: primero, porque es ahí donde está el estigma; segundo, si usted quiere el don de sabiduría, u otros dones como el de sanidad, repito: ¿está usted dispuesto a comenzar desde abajo? Pablo dijo que debíamos "ambicionar" los mejores dones (1 Corintios 12:31). No creo que tenga usted que hablar en lenguas para ser un buen cristiano. Mi propio padre no lo hacía, y era un hombre de oración y el hombre más piadoso que jamás he conocido. Mi piadosa madre tampoco. Pero creo que usted *debe* estar dispuesto a hacer esto si verdaderamente desea lo máximo posible de Dios. Después de todo, Pablo dijo a los corintios (que pensaban que las lenguas lo eran todo): "Doy gracias a Dios porque hablo en lenguas más que todos ustedes" (1 Corintios 14:18), habiendo dicho: "Yo quisiera que todos ustedes hablaran en lenguas" (v. 5). Pero también dijo que el don de profecía era más necesario (v. 5); y sin embargo, nunca olvidaré que Pablo no se avergonzaba de decir que él hablaba en lenguas.

Si las lenguas eran un estigma (ofensa) en los días de Pablo, no lo sé, pero ciertamente lo son hoy día. Las lenguas son el único don del Espíritu que desafía su orgullo, como destaca Charles Carrin. A veces pienso que algunos líderes de iglesias estarían dispuestos a dejar a un lado su postura teológica de que los dones han *cesado* si las lenguas no estuvieran incluidas en la lista de los dones. La palabra *estigma* se reduce a una palabra: vergüenza. Eso es lo que dijo Jackie Pullinger. Ella lo encontraba embarazoso. Me hizo una observación. Había estado en Hong Kong durante dos años sin resultados o logro alguno. Decidió un día comenzar a orar en lenguas durante quince minutos *de reloj* al día (esas fueron sus palabras exactas). Cada día, durante quince minutos de reloj. "No sentía nada", me dijo. Absolutamente nada. "Pero fue entonces cuando comencé a ver conversiones de los adictos en las calles". Ella unió las dos cosas, y después siguieron aumentando. Creo que Dios honra a los que aceptan un estigma tal.

Los dones del Espíritu

Vayamos ahora a los dones del Espíritu como aparecen en 1 Corintios 12:8-11. Un comentario general: aunque quizá alguno pueda tener dos o más de los siguientes dones, puede que otra persona sólo tenga uno de ellos. También, puede que un don aparezca solamente una vez, y no lo vuelva a hacer nunca. A veces, un don del Espíritu puede residir permanentemente en una persona.

Sabiduría

Este es el mayor de los dones del Espíritu Santo. Encabeza la lista. La sabiduría es la presencia de la mente del Espíritu Santo. Es saber lo que hacer después; revela el siguiente paso a dar cuando no sabemos qué hacer. Es tener una visión de previsión perfecta. Parece que todos tenemos una visión a posteriori perfecta, sabiendo demasiado tarde lo que deberíamos haber hecho. Pero la sabiduría es visión de previsión perfecta, mostrando lo que decir o hacer *ahora*. Le impedirá cometer errores. Le impedirá tener que lamentar cosas. Le impedirá meter la pata. Le impedirá hacer cualquier tontería.

¿Alguna vez se ha preguntado por qué el libro de Proverbios (parte de la antigua literatura hebrea) habla tanto en los primeros capítulos de la pureza sexual? Vaya y lea los primeros siete capítulos y observe cuánta atención se le da al adulterio y la infidelidad sexual. ¿Por qué? Porque la pureza sexual es una de las primeras cualificaciones para tener sabiduría. Es lo último que algunos quieren oír. Está enumerada la primera, pero es de la que menos se habla, a veces la que menos se quiere, y a veces la menos evidente en la Iglesia actual. El Dr. Lloyd-Jones solía decir que estamos viviendo en un periodo como el de el libro de Jueces: "Cada uno hacía lo que le parecía mejor" (Jueces 21:25).

Si usted debería ambicionar los dones mejores, y siente que algunos de ellos están fuera de su alcance, no olvide que Santiago dijo que siempre podemos orar pidiendo sabiduría. "Si a alguno de ustedes le falta sabiduría [¿no nos falta a todos?], pídasela a Dios" (Santiago 1:5). Hay dos tipos de sabiduría: una es de abajo.

Se reconoce por la envidia amarga y la ambición egoísta. Su origen: la carne y el diablo. Está la sabiduría que viene de arriba, que es de la que Pablo está hablando en este don que encabeza la lista. Es "ante todo pura, y además pacífica, bondadosa, dócil, llena de compasión y de buenos frutos, imparcial y sincera" (Santiago 3:17). El don de sabiduría como lo describe Santiago es el que más se acerca de todos los dones del Espíritu a parecer ser como el fruto del Espíritu.

Palabra de conocimiento

La versión Reina Valera lo traduce como "palabra de ciencia". La Nueva Versión Internacional "palabra de conocimiento". La Nueva Traducción Viviente dice "mensaje de conocimiento especial". La frase *palabra de conocimiento* se ha convertido en gran medida en la forma a la que se hace referencia a este don del Espíritu, aunque es menos claro de lo que realmente significa. *Podría* referirse a alguien con un gran don de conocimiento, como mi amigo el Dr. Michael Eaton. Pero no es esa la forma comúnmente aceptada.

Este don probablemente se refiere a un conocimiento especial que podría necesitarse en alguna crisis. De ser así, bordea el don de sabiduría. Se puede referir a un conocimiento sobrenatural acerca de alguien que se encuentra en una crisis en particular. De ser así, estaría al borde del don de profecía. Una palabra de conocimiento puede revelar la enfermedad, preocupación o necesidad especial de alguien. Tuvimos un predicador de visita en Westminster Chapel que llamó a una mujer que había estado profundamente preocupada por la salvación de su esposo recientemente fallecido. El predicador le dijo, llamándole por su nombre y dando su dirección: "Elizabeth, el Señor le mostró algo recientemente en su apartamento que usted temió que realmente no fuera del Señor. Debe usted saber que sí *era* del Señor". Es lo único que dijo. Ella rompió a llorar, pues sabía exactamente a lo que se refería. El predicador invitado que dio la palabra no sabía a qué se refería. Louise lo sabía. Elizabeth le había contado a Louise que unos días antes oró para que Dios le mostrara si su esposo Samuel era realmente salvo y si estaba en el cielo. Él había hecho su profesión de fe sólo unos días antes de morir, y Elizabeth temía que Samuel no supiera lo que estaba haciendo porque estaba bajo los efectos de muchos medicamentos. Ella abrió una Biblia que había en su mesita del café y sus ojos fueron a las palabras: "El Señor estaba con Samuel". Eso le tranquilizó. Pero luego se dio cuenta de que era una Biblia para niños, y temía de nuevo que lo que leyó no fuera del todo válido. Así que volvió a estar donde estaba, a no saber si su esposo Samuel fue realmente salvo. Pero cuando nuestro predicador invitado (que no tenía manera de saber quién era ella o por qué estaba preocupada) le dijo que lo que Elizabeth temía que no fuera del Señor realmente sí *era* del Señor, ella se quedó patidifusa (como dicen en Inglaterra). Nunca volvió a dudar de la salvación de su esposo.

Fe

Siempre he pensado que es extraño que la fe estuviera enumerada como un don del Espíritu, ya que somos justificados por fe; somos salvos por gracia mediante la fe. Así que parece redundante que la fe esté enumerada como un don del Espíritu para personas que ya son salvas. Pero obviamente aquí no está hablando de la salvación.

Este don también se refiere a una situación de crisis. A veces es más fácil creer que Dios le va a llevar al cielo ¡que creer que le ayudará a superar su día! Como dije, una persona puede recibir un don del Espíritu sólo una vez, o podría residir en otra de manera indefinida. El gran George Müller (1805-1898) fue famoso por su extraordinaria fe. Sin embargo, paradójicamente, ¡él insistía en que no tenía el don de fe! Pero si no lo tuvo, ¡entonces no sé quién lo haya tenido! Él confió en Dios para el cuidado de cientos de huérfanos, viviendo al día y *sin decir nunca a nadie lo que necesitaba*. Una y otra vez no había comida en sus mesas. Decenas de personas sentadas a la mesa con platos y cubiertos. Le daban gracias a Dios por la comida que no estaba allí. Antes de terminar la oración, alguien llamaba a la puerta con toda la comida que necesitaban. Eso le ocurría vez tras vez. Fue todo un fenómeno en Bristol, Inglaterra.

Durante el avivamiento de Gales hubo un hombre que tenía un ministerio para los vagabundos. Según el Dr. Lloyd-Jones, en la cumbre del avivamiento el hombre oía la voz del Espíritu Santo la noche antes acerca de cuántos vagabundos aparecerían para darles de comer al día siguiente. Una día, eran "diecinueve". Al día siguiente, "cuatro", después "veintidós", y así sucesivamente. Pero también recibía la cantidad necesaria de comida para esos vagabundos, ni un poco más ni un poco menos. Sin embargo, cuando se sosegó el avivamiento cesaron las revelaciones.

Sanidad

¿Quién no quisiera este don? ¿Quién lo tiene? Supongo que los que ven a muchas personas sanadas cuando oran por los enfermos suponen que tienen este don. Yo he visto unas cuantas sanidades, pero no muchas. Creo que el don de sanidad vienen de manera soberana, y que el hecho de que alguien lo tenga todo el tiempo es algo extremadamente raro; es decir, que alguien tenga este don todo el tiempo. El difunto Oral Roberts fue el más famoso de ellos. Tuve el privilegio de reunirme con él en su hogar en California en tres ocasiones. En una de las ocasiones, me habló de un momento en que le Señor le habló poderosamente en su vestíbulo unos días antes. "Era mi antigua unción", dijo. Deduje de eso que había perdido su *antigua unción*. Sin duda, los años 1952-1954 fueron cuando él y otros vieron sanidades extraordinarias. Puede entrar en YouTube y ver algunas de ellas. El don de sanidad puede ir y venir. Nadie puede obligar a Dios a hacer cosas.

Poderes milagrosos

¿Cuál es la diferencia entre sanidad y poderes milagrosos? Algunos dicen que la sanidad es gradual, mientras que un milagro es inmediato. ¿Qué ocurrió cuando el hombre lisiado de nacimiento fue sanado milagrosamente e instantáneamente en la puerta

Hermosa? ¿Fue un milagro? Claro. Pero también se llama sanidad (Hechos 3:16) Así como el don de palabra de conocimiento se solapa con el don de profecía, así ocurre también con el don de milagros y de sanidad. Quizá es el don de milagros cuando una persona es liberada de demonios. Pero nosotros sólo ungimos al hombre mencionado previamente de Chile con aceite que no podía dormir bien durante veinticinco años debido a que su madre era una bruja. No dijimos: "Sal de él". Meramente le ungimos con aceite. ¿Fue eso una sanidad o un milagro?

Sin embargo, ministré a un hombre poseído por un demonio una sola vez. Pero cuando lo hice, seguí la sabiduría del Dr. Lloyd-Jones. Él me contó una vez esta historia. Según recuerdo, esto es exactamente lo que dijo:

> Había una iglesia en Gales en la que yo predicaba cada año. Tras el servicio, le dije al pastor anfitrión: "¿Dónde estaba el Sr. Fulanito esta noche?". "Oh, se me olvidó decírselo, Doctor. Llamó por teléfono para explicar por qué no podía venir. Su esposa está muy enferma. De hecho, se ha estado comportando de una forma un tanto extraña". No había terminado el pastor de contármelo cuando sonó el teléfono. Era ese mismo hombre, pidiendo hablar conmigo. Me dijo: "Doctor, mi esposa se está comportando de una manera muy extraña. Nunca he visto nada igual. No pude llevarla a la iglesia". Cuando colgó el teléfono le dije al pastor anfitrión: "Este es un caso claro de posesión demoniaca. Tiene que tomar con usted a uno de sus ancianos e ir a esa casa y expulsar a ese demonio". El pastor respondió: "Por favor, Doctor, vaya usted. Yo no sabría qué hacer". Yo respondí: "Si yo voy, dirán que tiene un problema médico, que cualquier sanidad tiene algo que ver con la medicina y mi experiencia médica. Yo no iré, pero usted puede hacerlo. Usted y el anciano orarán por su propia protección antes de entrar en la casa, para que la sangre de Cristo les cubra. En cuanto la vea, comience a repetir estas palabras: 'Jesucristo ha venido en carne. Jesucristo ha venido en carne. Jesucristo ha venido en carne'. Siga

diciendo eso y prepárese para una reacción violenta. Luego dígale al demonio: 'En el nombre de Jesucristo, sal de ella y vete a tu lugar asignado'". Entonces el pastor fue a llamar al anciano mientras yo me quedé esperando a que regresara. Aproximadamente una hora después regresó. Estaba blanco como una sábana. El pastor dijo: "Doctor, fue tal y como usted dijo. Hicimos lo que usted nos dijo. Cuando repetimos: 'Jesucristo ha venido en carne' varias veces, ella se cayó al piso y gritó. Cuando echamos fuera al demonio, se quedó flácida". Esa señora a la que conocía de años, estaba en la iglesia cada domingo, sentada en la primera fila con una sonrisa radiante en su rostro.

Guié a un hombre llamado Tony al Señor en Londres. Regresó a la semana siguiente para decir que tenía algo en su estómago que le cortaba como si fuera una espada afilada. También dijo que había estado yendo a misas negras antes de orar para recibir a Cristo. Aunque había recibido al Señor el sábado anterior, sentí que estaba poseído por un demonio, acordándome de la postura del Dr. Lloyd-Jones de que un verdadero cristiano podría tener un demonio (la señora descrita arriba era cristiana, dijo el Doctor). Así que seguí la sabiduría del Dr. Lloyd-Jones. Le dije a Tony: "Mírame. Jesucristo ha venido en carne, Jesucristo ha venido en carne", repitiéndolo varias veces. La cara de Tony se desdibujó, y comenzó a producir sonidos extraños. Dije: "En el nombre de Jesucristo, sal de él". Se quedó flácido. Le dejé solo durante varios minutos. Después dijo: "No sé lo que ha hecho, pero me siento muy bien por dentro". Ya no sentía dolor en su estómago. Se convirtió en un fiel miembro de nuestra congregación.

Profecía
Cuando Pablo instó a los corintios a ambicionar los dones espirituales, "sobre todo el de profecía" (1 Corintios 14:1), no estaba dando a entender que podían convertirse en Elías o Isaías. Tampoco profetizar necesariamente significa predicar. Estaba hablando acerca de exhortaciones de ánimo, quizá también de

FUEGO SANTO

cautela, pero no de predicciones magistrales u oráculos. No estoy
seguro de que aquellos corintios pudieran convertirse en Ágabo
tampoco; sin embargo, sus predicciones acerca de que Pablo iría
a Jerusalén no fueron correctas del todo (véase Hechos 21:10-11,
después siga lo que le ocurrió exactamente a Pablo). Hay niveles de profecía, señalando que los profetas canónicos o escritores
bíblicos, el nivel más alto, no volverán a repetirse jamás, ya que
la Escritura está terminada y completa.

Lo que debemos evitar a toda costa es a la gente que dice: "Así
dice el Señor" o "El Señor me dijo". Hablar así no es solamente
muy presuntuoso, sino que es tomar el nombre del Señor en vano.
Es simplemente innecesario citar el nombre de Dios cuando pensamos que tenemos una palabra para alguien. Es usar el nombre
de Dios, el peor caso de mención de nombres que podemos usar,
para elevar nuestra propia credibilidad. Usted no está pensando
en la credibilidad del Señor sino en la suya propia cuando usa su
nombre. La práctica descuidada de profetizar ha hecho mucho
daño al tema de los dones del Espíritu. Para leer más, consulte
The Gift of Prophecy in the New Testament and Today [El don de
profecía en el Nuevo Testamento y la actualidad], de Wayne Gru-
dem, y también su *Systematic Theology* [Teología sistemática].[2]

Discernir espíritus

Esta es una capacidad dada por Dios para discernir entre lo
verdadero y lo falso, reconociendo al Espíritu Santo y también lo
demoniaco. Demasiadas personas piensan sólo en lo demoniaco cuando se trata de este don. Es más importante discernir la
presencia del Espíritu Santo que de lo demoniaco. Es igualmente importante discernir la *ausencia* del Espíritu Santo cuando la
gente está haciendo afirmaciones acerca de la presencia de Dios.

Hablar en lenguas

He cubierto esto en cierta manera sin entrar en la discusión
de cómo 1 Corintios 14:2 (hablar a Dios en lenguas, a veces llamado "lenguaje de oración") se relaciona con Hechos 2:4 (cuando
los discípulos fueron llenos con el Espíritu Santo y hablaron en

lenguas). En mi opinión, no es necesariamente lo mismo. Hablar en lenguas es el don en el que muchos piensan cuando surge la discusión de los "dones del Espíritu". Digo otra vez que si no fuera por el estigma de este don en particular, dada la notoriedad que ha recibido, no creo que los dones del Espíritu fueran un asunto tan controvertido.

Interpretación de lenguas

Quizá este sea el más raro de los dones. Hay una diferencia sutil entre interpretación y traducción, pero las personas tienen que mantener la integridad cuando se ejercita este don, especialmente cuando una persona interpreta su propia "lengua". Sería mucho más impresionante si otra persona distinta interpretase en vez de que lo haga la misma que habló en lenguas; más aún si la interpretación pudiera ser validada por una segunda persona que interprete que no haya oído el primer mensaje. Pero si la interpretación es totalmente correcta, puede producir un gran testimonio para la gloria de Dios (1 Corintios 14:25).

Pablo dijo dos veces que debíamos "ambicionar" los dones (1 Corintios 12:31; 1 Corintios 4:1). Nosotros somos los que tenemos ahora la obligación de demostrar cuánto deseamos adherirnos a estos versículos al desear los dones del Espíritu Santo.

Capítulo 12

LA PRUEBA SUPREMA DEL ESPÍRITU SANTO

Pues Dios no nos ha dado un espíritu de timidez, sino de poder, de amor y de dominio propio.

—2 TIMOTEO 1:7

Me gusta tu Cristo; no me gustan tus cristianos. Tus cristianos son muy distintos de tu Cristo.[1]

—MAHATMA GANDHI
(1869-1948)

P**OR ALGUNA RAZÓN, SIEMPRE ME HA FASCINADO** NUEVA York. No sé por qué, pero siendo un niño de Kentucky quería, entre otras cosas, ver el edificio Empire State con mis propios ojos y ver a mi héroe Joe DiMaggio jugando en el estadio de los Yankees. Cuando tenía diez años, mis padres me llevaron a Nueva York. Nunca olvidaré el momento en que vi por primera vez el Empire State. Era de noche. Lo había visto en fotos, pero cuando lo vi con todas las luces era muy distinto a como me lo esperaba. Tan sólo quería mirarlo fijamente y no ir a otros lugares. ¡Estaba mirando el edificio más alto del mundo! Un día o dos después entramos, y nos subimos en tres elevadores para llegar al piso ciento dos. Y supe que era real.

Los Yankees de Nueva York no estaban jugando cuando yo estuve allí. Pero unos veinte años después vivíamos en Fort Lauderdale. Fui a un partido de entrenamiento primaveral de los Yankees de Nueva York. De repente, se produjo un murmullo entre la gente: "Ahí viene Joe DiMaggio". Ahora retirado del béisbol, le llevaban al estadio para ayudar a entrenar a los jugadores jóvenes. Me dirigí al automóvil y fui el primero en estrechar su mano. Simplemente le miré, y él me miró y me dijo: "Gracias". Aunque yo tenía treinta años, estaba tan emocionado como si tuviera diez. Fue en lo único en lo que pude pensar durante días. Había conocido por fin a Joe DiMaggio.

No hay ningún letrero en el noroeste de Arizona que asegure que no le están engañando al decir: "Este es verdaderamente el Gran Cañón". No hay un letrero en Canadá que diga: "Está usted viendo las cataratas del Niágara". ¿Cómo sabe alguien realmente que no está siendo engañado? ¿Cómo puede alguien estar seguro de estar mirando al Jungfrau cuando se está en Interlaken, Suiza? ¿O Table Mountain en Ciudad del Cabo? ¿O el mar de Galilea en Israel? Me había fascinado el Muro de las Lamentaciones en Jerusalén, recordando historias de que una paloma a veces volaba y se metía en él. Cuando fui por primera vez al Muro, estaba muy atento para ver si podía ver alguna paloma. ¡Sí! Ahí estaba. Tomé una foto. Pero esa foto, cuando la amplié, ¡reveló que era una tórtola!

¿Cómo se reconoce al Espíritu Santo? ¿Cómo sabe que no está siendo engañado? Yo sé lo que es que te engañen, decepcionen, desilusionen y traicionen aquellos a los que uno adoraba y en quienes confiaba. Es suficiente para hacer que una persona sea un cínico profesional; pero yo he sobrevivido.

En los Estados Unidos a veces usamos la frase "auténtica" cuando una persona realmente es totalmente genuina. Oro puro. Pero ¿cómo sabe que una pieza de metal es de oro? ¿Cómo sabe que su dinero no es falso?

Nadie quiere ser engañado. Más aún, yo no quiero engañar a nadie, incluido el contenido de este libro. ¿Cómo puede usted, el lector, estar seguro de que lo que he dicho es cierto?

CUATRO COSAS QUE DEMUESTRAN QUE TIENE AL ESPÍRITU SANTO

Hay cuatro cosas que nos dan una indicación bastante segura de si estamos siendo testigos o no del Espíritu Santo. Estas son: ausencia de temor, poder, amor y dominio propio.

Quizá recuerde que Jonathan Edwards dijo que una cosa que Satanás no puede producir en nosotros es amor por la gloria de Dios. Puede producir muchas cosas, pero eso no. Escribió esto cuando luchaba por demostrar si los afectos de una persona realmente se han anclado o no en *Dios* y si esos sentimientos estaban motivados por *el Espíritu Santo* y no por la carne. Así, dijo Edwards, un amor por la gloria de Dios es algo que *Satanás no puede producir en una persona*. Sólo Dios puede hacer que eso suceda.

Así también cuando se trata del Espíritu Santo, hay cuatro cosas mediante las cuales usted puede saber que no le han engañado. Para algunos de nosotros quizá exista siempre ese pequeña duda. Siempre puede existir una aprensión de que nos atraparán con la guardia baja si de repente una paloma resulta ser una tórtola. Lo que quiero proponer ahora es lo que yo creo que es lo más cerca que usted puede estar de saber a ciencia cierta que no ha sido engañado con un fuego extraño.

Ausencia de temor

Dios no nos ha dado un "espíritu de cobardía", dijo Pablo al temeroso joven Timoteo (2 Timoteo 1:7, RVR60). La NVI lo traduce como "espíritu de timidez", lo cual creo que hace perder el verdadero significado. Una persona puede tener una personalidad con tendencia a ser tímida o vergonzosa, y probablemente siempre lo será. Pablo no está hablando de una tendencia de la personalidad. El Espíritu Santo no cambia nuestro temperamento básico. Si usted era extrovertido o sanguíneo cuando se convirtió, será extrovertido después. Lo mismo ocurriría con la persona melancólica, colérica o flemática.

La palabra en griego traducida como "cobardía" es *fobos*, de donde obtenemos palabras como *claustrofobia* (temor a estar encerrado). Segunda de Timoteo 1:7 se podría situar junto a Romanos 8:15: "Pues no habéis recibido el espíritu de esclavitud para estar otra vez en temor, sino que habéis recibido el espíritu de adopción, por el cual clamamos: ¡Abba, Padre!". Pablo aquí contrasta el espíritu de esclavitud, que se produce al vivir bajo la ley de Moisés, con nuestro querido Padre celestial. No debe tener temor a su Padre celestial o miedo de no cumplir con sus requisitos. Nuestro Padre nos acepta como somos, y no tenemos que demostrarle nada, a diferencia de lo que muchos temen con sus padres.

En cualquier caso, un *espíritu* de temor es algo ajeno al Espíritu Santo. El Dr. Lloyd-Jones solía decir: "Dios nunca nos oprime". Satanás sí. Un espíritu de temor es una ansiedad perpetua que gobierna a una persona, preocupándose de que algo vaya a salir mal, o por no agradar a alguien. Siempre le tiene a uno mirando por encima del hombro. La gente que está gobernada por un espíritu de temor tiene un miedo constante a la desaprobación. Se reduce a esto: el temor del hombre. "Temer a los hombres resulta una trampa" (Proverbios 29:25).

Si está obsesionado con lo que la gente piensa de usted, eso es un espíritu de temor; no provino de Dios, dice Pablo. Aparentemente, Timoteo estaba gobernado por un espíritu de temor (1 Corintios 16:10). Pablo no le dio una charla de moralidad por eso, sino que simplemente señaló que esa actitud no provenía del Espíritu Santo. Todos tenemos actitudes que vienen de la carne, no del Espíritu Santo. Incluso Pablo una vez estaba tan deprimido que perdió "la esperanza de salir con vida" (2 Corintios 1:8). No hay ni tan siquiera uno de nosotros que no hay tenido alguna vez un *mal* momento, alguna ocasión que no desearíamos jamás que nadie viera. El punto es que estos sentimientos no vienen del Espíritu Santo. Ciertamente, no significa que no seamos cristianos; ni tan siquiera significa que no seamos espirituales o agrademos a Dios en general. Si Dios escondiera su rostro de nosotros, aunque fuera sólo durante unos minutos, la mayoría de nosotros quizá tendríamos todo tipo de pensamientos y actitudes que harían sonrojar a los ángeles.

Valor no es la ausencia del temor. Por supuesto que uno parece tener valor cuando no tiene temor, pero usted puede tener valor incluso estando muerto de miedo. Simplemente prosiga. Tenemos razones suficientes para pensar que Martín Lutero tenía una gran ansiedad cuando estaba ante la Dieta de Worms en

1521 y dijo: "Aquí estoy. No puedo hacer otra cosa. Dios, ayúdame. Amén". Estaba mostrando valor.

Ausencia de temor es cuando sencillamente no hay temor. Desearía sentir eso cada día. Pero lo he conocido, a veces. No hay nada igual. Es cuando la Paloma desciende y todo el panorama cambia, como un amanecer que revela lo que estaba oculto en la noche. Falta de temor. Como lo dice el himno "Como un río glorioso" en la segunda estrofa:

> Oculto en el hueco de su bendita mano,
> Ningún enemigo puede seguir, ningún traidor permanecer;
> Ni un arrebato de preocupación, ni una sombra de ansiedad,
> Ningún estallido de urgencia toca al espíritu aquí.[2]
>
> —FRANCES R. HAVERGAL
> (1836-1879)

La falta de temor es un estado mental que sólo se puede alcanzar mediante el Espíritu Santo. No se puede elaborar. Usted *puede* reunir valor, pero no puede hacer que usted mismo no sienta temor. Si lo tiene, admítalo, y simplemente diga: "Tengo miedo. Estoy ansioso. Estoy nervioso. No sé lo que está ocurriendo". No es una desgracia sentirse así; pero cuando el Espíritu Santo desciende, *todo temor desaparece*, al menos durante ese momento. Quizá no dure para siempre, pero cuando esta calma entra, usted sabe que Dios ha llegado. Es lo auténtico. Sólo el Espíritu Santo puede producir eso.

Una razón por la que el diablo no puede producir la falta de temor es que él mismo está lleno de temor. Él es la personificación del temor. Él se muere de miedo sesenta segundos cada minuto, sesenta minutos a la hora. Él sabe que su tiempo es corto (Apocalipsis 12:12). La próxima vez que Satanás le recuerde su pasado, recuérdele usted su futuro. Todos los que se nos oponen, anote esto, son los que tienen miedo. "No teman lo que ellos temen" (1 Pedro 3:14). Así que si ha recibido la gracia de la ausencia de temor, tiene una fortaleza interna para lo que no hay explicación natural.

Ausencia total de temor es lo que Pedro tuvo el día de Pentecostés. Nada de temor. No le inquietaban lo más mínimo los miles de judíos intimidatorios que le rodeaban, algunos de ellos de alta jerarquía. Es lo que después sintió cuando les dijo a los saduceos: "Es justo delante de Dios obedecerlos a ustedes en vez de obedecerlo a él? ¡Júzguenlo ustedes mismos! Nosotros no podemos dejar de hablar de lo que hemos visto y oído" (Hechos 4:19-20). Fue lo que Pedro y Juan sintieron cuando salieron del Sanedrín teniendo que pellizcarse a sí mismos por haber sido elegidos para sufrir por causa del nombre de Jesús (Hechos 5:41). Es lo que sintió Elías cuando Dios le hizo un juramento: él sabía que no llovería a menos que Dios lo dijera (1 Reyes 17:1-2). Es lo que experimentó en la cima del monte Carmelo cuando se burlaba por la desesperación de los falsos profetas (1 Reyes 18:27).

Cuando no se tiene temor, no es necesario alzar la voz. No tendrá pánico si piensa que está perdiendo una discusión o que le faltan las palabras exactas. La mayor libertad es no tener nada que demostrar. Esta libertad, ausencia de temor, sólo la puede producir el Espíritu Santo. Cuando esta ausencia de temor se establece, usted sabe que es el Espíritu Santo y no usted. Y cuando se da cuenta de que le está gobernando el temor, acepte la verdad: Dios no le dio ese temor.

La carne o el diablo nunca pueden fabricar esta ausencia de temor.

Dicho todo esto, la palabra *temor* puede ser engañosa en esta discusión. En los días siguientes a Pentecostés, todos estaban llenos de temor o asombro (Hechos 2:43). Por extraño que parezca, el mismo Espíritu Santo que imparte una profunda ausencia de temor en una persona puede simultáneamente impartir un asombroso respeto por Dios. Sin duda, cuanto mayor sea la medida del Espíritu en nosotros, mayor será nuestro temor genuino de Dios. Usted respetará a Dios y su Palabra más que nunca. Nunca olvide que el "evangelio eterno" es un mandamiento: "Teman a Dios y denle gloria" (Apocalipsis 14:6-7). Cuanto más amo a Dios, más le temo; cuanto mayor sea mi medida del Espíritu Santo que infunde calma y gozo, se igualará con la mayor medida de mi deseo de glorificar a Dios.

Poder

Poder es lo que Jesús prometió a los discípulos en Pentecostés (Lucas 24:29; Hechos 1:8). Uno podría debatir que la primera y principal evidencia del Espíritu Santo es el poder. La palabra griega es *dunamis*, de donde obtenemos la palabra *dinamita*. Se podría decir que al menos hay dos cosas que estaban operando en Pedro en Pentecostés: una ausencia de temor y la presencia de poder. La ausencia de temor no hubiera sido suficiente. No hubiera sido suficiente que Pedro estuviera exultante ante los que le rodeaban, diciendo: "¿Saben qué? No tengo ni el más mínimo temor de todas estas personas que me rodean". ¿Y qué? Él necesitaba *poder*.

El poder de Pedro en Pentecostés consistía en dos cosas:

1. Las palabras exactas que decir. Estaba claro que ese día era un cumplimiento de la promesa de Jesús de que no debemos preocuparnos de lo que decir, ya que se nos "dará" qué decir; será el "Espíritu de su Padre hablará por medio de ustedes" (Mateo 10:19-20).
2. El Espíritu Santo obrando eficazmente en sus oyentes. Cuando Pedro terminó de predicar, las multitudes no estaban discutiendo con él. Nadie se burlaba. Nadie se reía. Tenían solamente una pregunta: "¿qué debemos hacer?" (Hechos 2:37). Estaban preparados para hacer cualquier cosa que Pedro sugiriese. Él les dijo lo que hacer: "Arrepiéntase y bautícese cada uno" (v. 38). Tres mil personas se convirtieron ese mismo día (v. 41).

Pedro no tuvo tiempo de ordenar sus pensamientos antes de dirigirse a la multitud el día de Pentecostés. No tuvo tiempo de preparar un sermón. No tenía ni idea de que tendría que hablar. Pero cuando el Espíritu descendió y las multitudes se reunieron, supo que debía hablar. También supo exactamente qué decir. El Espíritu Santo le hizo recordar lo que debía decir (Juan 14:26). Esta es la unción del Espíritu. No es algo que usted puede conseguir, planear o tener como objetivo. O está ahí o no está.

Y puede que no dure para siempre. Sin duda, algunos años después cuando no quería que le vieran con los gentiles, sino que se excusaba cuando veía venir a los judíos, se podía ver el antiguo Pedro cobarde. "Antes que llegaran algunos de parte de Jacobo, Pedro solía comer con los gentiles. Pero cuando aquéllos llegaron, comenzó a retraerse y a separarse de los gentiles por temor a los partidarios de la circuncisión" (Gálatas 2:12, 14). Este no fue el momento más glorioso de Pedro. Pablo le reprendió delante de todos (v. 11). El mismo Pedro que negó a Jesús ante una sierva galilea (Mateo 26:69-70) resurgió de alguna forma. No es distinto de Elías, que tuvo un poder extraordinario en el monte Carmelo, pero que corrió para salvar su vida cuando fue amenazado al día siguiente por la reina Jezabel (1 Reyes 19:2-3).

No importa qué grado de poder se nos pueda dar para un momento de necesidad, que nadie piense que ya ha *llegado* y que siempre tendrá dicho poder o valentía. Todos somos tan débiles como gatitos ante la gente si Dios no suple el poder. Él puede darlo o retenerlo. Él puede dar misericordia o retenerla. "Tendré clemencia de quien yo quiera tenerla, y seré compasivo con quien yo quiera serlo" (Romanos 9:15). Esto significa que Dios estaba mostrando misericordia y compasión con Pedro en Pentecostés. Y eso no por causa de Pedro, sino por la extensión del evangelio. Siempre que Dios nos usa poderosamente o decide mostrar su autoridad en nosotros, no es para nosotros. Es por causa de los que nos rodean y que necesitan lo que tenemos que decir. Esto debería impedirnos ser engreídos y santurrones. En el momento en que pensamos que hemos llegado, y que tenemos una unción irrevocable de *dunamis*, Dios nos mirará desde el cielo y dirá: "¿De verdad?", y nos dejará que mostremos nuestra debilidad y quedemos en ridículo ante la gente y ante los cielos.

Este poder puede ser muy grande o muy pequeño. Pedro lo recibió en gran medida durante bastante tiempo, no sólo en

Pentecostés, sino también ante los saduceos días después. Después de que el hombre cojo de nacimiento fuese sanado al instante, Pedro usó la plataforma no para llamar la atención para sí mismo sino para predicar el evangelio (Hechos 3:1-26). Miles más se convirtieron. Este poder se vio cuando Pedro advirtió severamente a Ananías y Safira antes de caer muertos por mentir al Espíritu Santo (Hechos 5:1-10). El poder del Espíritu Santo después resultó en una visión bastante extraña que recibió Pedro en Jope. Llevó a la conversión de Cornelio, y a que Pedro recibiera una perspectiva extraordinariamente nueva con respecto a los gentiles (Hechos 10). Poder, claramente fuera del alcance de Pedro, se volvió a ver cuando escapó milagrosamente de la cárcel, con ángeles que le dirigieron y abrieron las puertas de hierro (Hechos 12:6-10).

Todos los dones del Espíritu Santo muestran el poder de Dios, ya sea con sabiduría, sanidad o profecía. Es el mismo Espíritu Santo. Él puede hacer lo que a nosotros nos parece espectacular. Para Él es tan fácil curar un cáncer como sanar un dolor de cabeza.

Aunque no se puede imitar con éxito la ausencia de temor, es posible que algunos ministros sin escrúpulos asimilen lo que a algunos les parecería poder. Por eso, algunos famosos sanadores de fe no quieren que los ujieres lleven a las personas en sillas de ruedas al frente delante de todos, poniendo al evangelista en evidencia. Preferirían orar por personas con enfermedades menos aparentes y hacerles caer de espalda, algo que puede ser impresionante para los que no saben discernir. La persona que se cae puede que haya sido sanada o no, pero casi siempre se afirma que son sanados. La gente anima, patalea y grita: "Gloria al Señor", sin pensárselo dos veces. El don de discernimiento es necesario cuando se trata de predicadores que afirman poder, porque la gente puede ser muy ingenua. Yo temo esto de mí mismo, siendo esta una de las razones por las que yo mismo he sido engañado algunas veces. Una tórtola puede parecer una paloma.

El poder manifestado en el libro de los Hechos no tenía duda alguna. "¿Qué vamos a hacer con estos sujetos? Es un hecho que por medio de ellos ha ocurrido un milagro evidente; todos los que viven en Jerusalén lo saben, y no podemos negarlo" (Hechos 4:16). Pero tristemente, la mayoría de las afirmaciones que se hacen actualmente de sanidades extraordinarias tienen una manera de quedar bajo una nube. Cuando uno llega al fondo del asunto, ya sea una investigación del noticiero ABC News o que cristianos sinceros estén intentando descubrir lo que realmente sucedió, casi siempre *no* es lo que afirmaban los sanadores de fe.

Yo sinceramente no pienso que esto fuera así siempre. Tengo razones para creer que en los años 1949-1951 las personas eran sanadas sobrenaturalmente. He visto videos de Oral Roberts a comienzos de la década de 1950 que muestran en verdad sanidades destacadas. Pero finalmente fueron menguando hasta prácticamente desaparecer. Como dije en el capítulo anterior, Oral Roberts habló acerca de su *antigua unción*, la cual desde entonces se ocultó tras una nube, quizá esperando otro día en el que Dios hiciera algo distinto.

Es entendible que a la gente le encante reírse de los informes de personas que se caen al suelo y se parten de la risa. Pero quizá nos reiríamos un poco menos si hubiéramos estado presentes durante los momentos cumbre del Gran Despertar o el avivamiento de Cane Ridge, por no mencionar lo que ocurrió el día de Pentecostés cuando las personas ¡fueron acusadas de estar ebrias! Mi propia primera reacción al ver a las personas caerse y reírse en la iglesia Holy Trinity Brompton de Londres fue: "Puf". No creía que aquello fuera de Dios. Ese tipo de cosas me parecían ofensivas hasta la médula. Y si soy totalmente honesto, no quería que ese extraño fenómeno fuera de Dios porque si fuera *verdaderamente* de Dios, ¡habría llegado a Westminster Chapel primero! Pero no había llegado. Lo que el *Sunday Telegraph* llamó la "Bendición de Toronto" se extendió hasta Londres y encontró su hogar en la prestigiosa Holy Trinity Brompton. Advertí a mi congregación contra ello. Después tuve que retraerme.

Esto fue, en parte, lo que ocurrió. Ken Costa, guardián de la iglesia Holy Trinity Brompton (Iglesia de Inglaterra) y uno de los banqueros más respetados de Londres, pidió verme. Unos años antes había afirmado que mi libro *God Meant It for Good* [Dios lo quiso para bien] le había impactado.[3] Así que ya teníamos una relación. Sabedor de lo que estaba ocurriendo en HTB, le envié cuatro sermones que prediqué acerca de 1 Juan 4:1-4 (sobre probar los espíritus para ver lo que es de Dios y lo que es falso), pensando que podría ayudarle a solucionar su grave preocupación de que "algo bastante extraño ha ocurrido en Holy Trinity y necesito dirección". Me reuní con él para almorzar, preparado para enderezarle respecto a lo que decidí que era ciertamente fuego extraño que había surgido en su iglesia anglicana.

No estaba preparado para lo que siguió después. Ken había leído mis sermones acerca de 1 Juan 4:1-4. Obviamente, no estaba preocupado ahora y tampoco tenía deseo de convencerme de nada. Sólo quería la verdad. Mientras me preparaba para ordenarle, comencé a sentir que era yo el que necesitaba que alguien le ordenara. Yo sabía que él tenía una gran estatura entre los altos cargos del Parlamento, los principales empresarios y banqueros de Londres, y discerní que obviamente estaba preparado para perder su reputación delante de ellos. Pude ver ante mis ojos que Ken Costa obviamente había recibido un toque muy profundo de Dios. El fuego extraño no podía hacer eso. Su vida había cambiado. Raras veces había conocido a un laico con un corazón conforme al de Dios como el de ese hombre. Él no denominaba lo que había sucedido en HTB como *avivamiento*, sino sólo como la *pluma de Dios*: un toque ligero.

El espíritu de Ken me dejó rígido. Por primera vez comencé a temer que fuera yo el que estaba en el lado equivocado del asunto. Él estaba lleno de gozo y con la más profunda reverencia por las Santas Escrituras. Inmediatamente telefoneé a Louise y le pedí que orase por mí. "Tengo un sentir de que me he equivocado con este asunto", le dije. No puedo expresar el sentimiento tan grande de temor de Dios que me sobrevino, de que estaba ominosamente en la misma tradición de las personas que se *opusieron* al Gran Despertar en tiempos de Edwards y el avivamiento de Gales. Durante días estuve serio. No quería estar en el lado equivocado. Sugerí que nuestros diáconos fuesen conmigo para tener un tiempo de oración entre semana en HTB. Algunos fueron para observar, otros se ofrecieron voluntarios para que orasen por ellos. ¡El Espíritu de Dios comenzó a tocar a algunos de ellos! Yo hice lo único honorable que se me ocurrió: me puse delante de Westminster Chapel y dije que me había equivocado. Mi reputación nunca volvería a ser la misma después de eso, pero nunca miré atrás. Después de un tiempo, HTB se convirtió en una especie de iglesia hermana de Westminster Chapel.

En paralelo con la influencia de Ken Costa ocurrió también otro incidente que no podía alejar de mi mente. Bonb Cheeseman, un pastor a quien no había conocido personalmente, acababa de regresar de Toronto. Estuvo en Westminster Chapel para una reunión de ministros. El brillo en su rostro me hizo pedirle que orase por mí. Pero uno de mis mejores amigos, un pastor bautista reformado, también vino a mi capilla para tomar un café. Resultó que ambas personas se conocían: pastores de Richmond, un suburbio de Londres. Cuando Bob comenzó a orar por mí, mi amigo bautista reformado se acercó y dijo: "Dejaré que ore también por mí". Esto es lo llamativo: mi querido amigo no tenía ni idea de lo que había pasado en Toronto. De haberlo sabido, casi con toda probabilidad que no hubiera dejado que orasen por él. Cuando Bob comenzó a orar, mi amigo Gerald Coates llamó a la puerta. Invité a Gerald a unirse a la oración. Mientras Bob y Gerald oraban por mí, sinceramente no sentí nada. Pero mi amigo, sin saber qué le estaba sucediendo, se cayó boca abajo en la moqueta roja de mi vieja capilla. Se quedó allí tumbado durante casi diez minutos. Eso me impactó enormemente.

Estos son dos versículos que vienen a mi mente: (1) los caminos de Dios son más altos que nuestros caminos (Isaías 55:8-9), y (2) Él escoge a los necios del mundo para confundir a los sabios (1 Corintios 1:27-28). Es fácil reírse de cosas como estas. Una advertencia con amor: no lo haga. No tiene ni idea de lo que podría estar criticando. Nunca olvide que nadie soñó en los tiempos de Jesús que el hecho de que muriese en la cruz el viernes santo era la forma de Dios de salvar al mundo. La crucifixión quizá se vio de algún modo como algo desagradable, repugnante y ridículo entonces, así como caerse de espaldas y reírse puede verse ahora. Nos guste o no, parece que a Dios le gusta aparecer de una manera que encuentra a los más doctos y sofisticados desprevenidos.

El poder del Espíritu Santo no se puede imitar exitosamente. Si una persona cambia sobrenaturalmente y recibe un amor por la gloria de Dios, *Dios* lo hizo. Si una persona es verdaderamente sanada, *Dios* lo hizo, a pesar de quién orase por la sanidad. Más aún, si Dios da palabras que están tan llenas de verdad que la oposición no puede contradecir, como cuando los enemigos de Esteban "no podían hacer frente a la sabiduría ni al Espíritu con que hablaba" (Hechos 6:10), eso es el poder del Espíritu Santo.

Siempre que el poder desafíe una explicación natural de algo que libera a la gente, no es obra de la carne o del diablo.

Amor

Lo tercero que Pablo le mencionó a Timoteo es que Dios nos ha dado espíritu de amor y no un espíritu de temor. El perfecto amor echa fuera el temor (1 Juan 4:18). Como la luz disipa la oscuridad, así el amor disipa el temor. Según la lista de Pablo en Gálatas, el primer fruto del Espíritu es amor (Gálatas 5:22-23). Pienso que se puede argumentar que si usted verdaderamente tiene el fruto genuino del amor, los demás frutos irán después: gozo, paz, paciencia, benignidad, bondad, fe, mansedumbre y templanza.

Esto es amor *ágape*, que es abnegación y desinterés, que se preocupa por los demás. Se describe con detalle en 1 Corintios 13. Este amor va totalmente contra toda naturaleza. Cuando nos han herido, ofendido, mentido o tratado injustamente, el sentimiento más natural del mundo es vengarse, ver que la otra persona reciba un castigo. El perfecto amor echa fuera el temor; el temor tiene que ver con el castigo (1 Juan 4:18). Uno quiere lanzarle un libro a su ofensor. Uno quiere que Dios trate con ese granuja. Eso es lo que los salmos imprecatorios nos animan que hagamos, ¿no es así? Pero Jesús viene a nuestro lado y dice: "Amen a sus enemigos, hagan bien a quienes los odian, bendigan a quienes los maldicen, oren por quienes los maltratan" (Lucas 6:27-28).

El amor *ágape* es tan ajeno a nuestra naturaleza como lo es el poder *dunamis*. Cuando hay un verdadero amor *ágape*, sin embargo, es una prueba del Espíritu Santo. La carne no puede demostrar el amor *ágape*. El corazón es más engañoso que todas las cosas, y perverso (Jeremías 17:9). El diablo no puede manifestar amor *ágape*. Él está lleno de odio, es un asesino desde el principio (Juan 8:44). Sólo el Espíritu Santo puede amar. Y como nosotros tenemos al Espíritu Santo, podemos amar. Es nuestra responsabilidad demostrárselo a quienes nos rodean y que están anhelando ver a los cristianos comportarse así.

El amor "no lleva un registro de las ofensas recibidas", dijo Pablo (1 Corintios 13:5, NTV). ¿Por qué llevamos registros de las compras? Para demostrar que pagamos nuestras facturas. ¿Por qué llevamos registro de las ofensas recibidas? Para usarlo contra un enemigo, o un cónyuge, cuando sea oportuno. El amor rompe ese registro de ofensas para que su mal comentario o hecho nunca se vuelva a mencionar. Una de las estadísticas más tristes que surge en años recientes es que la proporción de matrimonios cristianos que acaban en divorcio es poco distinta a la de los matrimonios donde los integrantes no son cristianos. ¡Qué testimonio tan bochornoso para la fe cristiana!; al menos en los Estados Unidos.

Cuando estoy en Durban, Sudáfrica, siempre me pongo a pensar en Mahatma Gandhi, quien vivió allí una buena temporada. Es muy sabido que Gandhi consideró seriamente el cristianismo como una forma de vida para él. Cuanto más leía las enseñanzas de Jesús, más se intrigaba, hasta que comenzó a reunirse con los cristianos de esa zona. El mundo nunca sabrá qué hubiera pasado si Mahatma Gandhi se hubiera encontrado con cristianos llenos del Espíritu que demostraran un perdón total y orasen por sus enemigos. Eso era lo que Gandhi estaba buscando. Su famosa frase me hace tener ganas de llorar: "Me gusta tu Cristo; no me gustan tus cristianos. Tus cristianos son muy distintos de tu Cristo".

Sospecho que existe una ausencia horrible del tipo de vida cristiana necesaria hoy día para que los matrimonios permanezcan unidos. El amor *eros* puede hacer que un hombre y una mujer se quieran casar, pero no es el amor que sostendrá el matrimonio.

El amor *ágape* debe ir paralelo (pero no reemplazar) al amor *eros* cuanto antes mejor en un matrimonio, o el matrimonio estará destinado al fracaso. Si queremos que nuestros matrimonios sobrevivan y sean de largo plazo, ciertamente debemos tener un amor que nos impida llevar registro de las ofensas.

Dios no nos ha dado un espíritu de temor sino de amor, lo que significa que cada cristiano tiene a su alcance la necesidad de perdonar: totalmente. El perdón total es un acto de la voluntad. No espere a que Dios le tire al piso. Usted obedezca las enseñanzas de Jesús. *Simplemente lo hace.* Cuando Pablo dice que Dios nos ha dado este amor, significa que no tenemos excusa. Lo siento, pero esa es nuestra responsabilidad, algo que todos los cristianos pueden conseguir que ocurra. Todos podemos hacerlo. Quizá sea lo más difícil de hacer del mundo (y lo es), pero es lo que está a nuestro alcance porque tenemos al Espíritu Santo (Romanos 8:9).

Estos cuatro frutos del Espíritu que Dios nos ha dado —ausencia de temor, poder, amor y dominio propio— están equitativamente divididos. Los dos primeros sólo Dios puede hacer que ocurran: ausencia de temor y poder. Los dos últimos, amor y dominio propio, están a nuestro alcance. La prueba del Espíritu Santo es ausencia de temor y poder; la prueba del Espíritu Santo *igualmente* es amor y dominio propio. Todos *demuestran* que el Espíritu Santo está obrando en usted.

Me avergüenza admitir que yo estuve así durante años, más de la mitad de mi vida cristiana, antes de que mi amigo rumano Josef Ton me dijera: "R. T., tienes que perdonarles totalmente. Hasta que no los perdones totalmente, estarás encadenado". Es lo más grande que jamás me ha dicho nadie. Me transformó. Pero fue algo que yo tuve que hacer que sucediera. No era sólo cuestión de decir: "Señor, suple la gracia y yo les perdonaré". No. Ese es el gran pretexto, la razón por la que muchos cristianos hoy están llenos de amargura y se irán a la tumba así. Eso no significa que no sean salvos. Significa que serán salvos mediante fuego y perderán cualquier recompensa que pudiera haber sido suya (1 Corintios 3:14-15).

¿Tiene usted este amor? Sólo Dios puede darlo. Pero usted tiene que mostrarlo. El perdón total es una decisión, un acto de la voluntad.

¿Cómo sé que he perdonado totalmente? Cuando no le digo a nadie lo que me hicieron; cuando dejo de hacer que la gente que me rodea se sienta nerviosa o temerosa. Cuando dejo de señalar con el dedo y hago que otro se sienta culpable. Cuando dejo que mantengan la apariencias en lugar de restregarles por la cara lo que hicieron. Cuando protejo a las personas de su secreto más oscuro. Cuando sigo haciéndolo, día tras día e incluso año tras año. Finalmente, el perdón total llega a su zénit, y su expresión suprema, cuando yo sinceramente oro por la persona que ha sido injusta. No me limito a decir: "Amado Señor, los encomiendo a ti". No. Es cuando usted ora desde el fondo de su corazón para que Dios les bendiga, prospere e impida que les pase nada malo. ¡Difícil! Pero sí, eso es perdón total. (Para todos los que quieran saber de esto con más profundidad, vean mi libro *Perdón total*, publicado por Charisma House).[4]

¿No quiere esperar hasta el día del juicio de Cristo para ver cómo Dios mismo manejará esto? Yo no me lo perdería por nada, y tampoco quisiera estropear las cosas al vindicarme a mí mismo aquí abajo.

Cuando hace estas cosas, usted muestra la prueba del Espíritu Santo.

Dominio propio

La palabra griega traducida como "dominio propio" en 2 Timoteo 1:7 es *sofronismou*. Se traduce como autodisciplina en la NTV, lo cual es una traducción más apropiada. En el último (pero no menos importante) lugar de la lista de los frutos del Espíritu en Gálatas 5:23, Pablo usa la palabra *egkrates*: autocontrol o autodisciplina. En el antiguo mundo helenístico se refería al poder o señorío que uno tiene sobre sí mismo. Significaba superioridad sobre todo deseo, especialmente la comida, el sexo y el uso de la lengua.

Como el amor, un acto de la voluntad, eso es también el dominio propio. Uno desearía que el fruto del Espíritu garantizase un gozo, paz, paciencia, y lo demás de modo espontáneo, pero no es el caso. Dios no nos ha dado un espíritu de temor sino de dominio propio. Sin duda, la prueba del Espíritu Santo no es el ejercicio de los dones del Espíritu sino del dominio propio. Nuestra responsabilidad es demostrar que tenemos al Espíritu Santo no porque hablamos en lenguas, sino porque tenemos dominio sobre nuestro cuerpo.

Comida. Vivimos en Tennessee, el corazón del Cinturón de la Biblia, pero también el segundo estado con mayor obesidad. Es escandaloso. Muy parecido a como los cristianos no hacen caso a su amargura y falta de perdón, así hacen también un número alarmante de cristianos que tienen un sobrepeso enorme. Aún no me he encontrado con ningún ministro que hable de este problema. En una ocasión, el tema del pastor era "Cristianos gordos". Pensé: "Qué bien". Pero él lamentaba que los cristianos están sobrealimentados espiritualmente pero no ganan a sus vecinos. Fue un buen sermón, pero no tocó el problema de la obesidad.

Dominio propio es lo que tenemos en el Espíritu Santo, pero debemos ejercitarlo. Significa vigilar nuestra ingesta de alimentos y bebida, no sólo por nuestra salud personal sino también por nuestro testimonio. Cuando estaba en Westminster Chapel, permitimos que un coro de los Estados Unidos nos diera un concierto. Eran grandes cantantes, pero lo primero que observó nuestra gente (y casi lo único) fue las personas obesas que estaban cantando. Aunque la obesidad está creciendo rápidamente en Inglaterra, el primer pensamiento de muchos de nuestros miembros fue: "¿Acaso estas personas no tienen ni una pizca de dominio propio?".

Sexo. No hay nada que deshonre tanto el nombre de nuestro Salvador como el adulterio en su Iglesia. Tristemente, ocurre todo el tiempo. Se encuentran ministros que muestran falta de dominio propio en cuanto al sexo en cada denominación semanalmente. Me gustaría poder decir que la teología de uno tiene un efecto directo sobre la vida personal, pero habiendo cruzado las líneas denominacionales y teológicas tantas veces, puedo decir con seguridad y tristeza que no hay correlación alguna entre la doctrina de uno y el dominio propio. Las iglesias reformadas tienen la misma proporción de ministros caídos que las pentecostales y carismáticas. Se podría argumentar que los últimos deberían tener el mejor registro y el más limpio debido a su afirmación de ser llenos del Espíritu, pero no es así. Los escándalos entre los ministros de televisión demuestran no que estén llenos del Espíritu Santo, sino que carecen de dominio propio.

El bautismo con el Espíritu Santo, o como usted lo defina, ciertamente nos da un ímpetu para glorificar a Dios y vivir una vida santa. Y en los días de fulgor tras haber sido inicialmente lleno del Espíritu, quizá uno es menos vulnerable a la tentación. Pero tarde o temprano todos descendemos de la montaña de gloria y nos enfrentamos a nuestra naturaleza pecaminosa. Es entonces *mediante el dominio propio* como demostramos que tenemos al Espíritu Santo.

Control de la lengua. "Todos fallamos mucho", dijo Santiago. Estoy muy contento de que dijera eso. Me hace sentir mejor. "Si alguien nunca falla en lo que dice, es una persona perfecta, capaz también de controlar todo su cuerpo" (Santiago 3:2). La verdad es que no somos perfectos; nadie lo es, ninguno lo será en esta vida presente. Para eso está la glorificación.

Pero Santiago nos da una lista de comprobación mediante la que podemos saber la diferencia entre sabiduría "de arriba" y sabiduría "de abajo". La sabiduría de abajo alberga envidia amarga y ambición egoísta en nuestro corazón. Esto nos lleva de nuevo al asunto del amor *ágape*. En un sentido, hemos recorrido el círculo completo. Recordará que mientras que la ausencia de temor y el poder están fuera de nuestro alcance —sólo Dios puede hacer que eso ocurra—, el amor y el dominio propio están firmemente depositados en nuestras manos. Esto se debe a que se nos ha confiado el Espíritu Santo. Si Él permanece sin ser *contristado* en nosotros, podemos estar seguros que no desagradaremos al Señor ni deshonraremos el nombre de Cristo. La sabiduría que viene de "arriba", entonces, es "ante todo pura, y además pacífica, bondadosa, dócil, llena de compasión y de buenos frutos, imparcial y sincera" (Santiago 3:17).

El dominio propio da honor y gloria a Dios. Lo que es más, la gente admira el dominio propio. Nadie quiere imitar a una persona llena de amargura, que no puede controlar su lengua, su apetito o sus deseos sexuales. Si decimos tener el Espíritu Santo, y queremos que el Espíritu Santo reciba el respeto que merece, deberíamos preocuparnos de Él lo suficiente como para disciplinar nuestra lengua y nuestro cuerpo.

Yo no sé, claro está, durante cuánto tiempo tengo que predicar y escribir libros. Una cosa sé: quiero terminar bien. Si practico lo que he predicado en este libro, lo conseguiré. Y usted también.

Durante mis años en Westminster Chapel, casi temía regresar a los Estados Unidos sin haber tenido un éxito fenomenal, como tuvieron mis predecesores el Dr. G. Campbell Morgan y el Dr. Martyn Lloyd-Jones. Temía no tener ningún ministerio por aquí, sabiendo como sé lo mucho que a los estadounidenses les impresiona el éxito. Y sin embargo, he sido grandemente bendecido, habiendo recibido un ministerio que ha recorrido el mundo entero. Casi del mismo modo, he tenido cierta aprensión al escribir este libro al saber que habría algunos lectores que podrían inclinarse más por correr el tipo de riesgos que yo correría si hubiera tenido el éxito fenomenal que tanto deseaba. Pero esperemos que esta sea una motivación superficial, incluso mundana para usted.

Mis palabras de conclusión para usted, por tanto, son estas. Si su corazón anhela de Dios más que cualquier otra cosas en el mundo, no abandone. Y si ve la forma más ligera de seguir adelante mediante la que pueda demostrar el valor de sus deseos, aprovéchela. *No espere a que Dios le tumbe.* Deléitese en el Señor y Él le concederá los deseos de su corazón (Salmo 37:4). Puedo decirle honestamente que no lamento nada de mi ministerio en Westminster Chapel durante esos veinticinco años. Nada. Volvería a tomar cada decisión otra vez tal y como las tomé. ¿Por qué? Seguí el principio de Juan 5:44: no buscar su propia alabanza sino la de Dios. ¿Estoy decepcionado por no haber tenido más éxito? Por supuesto. Quería ver avivamiento, pero ese fenómeno está fuera de mi alcance. No hay posibilidad de una decepción final cuando su mayor objetivo es saber que agradó al Padre.

Capítulo 13

ISAAC

Por eso le dijo [Abraham] a Dios:—¡Concédele a Ismael vivir bajo tu bendición! A lo que Dios contestó:—¡Pero es Sara, tu esposa, la que te dará un hijo, al que llamarás Isaac! Yo estableceré mi pacto con él y con sus descendientes, como pacto perpetuo. En cuanto a Ismael, ya te he escuchado. Yo lo bendeciré, lo haré fecundo y le daré una descendencia numerosa. Él será el padre de doce príncipes. Haré de él una nación muy grande.

—GÉNESIS 17:18-20

Cuando la Palabra y el Espíritu se unan, se producirá el mayor mover del Espíritu Santo que la nación, y sin duda todo el mundo, haya visto jamás.[1]

—SMITH WIGGLESWORTH

(1859-1947)

CUANDO ERA PASTOR (CON DIECINUEVE AÑOS) DE LA IGLESIA de los nazarenos en Palmer, Tennessee, nunca olvidaré el día en que mi papá me oyó predica allí por primera vez. Había preparado cuidadosamente un sermón sobre profecía y escatología. Lo tenía todo resuelto: las señales de los tiempos, el rapto, la gran tribulación, el anticristo, la marca de la bestia, el milenio y cómo terminarán las cosas en el juicio final. Tenía ganas de ver la reacción de mi padre ante este fantástico sermón que acababa de predicar. Silencio. Un par de horas después, él me dijo: "Hijo, permíteme darte algún consejo del hombre por el cual te pusimos el nombre que tienes. El Dr. R. T. Williams siempre les decía a los pastores y predicadores: 'Jóvenes, manténgase alejados del tema de la profecía. Dejen que los mayores hagan eso. Ellos no estarán aquí para poder ver sus errores'". Eso me puso en mi lugar.

Pero ahora que soy mayor, ¡puede que me libre con las cosas que digo en este capítulo! Y a la vez, creo de todo corazón que lo que pronostico en este capítulo es cierto y sucederá.

En octubre de 1992 algunos realizamos la primera conferencia de Palabra y Espíritu en el centro de conferencias Wembley, en Londres. Lyndon Bowring presidió la reunión, Graham Kendrick presentó su nuevo himno, el cual escribió para nosotros: "Jesús restáuranos de nuevo", mostrando la necesidad de unir la Palabra y el Espíritu. Yo hice una exposición que me aportó más problemas que cualquier otro sermón que haya dado en toda mi vida, antes o hasta entonces. Quizá lo debería haber visto venir, pero no lo vi. No tenía ni idea de que sería algo tan polémico.

Unos días antes de la conferencia, le hice a un amigo de Inglaterra una pregunta: "Si te preguntaran cuál de los dos es el movimiento carismático, Ismael o Isaac, ¿cuál dirías que es?".

Él pensó por un momento y dijo: "Isaac".

Entonces le pregunté: "¿Y qué tal si te dijera que creo que el movimiento carismático es Ismael?".

"Oh, no, espero que no", dijo.

Le dije que su reacción fue la misma que la de Abraham cuando le dijeron que Isaac, y no Ismael, iba a ser el hijo prometido. "Ojalá Ismael viva delante de ti", le dijo inmediatamente Abraham a Dios (Génesis 17:18, RVR60).

Ismael era parte del plan de Dios. Cuando nació, Abraham supuso que eso era lo que Dios debía de tener en mente. Era carne de Abraham; era varón. "Cierto, no vino de Sara. Pero si eso es lo que Dios tenía en mente, está bien", pensó Abraham.

El movimiento pentecostal y carismático es parte del plan de Dios. Su influencia en el mundo es incalculable. Pero como Ismael fue el predecesor de Isaac, así este gran movimiento que ha enfatizado la persona y la presencia manifiesta del Espíritu Santo ha establecido el escenario para lo que vendrá después.

Viene Isaac

Durante trece años, Abraham creyó realmente que Ismael era el hijo de la promesa que se le había prometido. Comenzó cuando Abraham se preocupaba por no tener descendencia. "Señor y Dios, ¿para qué vas a darme algo, si aún sigo sin tener hijos, y el heredero de mis bienes será Eliezer de Damasco? Como no me has dado ningún hijo, mi herencia la recibirá uno de mis criados.—¡No! Ese hombre no ha de ser tu heredero—le contestó el Señor—. Tu heredero será tu propio hijo. Luego el Señor lo llevó afuera y le dijo:—Mira hacia el cielo y cuenta las estrellas, a ver si puedes. ¡Así de numerosa será tu descendencia!" (Génesis 14:2-5). Abraham pudo haber dicho: "Esto no tiene sentido. ¿Realmente esperas que me crea eso? No lo creo". Pero no. Abraham "creyó al Señor" (v. 6). El resultado de que Abraham creyera fue que él fue contado como justo a ojos de Dios. Ese relato se convirtió en la principal ilustración para Pablo de su doctrina de justificación solamente por fe. (Véase Romanos 4).

Pero a medida que Abraham se fue haciendo mayor, y Sara aparentemente era estéril, ella sugirió que Abraham durmiera con su sirvienta Agar para ayudar a que se cumpliera la promesa. Así lo hizo él, y nació Ismael (Génesis 16:15). Abraham tenía ochenta y seis años cuando Agar dio a luz a Ismael. Encajaba con la promesa. Como dije, Ismael era un varón del cuerpo de Abraham. Hasta ahora, todo bien. No, no era lo que Abraham esperaba cuando oyó por primera vez la promesa del Señor. Él creía que Sara sería la madre de su hijo. Pero como nació Ismael, aunque Agar era la madre natural, y ciertamente su propia descendencia, lo aceptó y vivió con esto durante los siguientes trece años.

Entonces, un día Dios irrumpió en la vida de Abraham con lo que ahora era una palabra que no recibiría muy bien: Ismael *no* es el vínculo con la simiente que será tan numerosa como las estrellas del cielo. Sara, ahora de noventa años, concebiría y daría a Abraham el hijo con el que se establecería el pacto. Pero no hay que preocuparse; Ismael sin duda era parte del plan de Dios, y él también es bendecido. Pero el pacto se establecería con Isaac (Génesis 17:21).

Cuando Abraham oyó por primera vez esta palabra, se postró rostro en tierra y se rió (Génesis 17:17). Cuando Sara después escuchó la noticia, también se rió (Génesis 18:12). En un año Sara quedaría embarazada en su vejez (noventa) y le daría a Abraham un hijo a su edad (cien años). Abraham llamó al niño Isaac. Isaac significa "risa" o "él se ríe".

Este es el trasfondo para el mensaje que di en el centro de conferencias de Wembley. El punto que establecí fue: *Viene Isaac.* Será una demostración de lo que ocurre cuando la Palabra y el Espíritu se unen. La combinación simultánea tendrá como resultado una combustión espontánea. Creo que lo que viene en camino será mayor que cualquier otro mover del Espíritu Santo desde Pentecostés. Cruzará fronteras denominacionales, geográficas, culturales y teológicas. La gloria del Señor cubrirá la tierra como las aguas cubren el mar. Así como la promesa de Isaac era cien veces mayor que la promesa de Ismael, así lo que viene será cien veces mayor que cualquier cosa que hayamos visto jamás. En cuanto a Ismael, aún no hemos visto lo que Dios va a hacer con su simiente. Creo que los musulmanes se convertirán a millones antes de que se acabe todo.

Sinceramente creía que este mensaje en Wembley sería bien recibido. Pero no fue así. Al terminar, casi se podía oír un alfiler cayendo al suelo. Ofendí a muchos líderes carismáticos en ese lugar. También ofendí a los evangélicos no carismáticos porque dije que con algunas excepciones muy conocidas, "la mayoría de las iglesias de Inglaterra que merecen la pena son carismáticas". Además, los grandes himnos de esta generación los han escrito abrumadoramente carismáticos reconocidos, como Graham Kendrick, Chris Bowater y otros. Sin duda, yo tenía (según algunos) demasiadas cosas buenas que decir acerca de los carismáticos esa noche.

Por supuesto que entiendo que algunos líderes carismáticos se ofendieran con mi mensaje. Algunos aún están de algún modo dolidos, ya que han dado sus vidas y su reputación a un movimiento que han menospreciado en gran parte las iglesias tradicionales. No les culpo. Pienso en mi amigo Charles Carrin, que no sólo perdió su iglesia, su cómodo salario y su hermosa casa en una de las mejores partes de Atlanta, sino también sus credenciales y jubilación, todo por el movimiento carismático.

Dicho esto, el futuro para los pentecostales y carismáticos es más brillante que nunca. Ellos deberían ser los principales beneficiarios del mover venidero del Espíritu Santo, un mover que creo que será el más grande de la historia de la Iglesia cristiana. Lo digo así porque predigo que innumerables evangélicos conservadores igualmente serán parte del gran avivamiento que viene. Es cuando la Palabra y el Espíritu se unen.

No olvide también que Ismael recibió una gran promesa, es decir, que su simiente sería de millones. Dudo que muchos hubieran soñado que lo que comenzó en Azusa Street en 1906 mas lo que se conoció al principio como el mover de glosolalia floreciera como lo ha hecho. Piense en el éxito del movimiento carismático. Mire el cristianismo en el Tercer Mundo. Piense en los ministerios de radio y televisión. Casi todos ellos son pentecostales o carismáticos.

EL GRITO DE MEDIANOCHE

El reino de los cielos será entonces como diez jóvenes solteras que tomaron sus lámparas y salieron a recibir al novio. Cinco de ellas eran insensatas y cinco prudentes. Las insensatas llevaron sus lámparas, pero no se abastecieron de aceite. En cambio, las prudentes llevaron vasijas de aceite junto con sus lámparas. Y como el novio tardaba en llegar, a todas les dio sueño y se durmieron.

A medianoche [Griego: en la mitad de la noche] se oyó un grito: "¡Ahí viene el novio! ¡Salgan a recibirlo!". Entonces todas las jóvenes se despertaron y se pusieron a preparar sus lámparas. Las insensatas dijeron a las prudentes: "Dennos un poco de su aceite porque nuestras lámparas se están apagando".

"No—respondieron éstas—, porque así no va a alcanzar ni para nosotras ni para ustedes. Es mejor que vayan a los que venden aceite, y compren para ustedes mismas". Pero mientras iban a comprar el aceite llegó el novio, y las jóvenes que estaban preparadas entraron con él al banquete de bodas. Y se cerró la puerta.

Después llegaron también las otras. "¡Señor! ¡Señor!— suplicaban—. ¡Ábrenos la puerta!" "¡No, no las conozco!", respondió él. Por tanto—agregó Jesús—, manténganse despiertos porque no saben ni el día ni la hora.

—MATEO 25:1-13

Jesús contó esta parábola por varios motivos. En primer lugar, para describir la condición de la Iglesia generalmente en los últimos días: que la Iglesia estará dormida. En segundo lugar, la Iglesia por lo general estará compuesta por dos tipos: los que eran sabios, que persiguieron su herencia tomando aceite con sus lámparas, y los que fueron necios, que echaron por tierra su herencia al no tomar aceite extra para sus lámparas. En tercer lugar, habrá un grito en el medio de la noche (no a las doce de la noche sino en medio de la noche cuando la gente está durmiendo): "¡Ahí viene el novio! ¡Salgan a recibirlo!".

Lo que yo pienso es que el grito en medio de la noche dará la entrada al siguiente y final gran mover de Dios en la tierra. Es cuando la Palabra y el Espíritu se unirán simultáneamente. Este mensaje despertará a los sabios y los necios. Toda la Iglesia se despertará, pero los necios no podrán disfrutar del gran mover de Dios.

Jesús basa esta parábola en las bodas antiguas en el Oriente Medio, que eran muy distintas a nuestras bodas actuales. El matrimonio no se realizaba en una sinagoga o iglesia, sino en la casa del novio. El novio iba a casa de la novia y la llevaba a su hogar. Pero la novia no sabía cuándo llegaría el novio. Por extraño que nos parezca, a veces el novio iba a casa de la novia en mitad de la noche. Jesús da a entender que el grito se producirá cuando la Iglesia esté durmiendo profundamente. Sin embargo, una regla con todas las parábolas es que no podemos intentar que estén firmemente apoyadas sobre las cuatro patas; entienda la idea general. Para un estudio más detallado, vea mi libro *The Parables of Jesus* [Las parábolas de Jesús].[2] Creo que la Iglesia está dormida en nuestra época. No sabemos que estamos dormidos hasta que nos despertamos. Hacemos cosas en nuestros sueños que no haríamos estando totalmente despiertos. Del mismo modo, la Iglesia está involucrada en cosas que no estaría haciendo si estuviera totalmente despierta. También, los necios odian el sonido de la alarma, pero los sabios reciben con agrado el toque de atención.

Este grito en el medio de la noche creo que es un mover del Espíritu Santo, llámelo Isaac, *antes* de la segunda venida. El asunto principal es este: creo que está de camino un gran mover del Espíritu Santo. Creo que va a venir muy, muy pronto. Espero estar vivo cuando suceda. Si muero antes, se lo prometo: vendrá.

No tenía ni idea cuando di ese mensaje en el centro de conferencias de Wembley en 1992 que cuarenta y cinco años antes, en 1947, sólo tres meses antes de morir, Smith Wigglesworth (1859-1947) dio la siguiente profecía. Aunque habla en un contexto británico, lo que dice encaja igualmente con el mismo periodo y desarrollo en América. Esto es lo que dice:

Durante las siguientes décadas habrá dos tipos de movimientos del Espíritu Santo por toda la Iglesia en Gran Bretaña. El primer mover afectará a todas las iglesias que estén abiertas a recibirlo, y se caracterizará por una restauración del bautismo y los dones del Espíritu Santo. El segundo mover del Espíritu Santo dará como resultado que personas dejen sus iglesias históricas y planten nuevas iglesias. En la duración de cada uno de estos movimientos, las personas involucradas dirán: "Este es el gran avivamiento". Pero el Señor dice: "No, ninguno de ellos será el gran avivamiento, sino que ambos serán pasos hacia ello". Cuando la nueva fase de la Iglesia esté en su declive, se evidenciará en las iglesias algo que aún no se ha visto: una unión de los que enfatizan la

Palabra y los que enfatizan el Espíritu. Cuando la Palabra y el Espíritu se unan, se producirá el mayor mover del Espíritu Santo que la nación, y sin duda el resto del mundo, haya visto jamás. Marcará el comienzo de un avivamiento que eclipsará todo lo que se haya visto dentro de estas costas, incluso los avivamientos de Wesley y de Gales de años pasados. El derramamiento del Espíritu de Dios fluirá por todo el Reino Unido hasta toda Europa, y de ahí comenzará un mover misionero hasta los confines de la tierra.[3]

Así es, ven Espíritu Santo.

Que la bendición de Dios Padre, Dios Hijo y Dios Espíritu Santo reposen sobre usted, ahora y para siempre. Amén.

Apéndice

FUEGO

Se les aparecieron entonces unas lenguas como de fuego
que se repartieron y se posaron sobre cada uno de ellos.

—Hecho 2:3

Entonces su palabra en mi interior se vuelve un fuego
   ardiente que me cala hasta los huesos.
He hecho todo lo posible por contenerla,
   pero ya no puedo más.

—Jeremías 20:9

Se nos dice que dejemos brillar nuestra luz, y si lo hace,
no necesitaremos decirle a nadie que lo hace. Los faros
no disparan cañones para avisar que están alumbrando;
sencillamente alumbran.

—D. L. Moody
(1837-1899)

Hay básicamente cuatro tipos de fuego en la Biblia: fuego natural, fuego sobrenatural, fuego extraño y fuego poético o simbólico. La palabra *fuego* aparece 520 veces en la Biblia. Todos los fuegos mencionados en la Biblia, excepto el fuego extraño o no autorizado, son fuegos santos. Incluso el fuego natural usado en los sacrificios era para honrar a Dios.

Elías el profeta fue guiado a estar sobre un monte en presencia del Señor porque el Señor estaba a punto de pasar por allí. Entonces, un viento recio y poderoso abrió las montañas y resquebrajó las rocas, pero "el Señor no estaba en el viento. Al viento lo siguió un terremoto, pero el Señor tampoco estaba en el terremoto. Tras el terremoto vino un fuego, pero el Señor tampoco estaba en el fuego" (1 Reyes 19:11-12).

Parece bastante sorprendente que el Señor no estuviera en el fuego. A fin de cuentas, el fuego era la manera más común en que Dios se había manifestado en tiempos antiguos hasta ese momento, incluyendo a Elías. Dios no se había manifestado mediante un terremoto hasta ese entonces, pero ciertamente había usado el viento para traer juicio y mostrar así su poder, tres veces (Éxodo 10:13; 14:21; Números 11:31). Y Dios usó muchas veces el fuego. Así que parecía predecible que apareciera mediante el fuego. Pero en cambio, Dios apareció en un "suave murmullo" (1 Reyes 19:12; "silbo apacible y delicado", RVR60; "suave susurro", NTV). Esto demuestra que Dios es prediciblemente impredecible. Cuando uno cree que sabe exactamente cómo se manifestará, se da cuenta de lo equivocado que estaba.

La primera vez que aparece la palabra *fuego* en la Biblia es en Génesis 19:24. Es un fuego sobrenatural y Dios lo usó para castigar a Sodoma y Gomorra por su decadencia: "Entonces el Señor hizo que cayera del cielo una lluvia de fuego y azufre sobre Sodoma y Gomorra" (Génesis 19:24). La última vez que aparece la palabra *fuego* en las Escrituras es también un fuego sobrenatural, y también hace referencia a un castigo: "Pero los cobardes, los incrédulos, los abominables, los asesinos, los que cometen inmoralidades sexuales, los que practican artes mágicas, los idólatras y todos los mentirosos recibirán como herencia el lago de fuego y azufre. Ésta es la segunda muerte" (Apocalipsis 21:8).

La primera referencia al fuego natural en la Biblia es cuando Abraham se preparaba para ofrecer a Isaac como un sacrificio: "Abraham tomó la leña del holocausto y la puso sobre Isaac, su hijo; él, por su parte, cargó con el fuego y el cuchillo" (Génesis 22:6). No había nada sobrenatural en ese fuego. Era un fuego natural, anticipando también el fuego que se usaría en el sistema mosaico de sacrificios unos cuatrocientos años después. En cuanto a la última vez que aparece el fuego natural en el Nuevo

Testamento, no es fácil de saber. En parte depende de la interpretación de cada uno del libro de Apocalipsis. Por ejemplo, ¿la gran ramera es quemada con fuego natural o fuego sobrenatural: "Será consumida por el fuego, porque poderoso es el Señor Dios que la juzga" (Apocalipsis 18:8)?

Hay multitudinarios usos de fuego natural. Los usos básicos son obvios. El fuego consume. El fuego provee calor y luz. El calor también purifica, quemando las impurezas; incluso puede probar la autenticidad de la plata y el oro. Pablo dijo que en el último día el fuego sobrenatural probaría la calidad de la obra de cada uno (1 Corintios 3:11-15). Dios usa el fuego sobrenatural para demostrar su justicia y venganza.

PURIFICACIÓN Y FUEGO NATURAL

¿Por qué llevó Abraham fuego con él cuando se estaba preparando para sacrificar a Isaac? Porque Dios le dijo a Abraham que ofreciera a su hijo como un holocausto (Génesis 22:2). Abraham tenía toda la intención de sacrificar a su hijo, y luego ofrecerlo como un holocausto. Bajo el sistema de sacrificios después, el animal era sacrificado y su sangre se usaba para la expiación. Pero ¿por qué se necesitaba *fuego* cuando se instituyó el sacerdocio levítico? En parte para asegurarse de que no quedara sangre dado el caso de que los sacrificios fueran ingeridos. Pero a veces se consumían totalmente y sencillamente se entregaban a Dios.

El fuego natural con referencia a todos los sacrificios era para purificación. Se quema todo lo innecesario. En pocas palabras: el fuego era necesario ya fuera que el sacrificio se comiera o fuese para ofrecérselo por entero al Señor. En la noche de la Pascua, Moisés ordenó que todas las personas tomaran un cordero sin defecto, tomaran de su sangre y la rociaran sobre los dinteles de las puertas de sus hogares donde se comerían los corderos. Esa misma noche tenían que comer la carne asada en el fuego. Si quedaba algo de la carne al llegar la mañana, tenían que quemarla (Éxodo 12:8-10). Dios entonces envió al ángel de la muerte y golpeó a todo primogénito para traer juicio sobre todos los dioses de Egipto. Después llegó una de las palabras más importantes y memorables de todas las Santas Escrituras: "La sangre servirá para señalar las casas donde ustedes se encuentren, pues al verla pasaré de largo" (Éxodo 12:13).

FUEGO Y VENGANZA DE DIOS

Cuando Aarón neciamente guió a los hijos de Israel a hacer un becerro de oro, Moisés ordenó quemarlo. Moisés se enojó cuando descendió de la montaña y descubrió lo que habían hecho. "Tomó entonces el becerro que habían hecho, lo arrojó al fuego y, luego de machacarlo hasta hacerlo polvo, lo esparció en el agua y se la dio a beber a los israelitas" (Éxodo 32:20).

Dios ordenó al pueblo de Israel, cuando entraron en Canaán, diciendo: "Demolerán sus altares, harán pedazos sus piedras sagradas, les prenderán fuego a sus imágenes de la diosa Aserá, derribarán sus ídolos y borrarán de esos lugares los nombres de sus dioses" (Deuteronomio 12:39). Este mandamiento fue honrado generaciones después cuando el rey Josías ordenó a Jilquías el sacerdote que quitara del templo todos los artículos hechos para Baal y Asera. "Hizo que los quemaran en los campos de Cedrón, a las afueras de Jerusalén" (2 Reyes 23:4).

Tres hebreos, llamados Sadrac, Mesac y Abednego, desafiaron el decreto del rey Nabucodonosor al rehusar postrarse ante la imagen que había levantado (Daniel 3:16-18). Fueron arrojados al horno de fuego como castigo. Ese era un fuego natural. De hecho, el rey ordenó que calentaran el horno siete veces más de lo normal. Los tres hombres fueron arrojados al horno de fuego. Las llamas incluso mataron a los soldados que les arrojaron al horno. Aunque los tres hebreos estaban "atados de pies y manos" cuando fueron arrojados al fuego, les vieron *caminando*, "sin ataduras y sin daño alguno" con un cuarto hombre que se había unido a ellos. Fue un fuego natural; sólo la cuerda que les ataba se quemó (Daniel 3:25). El fuego sirvió para vindicar a los tres hebreos.

EL PODER Y LA PRESENCIA DE DIOS
EN EL FUEGO SOBRENATURAL

El fuego sobrenatural era una manifestación visible del poder de Dios. Ya fuese en el monte Sinaí, el monte Carmelo o cuando aparecieron las lenguas de fuego sobre los discípulos en el día de Pentecostés, mostró la presencia manifiesta de Dios y su poder. El fuego sobrenatural siempre produjo reverencia en los corazones de las personas cuando este se manifestaba. Revelaba la gloria de Dios. Era también una clara indicación de que Dios mismo, y no un espíritu falso, estaba obrando. Demostró también que Dios estaba defendiendo a su pueblo, enviando una señal convincente de que algo muy importante estaba a punto de llegar. Pero el fuego sobrenatural también a menudo indicaba la ira de Dios, mostrando su castigo del pecado, ya fuera en Sinaí o la retribución del fuego extraño. Dios no desperdicia las apariciones del fuego sobrenatural. Cuando se manifiesta el fuego sobrenatural, no es cosa de poco.

Ángeles

"Haces de los vientos tus mensajeros, y de las llamas de fuego tus servidores" (Salmos 104:4). Esto se cita en Hebreos 1:7. Dios usa a los ángeles para crear fuego sobrenatural. Los ángeles son la explicación de los ejemplos de fuego natural que se muestran a continuación.

La zarza ardiente

Un día cuando Moisés estaba cuidando de las ovejas, un ángel del Señor se le apareció en llamas de fuego en una zarza. Este no era un fuego natural, sino sobrenatural. Moisés vio que aunque la zarza ardía, "no se consumía" (Éxodo 3:2). Se le dijo que se quitara el calzado, porque estaba en tierra santa (v. 5).

Las plagas de Egipto

La siguiente ocasión en que se usó el poder sobrenatural fue durante las plagas que Dios envió a Egipto cuando se endureció el corazón del faraón.

Moisés levantó su vara hacia el cielo, y el Señor hizo que cayera granizo sobre todo Egipto: envió truenos, granizo y rayos sobre toda la tierra. Llovió granizo, y con el granizo caían rayos zigzagueantes. Nunca en toda la historia de Egipto como nación hubo una tormenta peor que ésta.

—ÉXODO 9:23-24

La columna de fuego

En este momento apareció lo que sería una de las manifestaciones más maravillosas, apasionantes, gloriosas y reconfortantes de la gloria de Dios en el Antiguo Testamento. Mientras los hijos de Israel se preparaban para cruzar el mar Rojo sobre tierra seca, con los egipcios persiguiéndoles, "el Señor iba al frente de ellos en una columna de nube para indicarles el camino; de noche, los alumbraba *con una columna de fuego*. De ese modo podían viajar de día y de noche. Jamás la columna de nube dejaba de guiar al pueblo durante el día, ni la columna de fuego durante la noche" (Éxodo 13:21-22, énfasis añadido). Este fuego sobrenatural le dio a Israel tanto una guía infalible como una total protección del enemigo. Cuando cruzaron el mar Rojo durante la última vigilia de la noche, "el Señor miró al ejército egipcio desde la columna de fuego y de nube, y sembró la confusión entre ellos" (Éxodo 14:24). Este fenómeno se convirtió en el testimonio normal para los siguientes cuarenta años que Dios estuvo junto a Israel.

Cosas gloriosas dicen de ti,
Sion, ¡ciudad de Dios!
Aquel cuya palabra no se puede romper,
Te formó para su propia morada…

Completando cada habitación en su sobrevuelo,
¡Ver aparecer el fuego y la nube!
Para gloria y cobertura,
Demostrando que el Señor está cerca…[1]

—JOHN NEWTON, (1725-1807)

El monte Sinaí

Moisés preparó a los israelitas para que estuvieran listos para ver a Dios aparecer. Tenían que consagrarse porque el Señor prometió diciendo: "descenderé sobre el monte Sinaí, a la vista de todo el pueblo" (Éxodo 19:11). También les advirtieron de no subir a la montaña ni tocar la ladera. Se produjeron rayos y truenos, con una espesa nube sobre la montaña y un gran sonido de trompeta. Todos temblaron. El pueblo estaba parado junto a la montaña. Fue cubierta de humo, "porque el Señor había descendido sobre él en medio de fuego. Era tanto el humo que salía del monte, que parecía un horno; todo el monte se sacudía violentamente" (v. 18). Moisés después recordó al pueblo que la montaña "ardía en llamas que llegaban hasta el cielo mismo" y que los Diez Mandamientos se les entregaron "desde el fuego" (Deuteronomio 4:11-14, 33, 36). Esto produjo un gran temor de Dios. El pueblo "tenían miedo del fuego" (Deuteronomio 5:5). "Este gran fuego nos consumirá, y moriremos, si seguimos oyendo la voz del Señor nuestro Dios. Pues ¿qué mortal ha oído jamás la voz del Dios viviente hablarle desde el fuego, como la hemos oído nosotros, y ha vivido para contarlo?" (Deuteronomio 5:25-26). La mayor consecuencia de esto fue que el pueblo dijo: "nosotros escucharemos y obedeceremos", una promesa de hacer todo lo que Dios dijo (v. 27). El escritor de la Epístola a los Hebreos se refirió a esto, pero observando que los cristianos hoy día no han acudido a una montaña que "esté ardiendo en fuego" (Hebreos 12:18). Aun así, Él les aconsejó que adorasen a Dios "con temor reverente" (v. 28), ya que como Moisés había dicho en un principio: "Dios es fuego consumidor" (Deuteronomio 4:24; Hebreos 12:29).

Fuego sobrenatural que consumió a Nadab y Abiú

Estos dos hombres habían ofrecido un fuego extraño o no autorizado ante el Señor, contrario a su mandamiento: "Entonces salió de la presencia del Señor un fuego que los consumió, y murieron ante él" (Levítico 10:2). Regresaré a este relato después.

FUEGO SANTO

Cuando el pueblo se quejó

Los israelitas se quejaron de sus pruebas a oídos del Señor. Al oírlos Él, se encendió su ira, "y su fuego consumió los alrededores del campamento. Entonces el pueblo clamó a Moisés, y éste oró al Señor por ellos y el fuego se apagó. Por eso aquel lugar llegó a ser conocido como Taberá, pues el fuego del Señor ardió entre ellos" (Números 11:1-3). Poco después del evento antes mencionado de la rebelión de Coré y sus seguidores contra el liderazgo de Moisés, éste fue vindicado cuando: "los doscientos cincuenta hombres que ofrecían incienso fueron consumidos por el fuego del Señor" (Números 16:35). Estas ocasiones son un triste recordatorio de lo mucho que Dios detesta la murmuración. Pablo advirtió: "Ni murmuren contra Dios" (1 Corintios 10:10).

Una señal para Gedeón

Un ángel del Señor se le apareció a Gedeón. Cuando Gedeón estaba preparando una comida, "¡y de la roca salió fuego, que consumió la carne y el pan! Luego el ángel del Señor desapareció de su vista" (Jueces 6:21). Esta señal indicaba que Gedeón había sido escogido para dirigir a Israel en un momento crítico.

Una señal para el rey David

Cuando David compró la tierra en la que se encontraba el trilladero de Ornán el jebuseo, David edificó un altar al Señor. Allí sacrificó los holocaustos y los sacrificios de comunión. Clamó al Señor. El Señor le respondió y "envió fuego del cielo sobre el altar del holocausto" (1 Crónicas 21:26). Esto fue una señal de que el pecado de David de contar al pueblo había sido perdonado.

Un sello en el templo de Salomón

Construir un templo para el Señor fue idea de David, pero no se le permitió a él construirlo. Este privilegio y responsabilidad recayeron sobre Salomón. Su oración de dedicación es una de las grandes oraciones de la Santa Escritura (véase 2 Crónicas 6:12-42). Cuando el rey Salomón terminó de orar, "descendió fuego del cielo y consumió el holocausto y los sacrificios, y la gloria del Señor llenó el templo" (2 Crónicas 7:1). El fuego fue un sello de la aprobación de Dios del templo. Los sacerdotes no podían entrar al templo porque la gloria del Señor lo llenaba. Al ver todas las personas que "el fuego descendía y que la gloria del Señor se posaba sobre el templo, cayeron de rodillas y, postrándose rostro en tierra, alabaron al Señor diciendo: El es bueno; su gran amor perdura para siempre" (2 Crónicas 7:1-3).

Elías y el fuego sobrenatural

Vimos al comienzo de este capítulo que cuando el Señor prometió mostrarse a Elías en la montaña, "el Señor tampoco estaba en el fuego" (1 Reyes 19:12). Dios a veces se repite y a veces no. En cualquier caso, el mejor momento de Elías fue cuando confrontó a los profetas de Baal y les hizo una proposición: el Dios que responda con fuego es el Dios verdadero. Los falsos profetas accedieron. Ellos no pudieron hacer descender fuego mediante sus necios rituales y gritos. Cuando se rindieron, Elías oró. En cuanto comenzó a orar "cayó el fuego del Señor y quemó el holocausto, la leña, las piedras y el suelo, y hasta lamió el agua de la zanja. Cuando todo el pueblo vio esto, se postró y exclamó: «¡El Señor es Dios! ¡El Señor es Dios!»" (1 Reyes 18:38-39).

En otra ocasión, Elías hizo una proposición similar, esta vez con un capitán: si Elías era verdaderamente un hombre de Dios, "¡que caiga fuego del cielo y te consuma junto con tus cincuenta soldados! Al instante cayó fuego del cielo, y consumió al oficial y a sus soldados" (2 Reyes 1:10-15). Esto ocurrió una segunda vez. Pero cuando podría haber sucedido una tercera vez, un capitán se postró de rodillas ante Elías y le rogó que no sucediera esto, y no volvió a caer fuego del cielo (vv. 13-14).

Finalmente, el día que Elías fue tomado, Eliseo (el sucesor escogido de Elías) había rogado una "doble porción" del espíritu de Elías. Elías estuvo de acuerdo con la condición de que Eliseo le viera cuando fuera arrebatado. Mientras iban caminando y hablando, "de pronto, los separó un carro de fuego con caballos de fuego, y Elías subió al cielo en medio de un torbellino" (2 Reyes 2:11).

Fuego sobrenatural como protección

Eliseo oró para que su siervo viera que no había nada que temer. Su siervo tenía miedo del rey de Siria, enemigo de Israel. "—No tengas miedo—respondió Eliseo—. Los que están con nosotros son más que ellos". Para demostrar esto, el Señor abrió los ojos del siervo. "Y el criado vio que la colina estaba llena de caballos y de carros de fuego alrededor de Eliseo" (2 Reyes 6:16-17).

Un ángel le dijo al profeta Zacarías que Jerusalén sería una "ciudad sin muros" debido al gran número de hombres y ganado que había en ella. Entonces el Señor dijo: "En torno suyo—afirma el Señor—seré un muro de fuego" y "dentro de ella seré su gloria" (Zacarías 2:4-5). A menudo utilizo esta expresión cuando oro por protección para mi familia y los que siento que necesitan especialmente este tipo de apoyo.

El fuego del Espíritu Santo

Juan el Bautista dijo que Jesús bautizaría con el Espíritu Santo "y con fuego". Su "rastrillo en la mano y limpiará su era, recogiendo el trigo en su granero; la paja, en cambio, la quemará con fuego que nunca se apagará" (Mateo 3:11-12; véase también Lucas 3:16-17). El día de Pentecostés, cuando el Espíritu Santo descendió, "se les aparecieron entonces unas lenguas como de fuego que se repartieron y se posaron sobre cada uno de ellos" (Hechos 2:3). Pedro citó el libro de Joel para explicar lo que estaba ocurriendo, añadiendo: "Arriba en el cielo y abajo en la tierra mostraré prodigios: sangre, fuego y nubes de humo" (Joel 2:30; Hechos 2:19).

Fuego sobrenatural en la segunda venida de Jesús y el juicio final

Así como Isaías profetizó la muerte del Mesías de Dios (Isaías 53) también presagió la segunda venida de nuestro Señor. "¡Ya viene el Señor con fuego! ¡Sus carros de combate son como un torbellino! Descargará su enojo con furor, y su reprensión con llamas de fuego. Con fuego y con espada juzgará el a todo mortal" (Isaías 66:15-16). Como dijo Pablo cuando el Señor Jesús "se manifieste desde el cielo entre llamas de fuego, con sus poderosos ángeles, para castigar a los que no conocen a Dios ni obedecen el evangelio de nuestro Señor Jesús. Ellos sufrirán el castigo de la destrucción eterna, lejos de la presencia del Señor y de la majestad de su poder, el día en que venga para ser glorificado por medio de sus santos y admirado por todos los que hayan creído" (2 Tesalonicenses 1:7-10).

Como observé arriba, Pablo dijo que el día del juico revelará si un cristiano recibirá una recompensa ese día. "Su obra se mostrará tal cual es, pues el día del juicio la dejará al descubierto. El fuego la dará a conocer, y pondrá a prueba la calidad del trabajo de cada uno. Si lo que alguien ha construido permanece, recibirá su recompensa, pero si su obra es consumida por las llamas, él sufrirá pérdida. Será salvo, pero como quien pasa por el fuego" (1 Corintios 3:13-15).

Pedro dijo que los cielos y la tierra actuales "están guardados para el fuego, reservados para el día del juicio y de la destrucción de los impíos" (2 Pedro 3:7). Añadió también que en el día de Dios "los cielos serán destruidos por el fuego, y los elementos se derretirán con el calor de las llamas" (2 Pedro 3:12). Hay algunos que creen que Pedro estaba hablando acerca de la guerra nuclear; si es así, no estaría hablando de fuego sobrenatural.

El fuego del infierno

"Y cualquiera que le diga: Fatuo, quedará expuesto al infierno de fuego" (Mateo 5:22, RVR60). "Más te vale entrar en la vida manco o cojo que ser arrojado al fuego eterno con tus dos manos y tus dos pies. Y si tu ojo te hace pecar, sácatelo y arrójalo. Más te vale entrar tuerto en la vida que con dos ojos ser arrojado al fuego del infierno" (Mateo 18:8-9). " En el infierno, en medio de sus tormentos, el rico levantó los ojos y vio de lejos a Abraham, y a Lázaro junto a él. Así que alzó la voz y lo llamó: "Padre Abraham, ten compasión de mí y manda a Lázaro que moje la punta del dedo en agua y me refresque la lengua, porque estoy sufriendo mucho en este fuego" (Lucas 16:23-24). "También la lengua…contamina todo el cuerpo y, encendida por el infierno, prende a su vez fuego a todo el curso de la vida" (Santiago 3:6).

El libro de Apocalipsis

No siempre es fácil saber qué es simbólico y qué es sobrenatural en este libro. El fuego que está conectado al castigo parecería ser fuego sobrenatural. "Será atormentado con fuego y azufre, en presencia de los santos ángeles y del Cordero. El humo de ese tormento sube por los siglos de los siglos" (Apocalipsis 14:10-11). "Los dos fueron arrojados vivos al lago de fuego y azufre" (Apocalipsis 19:20). "El diablo, que los había engañado, será arrojado al lago de fuego y azufre, donde también habrán sido arrojados la bestia y el falso profeta. Allí serán atormentados día y noche por los siglos de los siglos" (Apocalipsis 20:10). "La muerte y el infierno fueron arrojados al lago de fuego. Este lago de fuego es la muerte segunda. Aquel cuyo nombre no estaba escrito en el libro de la vida era arrojado al lago de fuego" (Apocalipsis 20:14-15). Cerca del comienzo de este capítulo vimos que "los cobardes, los incrédulos...recibirán como herencia el lago de fuego y azufre. Ésta es la segunda muerte" (Apocalipsis 21:8).

FUEGO SIMBÓLICO O POÉTICO

El canto de Moisés

Se ha encendido el fuego de mi ira, que quema hasta lo profundo del abismo. Devorará la tierra y sus cosechas, y consumirá la raíz de las montañas.

—DEUTERONOMIO 32:22

Los salmos

Hará llover [Dios] sobre los malvados ardientes brasas y candente azufre; ¡un viento abrasador será su suerte!

—SALMOS 11:6

Por la nariz echaba humo, por la boca, fuego consumidor; ¡lanzaba carbones encendidos!

—SALMOS 18:8

Cuando tú, Señor, te manifiestes, los convertirás en un horno encendido. En su ira los devorará el Señor; ¡un fuego los consumirá!

—SALMOS 21:9

La voz del Señor lanza ráfagas de fuego.

—SALMOS 29:7

Nuestro Dios viene, pero no en silencio; lo precede un fuego que todo lo destruye, y en torno suyo ruge la tormenta.

—SALMOS 50:3

El fuego va delante de él y consume a los adversarios que lo rodean.

—SALMOS 97:3

Cuando cruces las aguas, yo estaré contigo; cuando cruces los ríos, no te cubrirán sus aguas; cuando camines por el fuego, no te quemarás ni te abrasarán las llamas.

—ISAÍAS 43:2

Entonces su palabra en mi interior se vuelve un fuego ardiente que me cala hasta los huesos. He hecho todo lo posible por contenerla, pero ya no puedo más.

—JEREMÍAS 20:9

Ezequiel

El profeta Ezequiel menciona fuego más de cincuenta veces, a menudo en lo que da la impresión de ser visiones simbólicas. Un típico ejemplo de esto es:

De pronto me fijé y vi que del norte venían un viento huracanado y una nube inmensa rodeada de un fuego fulgurante y de un gran resplandor. En medio del fuego se veía algo semejante a un metal refulgente. También en medio del fuego vi algo parecido a cuatro seres vivientes.

—EZEQUIEL 1:4-5

Daniel

Mientras yo observaba esto, se colocaron unos tronos, y tomó asiento un venerable Anciano. Su ropa era blanca como la nieve, y su cabello, blanco como la lana. Su trono con sus ruedas centelleaban como el fuego.

—DANIEL 7:9

Su cuerpo brillaba como el topacio, y su rostro resplandecía como el relámpago; sus ojos eran dos antorchas encendidas, y sus brazos y piernas parecían de bronce bruñido; su voz resonaba como el eco de una multitud.

—DANIEL 10:6

La profecía con relación a Juan el Bautista

Yo estoy por enviar a mi mensajero para que prepare el camino delante de mí…Pero ¿quién podrá soportar el día de su venida? ¿Quién podrá mantenerse en pie cuando él aparezca? Porque será como fuego de fundidor o lejía de lavandero.

—MALAQUÍAS 3:1-2

El apóstol Pablo

Si tu enemigo tiene hambre, dale de comer; si tiene sed, dale de beber. Actuando así, harás que se avergüence de su conducta.

—ROMANOS 12:20;
véase también PROVERBIOS 25:21-23

Jesús descrito en el libro de Apocalipsis

Y sus ojos resplandecían como llama de fuego. Sus pies parecían bronce al rojo vivo en un horno.

—APOCALIPSIS 1:14-15

Luego vi el cielo abierto, y apareció un caballo blanco. Su jinete se llama Fiel y Verdadero. Con justicia dicta sentencia y hace la guerra. Sus ojos resplandecen como llamas de fuego.

—APOCALIPSIS 19:11-12

Fuego en el libro de Apocalipsis

Por eso te aconsejo que de mí compres oro refinado por el fuego.

—APOCALIPSIS 3:18

Y el ángel tomó el incensario, y lo llenó del fuego del altar, y lo arrojó a la tierra.

—APOCALIPSIS 8:5, RVR60

Así vi en la visión a los caballos y a sus jinetes: Tenían coraza de color rojo encendido...por la boca echaban fuego, humo y azufre. La tercera parte de la humanidad murió a causa de las tres plagas de fuego, humo y azufre que salían de la boca de los caballos.

—APOCALIPSIS 9:17-18

Después vi a otro ángel poderoso...y sus piernas parecían columnas de fuego.

—APOCALIPSIS 10:1

Si alguien quiere hacerles daño, ellos lanzan fuego por la boca y consumen a sus enemigos.

—APOCALIPSIS 11:5

También hacía grandes señales milagrosas, incluso la de hacer caer fuego del cielo a la tierra, a la vista de todos.

—APOCALIPSIS 13:13

Del altar salió otro ángel, que tenía autoridad sobre el fuego.

—APOCALIPSIS 14:18

Vi también un mar como de vidrio mezclado con fuego.

—APOCALIPSIS 15:2

Al cual se le permitió quemar con fuego a la gente.

—APOCALIPSIS 16:8

Devorarán su cuerpo y la destruirán con fuego.

—APOCALIPSIS 17:16

Será consumida por el fuego.

—APOCALIPSIS 18:8

El temor del Señor

Un propósito posterior del uso del fuego era inculcar un temor interno del Señor cuando se trataba de la adoración a Dios. Cuando se usaba el fuego natural, debía haber un temor santo de Dios. Cuando este parecía disminuir, como en el caso de la ofrenda de fuego no autorizado, Dios intervenía para reavivar el temor de Dios en las cosas santas (Levítico 10:3-20). Uno de los resultados inmediatos del pecado de Nadab y Abiú al ofrecer fuego extraño ante el Señor fue que a Moisés se le ordenó *enseñar* el temor del Señor a todos los que se quedaron.

El fuego sobrenatural, ya sea para mostrar la venganza de Dios o meramente su poder, casi siempre provocaba este temor sin haber tenido que enseñarlo. Pero el escritor de Hebreos recordó al pueblo que Dios mismo es un fuego consumidor, y les advirtió que nunca lo olvidaran. No debían nunca, jamás, olvidar acercarse a Dios con reverencia y temor.

Debemos *orar* para que el fuego de Dios caiga hoy sobre nosotros. Pero debemos igualmente ser fieles en *enseñar* que el temor de Dios se inculque en nosotros hoy.

Pienso que la ausencia más grande en la Iglesia actual es el temor de Dios.

NOTAS

1. Para entender el significado de este fenómeno, es importante saber que el Dr. R. T. Kendall acepta la tradición doctrinal y las posiciones de la teología reformada. Aunque ridiculizado por algunos de sus colegas en ese círculo debido a su apertura y compromiso a enseñar, predicar y ministrar la verdad, experiencia y estilo de vida de los líderes y creyentes del Nuevo Testamento en Hechos y las Epístolas, defiende con firmeza el testimonio carismático/pentecostal. Él, al igual que otros muchos de la tradición teológica reformada (así como otros sectores de la Iglesia global más grande), llegó a reconocer que la verdad de que "Jesucristo es el mismo ayer, hoy y por los siglos" verdaderamente significa *¡ahora!*

2. Quiero instarle a que seamos los que dirigimos quienes leamos, estudiemos y utilicemos *Fuego santo*; que consideremos el libro como un testimonio gentilmente escrito y comunicado caritativamente, y un recursos para nuestros colegas en el liderazgo. Muchos de los que hemos sido influenciados para dejar de perseguir la verdad de Jesús como "el que nos bautiza con el Espíritu Santo" podemos ser auxiliados para renovar nuestras convicciones y nuestro celo. Otros que han sido intimidados o mal informados (o incluso ofendidos por la arrogancia o la terquedad bíblica de carismáticos santurrones) están cada vez más "hambrientos y sedientos de justicia". Están buscando en los pozos profundos donde los ríos de agua viva fluyen con la pureza y el poder engendrados por el Espíritu Santo. El momento de la historia de la redención en el que todos estamos ahora inmersos es un tiempo que está despertando a un número cada vez mayor de compañeros siervos de Cristo a nuestra necesidad desesperada de poder del Nuevo Testamento.

Este realismo está explorando las raíces de temor y orgullo y comenzando a desarraigar la vanidad nacida de visiones incompletas y teología con prejuicios con respecto al poder y ministerio del Espíritu Santo en la Iglesia y a través de ella. Mi experiencia es que un aumento está de nuevo comenzando a estimular a quienes tienen el fervor suficiente como para derrocar el temor, el fatalismo y la pasividad. Una nueva vanguardia de líderes jóvenes está ahora comenzando a vivir y dirigir a la luz de este hecho atemporal: las obras incesantes de poder, amor y ministerio del Jesús que no cambia para y a través de su pueblo hoy día están disponibles cuando y donde el Espíritu Santo sea bienvenido y libre en la vida de los creyentes, la adoración ¡y el ministerio de las congregaciones!

3. Es esencial observar: en todos los sectores de la Iglesia, a veces líderes impíos y totalmente indignos se levantan y adquieren seguidores. Desde pastorados locales a destacados ministerios de los medios de comunicación, se pueden encontrar algunas lastimosas violaciones de

la Palabra y personalidades aclamadas como "ungidos" que ignoran las normas bíblicas con respecto a la moralidad, la responsabilidad financiera y la integridad bíblica. Temas de la cultura pop que ponen en compromiso *toda la verdad* de la Palabra de Dios en asuntos que conducen a una baja calidad humana, económica, de estilo de vida y de actitudes a menudo desfilan en el nombre de lo "carismático". Este es un trágico aborto de una palabra arraigada bíblicamente (*charismata*), y un rechazo vergonzoso del estilo de vida carismático modelado por el propio ministerio de los apóstoles del primer siglo, un estilo de vida vivido sin comprometer la verdad, el carácter, la conducta o la moralidad, y vaciado de cualquier modo de servicio propio.

Que sea sabido y afirmado aquí: tales líderes bíblicamente incoherentes, ya sean hombres o mujeres, que violan la Palabra de Dios, y cualquiera que les siga, no son y no deberían (a pesar de las "señales que les sigan" que afirmen tener) ser vistos o entendidos como una definición válida de lo que es una vida o un liderazgo carismático o pentecostal.

Es triste para todos los que intentan vivir y caminar en humildad y santidad cómo miembros de la comunidad de creyentes llenos del Espíritu, ver que hay esta evidencia de transigencia doctrinal, eclesiástica, moral o económica en un líder, y a la vez parece no aplicársele ninguna confrontación, disciplina o desaprobación. Sin embargo, la verdad es que este no es para nada el caso entre la vasta mayoría de los que están dentro de la comunidad pentecostal o carismática. En su mayor parte, las denominaciones y redes no denominacionales estructuradas existentes *sí* aplican la corrección y la disciplina, así como una recuperación dirigida y programas de restauración cuando la persona que ha caído o fallado muestra arrepentimiento.

Los casos más flagrantes de violación y negligencia de disciplina ocurren en los casos evidentes donde actúan líderes independientes, autodirigidos, autogobernados. La ausencia de estructuras donde se exige que los líderes den cuentas a otros líderes, o el "amiguismo" de algunos que unen, pero lo hacen formando pequeños círculos de ministros igualmente errantes que "se miden con su propia moneda y se comparan unos con otros" (2 Corintios 10:12) y ejercitan con engreimiento una tolerancia autoafirmante y gracia que rehúsa el legalismo de los críticos; estos son de la naturaleza de quienes la Epístola de Judas califica como "soñadores" que "mancillan la carne, rechazan la autoridad y blasfeman de las potestades superiores", y "que han seguido el camino de Caín, y se lanzaron por lucro en el error de Balaam, y perecieron en la contradicción de Coré... para las cuales está reservada eternamente la oscuridad de las tinieblas" (Judas 4-13, RVR60).

Además, es un ejercicio atroz de falta de amabilidad cuando cargos categóricos o "tácticas de votar en contra" institucionales se igualan contra los carismáticos como si todos fueran indiferentes con respecto a la interpretación de la Biblia o las imprudencias morales. Incluso los que difieren teológicamente saben muy bien que un trato tan genérico es una violación de los hechos, que unos pocos no caracterizan ni los valores ni el estilo de vida de muchos, por ej., carismáticos que aman, honran y viven para Cristo, el Señor de todos nosotros, carismáticos o de otro sector. Que Dios extinga el incienso nauseabundo del "fuego extraño" ofrecido por voces entre líderes en los altares de cualquiera de los grupos, y que su "fuego santo" nos bautice a todos con una bautismo fresco de su unificador amor, independientemente de nuestras diferencias doctrinales.

Introducción

1. C. S. Lewis, *El león, la bruja y el armario* (HarperCollins, 2002).

Capítulo 1—Discernir los tiempos

1. Los detalles del Plan de lectura de la Biblia M'Cheyne están disponibles en: http://www.esv.org/assets/pdfs/rp.one.year.tract.pdf.

2. William Cowper, *Poems* vol. II (Manning & Lorring and E. Lincoln, 1802). Visto en línea en Google Books.

3. Matthew D. Green, *Understanding the Fivefold Ministry* (Charisma House, 2005), p. 161.

4. "And Can It Be? por Charles Wesley. De dominio público.

5. "When I Survey the Wondrous Cross" por Isaac Watts. De dominio público.

6. "God Moves in a Mysterious Way" por William Cowper. De dominio público.

7. "How Sweet the Name of Jesus Sounds" por John Newton. De dominio público.

8. "O for a Heart to Praise My God" por Charles Wesley. De dominio público.

Capítulo 2—Lo que todo cristiano debería saber acerca del Espíritu Santo

1. D. James Kennedy, *Evangelism Explosion* 4th Edition (Tyndale House Publishers, 1996).

2. "Glorify Thy Name" por Donna Adkins. Copyright © 1976, 1981 Maranatha! Music, CCCM Music (Maranatha! Music). Permiso solicitado.

3. "Holy Spirit, Truth Divine" por Samuel Longfellow. De dominio público.

4. "Holy Ghost, Dispel Our Sadness" por Paul Gerhardt. De dominio público.

5. "Lord God, the Holy Ghost" por James Montgomery. De dominio público.

6. "Spirit of God, Descend Upon My Heart" por George Croly. De dominio público.

7. R. T. Kendall, *Why Jesus Died* (Monarch Books, 2011).

8. "Oh, for a Thousand Tongues to Sing" por Charles Wesley. De dominio público.

CAPÍTULO 3: EL TESTIMONIO DIRECTO E
INMEDIATO DEL ESPÍRITU SANTO

1. Esta es una frase típica que usa Jack Taylor, con el que predico a menudo.

2. Título de Doctor en Filosofía de la Universidad de Oxford.

3. Juan Calvino, *Institutes of the Christian Religion*, 1536 Editions traducido por Ford Lewis Battles (Wm. B. Eerdmans Publishing, 1995).

4. John Cotton, *A Treatise of the Covenant of Grace... 1662* (EEBO Editions, ProQuest, 2011).

5. Según se cita en John Norton, *Memoir of John Cotton* (Perkins and Marvin, 1834).

6. D. Martyn Lloyd-Jones, *God's Ultimate Purpose: an Exposition of Ephesians 1* (Baker Books, 1978).

7. Ibíd., p. 271.

8. Ibíd., p. 275.

9. Ibíd., p. 267.

10. Ibíd., p. 268.

11. Ibíd., p. 269.

12. Ibíd., pp. 248-249.

13. Ibíd., p. 269.

14. Ibíd., p. 274.

15. Ibíd., p. 271.

CAPÍTULO 4—EL JURAMENTO Y EL ESTIGMA

1. R. T. Kendall, *These Are the Days of Elijah* (Chosen Books, 2013).

CAPÍTULO 6—LA PALOMA

1. R. T. Kendall, *The Sensitivity of the Spirit* (Charisma House, 2002).

2. "Sweet Hour of Prayer" por William Walford. De dominio público.

3. R. T. Kendall, *God Gives Second Chances* (Charisma House, 2008).

4. R. T. Kendall, *Tithing* (Zondervan, 1983).

CAPÍTULO 7—MI TESTIMONIO PERSONAL

1. R. T. Kendall y David Rosen, *The Christian and the Pharisee* (New York: FaithWords, 2006).

CAPÍTULO 8—CESACIONISMO

1. Charles Carrin, *On Whose Authority?* (Charles Carrin Ministries, n.d.). Ejemplares disponibles a través de Charles Carrin Ministries en: www.CharlesCarrinMinistries.com.

2. "A Mighty Fortress Is Our God" by Martin Luther. Dominio público.

3. John Calvin, *Institutes of Christian Religion* (Hendrickson Publishers, Inc., 2008), 958. Visto en línea en Google Books.

4. Ibíd.

5. Estos comentarios de Colin Dye se incluyeron en una carta personal al autor.

Notas

CAPÍTULO 9—LAS CONSECUENCIAS DEL CESACIONISMO

1. Esta frase de Rolfe Barnard es de un sermón que el autor ha oído muchas veces.
2. Según citado en J. I. Parker, *Evangelism and the Sovereignty of God* (InterVarsity Press, 2012), p. 37. Visto en línea en Google Books.
3. R. T. Kendall, *Just Love* (Christian Focus, 1969).
4. Jack Deere, *Surprised by the Power of the Spirit* (Zondervan, 1996).

CAPÍTULO 10—EL BAUTISMO CON EL ESPÍRITU SANTO

1. Henry Blackaby y Melvin D. Blackaby, *Experiencing the Spirit* (Multnomah Books, 2009).

CAPÍTULO 11—DONES DEL ESPÍRITU

1. Hermano Yun y Paul Hattaway, *The Heavenly Man* (Hendrickson Publishers, 2009).
2. Wayne Grudam, *The Gift of Prophecy in the New Testament and Today* (Wheaton, IL: Crossway, 2000); Systematic Theology (Zondervan, 1995).

CAPÍTULO 12—LA PRUEBA SUPREMA DEL ESPÍRITU SANTO

1. Esa cita se le atribuye comúnmente a Mahatma Gandhi, pero no hay ninguna fuente directa disponible.
2. "Like a River Glorious", por Frances R. Havergal. Dominio público.
3. R. T. Kendall, *God Meant It for Good* (Morningstar Publishers, 2009).
4. R. T. Kendall, *Perdón total* (Casa Creación, 2004).

CAPÍTULO 13—ISAAC

1. Smith Wigglesworth dio esta profecía en 1947.
2. R. T. Kendall, *The Parables of Jesus* (Chosen Books, 2008).
3. Smith Wigglesworth dio esta profecía en 1947.

APÉNDICE—FUEGO

1. "Glorious Things of Thee Are Spoken", por John Newton. Dominio público.

Te invitamos a que visites nuestra página web, donde podrás apreciar la pasión por la publicación de libros y Biblias:

www.casacreacion.com

Para vivir la Palabra